U0602866

本书是国家自然科学基金主任应急管理项目"分享经济的组织性质与组织模式研究"（项目编号：71840006）、国家自然科学基金面上项目"大众生产视角下的分享经济组织形成机制研究"（批准号：72072026）的阶段性研究成果；本书获得2024年度山东青年政治学院高层次人才科研启动基金项目"中国制造企业数字化转型与绩效关系研究"（XXPY24016）、山东青年政治学院第十三届（2024年度）学术专著出版基金的资助。

企业数字化转型中的
数字化能力与价值共创研究

Research on Digital Capability and Value
Co-Creation in Enterprise Digital Transformation

赵非非◎著

经济管理出版社
ECONOMY & MANAGEMENT PUBLISHING HOUSE

图书在版编目（CIP）数据

企业数字化转型中的数字化能力与价值共创研究 /
赵非非著. -- 北京：经济管理出版社，2024. -- ISBN
978-7-5096-9982-9

Ⅰ. F272.7

中国国家版本馆 CIP 数据核字第 2024QK2905 号

组稿编辑：任爱清
责任编辑：任爱清
责任印制：张莉琼
责任校对：张晓燕

出版发行：经济管理出版社
　　　　　（北京市海淀区北蜂窝 8 号中雅大厦 A 座 11 层　100038）
网　　址：www.E-mp.com.cn
电　　话：（010）51915602
印　　刷：唐山玺诚印务有限公司
经　　销：新华书店
开　　本：710mm×1000mm /16
印　　张：14
字　　数：272 千字
版　　次：2025 年 3 月第 1 版　　2025 年 3 月第 1 次印刷
书　　号：ISBN 978-7-5096-9982-9
定　　价：88.00 元

·版权所有　翻印必究·

凡购本社图书，如有印装错误，由本社发行部负责调换。

联系地址：北京市海淀区北蜂窝 8 号中雅大厦 11 层

电话：（010）68022974　　邮编：100038

前 言

　　随着以大数据、物联网、人工智能等数字技术为核心的新一轮工业革命从导入期转向拓展期，制造企业数字化转型已经成为全球共识。近年来，我国制造企业在数字化转型过程中取得了一些成就，但大部分制造企业在数字化转型上都还存在"不想转""不敢转""不会转"等痛点难点问题。尤其是，当前数字化能力建设还未成为我国企业发展战略，企业对价值创造方式变化理解的不到位也制约了其通过数字化转型创造新的价值增长点。此外，多数企业还未就数字化转型形成系统认知，普遍缺乏清晰的转型路线图，这些问题都制约着制造企业数字化转型的整体推进。

　　近年来，国内外学术界基于各种视角对企业数字化转型展开了较为详细的研究，但是从数字化能力与价值共创角度对制造企业数字化转型如何影响其绩效进行探讨仍然付之阙如。数字化能力与价值共创被认为是现有数字化转型微观层面研究较为忽视的关联领域。一方面，数字化转型及其驱动因素是数字化能力的先决条件；另一方面，价值创造模式的改变也日益成为数字化转型重要的结果因素被纳入考量。此外，值得注意的是，仅有少量文献考察了数字化能力对价值共创的影响。本书认为，在数字化转型过程中，数字化能力对于价值共创至关重要，也即通过数字化能力可以实现价值共创，进而改善企业绩效。这意味着从数字化能力与价值共创视角切入，不仅能弥补现有研究缺口，还有助于弥合数字化能力与价值共创两个研究领域相对割裂的现状。

　　基于此，本书在系统梳理国内外现有文献的基础上，结合中国制造企业数字化转型现象与成功转型案例，具体回答以下三个问题：一是数字化转型对制造企业存在怎样的直接影响？二是数字化能力、价值共创如何影响数字化转型与企业绩效之间的关系，以及数字化转型能否依次通过数字化能力、价值共创影响企业绩效？即数字化转型与企业绩效关系中具体存在怎样的作用路径？三是在制造企业数字化转型过程中，数字业务强度、竞争强度作为边界条件是如何发挥作用的？

　　为深入研究上述问题，本书通过质性与量化研究相结合的方式开展两项子研究。首先进行子研究一：以两家中国数字化转型较为成功的制造企业（冰山集团与海尔集团）为研究对象，开展"中国制造企业数字化转型案例研究"。运用探索式多案例研究方法进行案例分析，提炼核心构念。其次基于数字化转型理论、组织变革理论、数字化能力理论、价值共创理论等，构建起案例中所涉及的核心构念之间的逻辑关系，形成本书理论模型，并提出以下三个核心命题。命题1：对数字技术的深刻认知与数字化转型的稳步推进使企业重视自身数字化能力的打造，随着数字业务范围拓展与力度加大，激发企业开发新产品、提供新服务、创造新价值。命题2：数字化转型不断催生出多主体参与价值共创行为，随着外部竞争加剧，多主体参与价值共创为转型企业带来竞争优势的同时也实现了多方共赢。命题3：企业在数字化转型过程中，依靠数字化能力可以赋能多主体参与价值共创行为，提升企业绩效。

进一步地，在子研究一的基础上进行子研究二"中国制造企业数字化转型中数字化能力与价值共创作用机制实证研究"。根据子研究一构建的理论模型，结合相关理论与文献，推导并提出12条主要研究假设。运用调查问卷研究方法进行实证分析与检验。研究结果表明，所提出的12个主要假设中，有1个假设未得证。具体来说：①数字化转型对企业绩效具有正向促进作用。②数字化能力在数字化转型与企业绩效之间具有中介作用。③价值共创在数字化转型与企业绩效之间具有中介作用。④数字化转型通过数字化能力、价值共创链式中介作用正向影响企业绩效。⑤数字业务强度分别在数字化转型与数字化能力、数字化能力与企业绩效之间具有调节作用。⑥竞争强度在价值共创与企业绩效之间具有调节作用。但是，并未发现竞争强度在数字化转型与价值共创之间具有调节作用。

本书的理论贡献有四个方面：①响应对数字化能力应给予足够关注的学术倡议，将数字化能力纳入中国制造企业数字化转型机制研究中，并将其划分为三个维度，拓展了数字化能力理论应用的外延。②本书得出的三条作用路径弥补了企业数字化转型中数字化能力与价值共创研究相对割裂的现状。③将数字化转型背景下的员工参与价值共创作为企业内部重要利益相关方的价值创造行为纳入价值共创理论版图，贡献于价值共创理论。④丰富了企业数字化转型中数字化能力与价值共创作用机制的边界条件研究。

本书对中国制造企业数字化转型实践也具有一定的借鉴意义。在制造企业数字化转型过程中，首先，应充分重视数字化能力的培育、开发、运用与强化。由于数字化能力的多维度性，企业在进行该能力开发与利用的整体规划时不能将数字化能力局限在某一具体层面，而应将其作为一个紧密协调的整体，纳入企业数字化成长的一部分。其次，重视不同主体参与价值共创的作用。在形成价值共创或合作伙伴关系前，企业需要尽可能评估不同主体参与价值共创的成本和收益，以及企业与不同参与主体之间存在多大程度的协同作用，以成功执行提议的价值共创计划。再次，正确认识到数字化能力对多主体参与价值共创的赋能作用，以更加开放的心态利用数字化能力的提升拓展多主体参与价值共创的深度与广度。企业应该更好地基于数字化技术和能力与利益相关方加强深度对话、合作与交流，建立紧密联系与信任机制，提升联合行动质量，共同提高风险承担水平，持续优化并完善企业数字生态系统建设。最后，系统规划并精准定位企业数字业务，时刻关注外部竞争环境变化。企业应对数字业务强度具有全局观念，遵循先在小范围试点、再进行逐步布局的原则。先对目前急需解决的关键业务进行数字化改造与投资，并对自身的数字化能力水平保持清晰认知。与此同时，企业要对竞争环境动态变化保持一定的敏感性，动态调整价值共创参与者的结构配置，以期发挥不同主体参与价值共创取得最大效力。

赵非非

2024 年 12 月

目 录

第一章

绪论

第一节　研究背景

一、现实背景

历史实践与经验证明，历次工业革命都是以重大技术突破与技术工具应用为驱动力的，可以说技术变迁引领了历次工业革命演进，谁能在历次工业革命浪潮中占得先机，谁就能在历史发展长河中占据主动位置。第一次工业革命以蒸汽动力技术和相关机械制造技术为表征，生产模式由手工作坊向小批量机械化生产演进。第二次工业革命以电力技术为表征，生产模式由机械化逐步向电气化演进，福特制成为该时期最主要的生产模式。第三次工业革命以计算机通信技术为表征，生产模式由电气化向大规模生产演进。第四次工业革命以人工智能、区块链、云计算、大数据、边缘计算等数字技术为表征，对经济增长、产业升级、企业高质量发展、价值创造形式、管理理念等均产生了重大影响。数据要素开始成为新型主导性生产要素，生产模式向大规模个性化定制及平台模块化、分散化、社会化生产演进，涌现出平台经济、分享经济等新兴组织形式，企业数字化转型速度加快。

随着新一轮数字革命汹涌来袭，以云计算、边缘计算、机器学习、高级人工智能等为代表的数字技术为全球经济复苏注入了一针"强心剂"。数字化转型已经成为美国、德国、日本等国家先进制造业发展的主攻方向，呈现出一派"百舸争流"气象。美国自 2012 年以来，因内外环境压力影响开始致力于制造业回流，奥巴马政府提出"先进制造"战略。2016 年开始，特朗普政府发布《美国先进制造业领导战略》(*Strategy fo American Leadershipin Advanced Manufacturing*)《关键和新兴技术国家战略》(*National Strategy for Critical and Emerging Technologies*)等政策，尝试将其强大的基础科技、信息技术体系与制造业进一步融合，争取在高端领域取得良好的先发战略态势。2021 年美国参议会通过《美国创新与竞争法案》，将 5G、物联网等领域纳入联邦政府资助范围。同时，美国多个部门提出相关法案，加大政府采购对"美国制造"产品的支持力度。德国作为制造业传统强国，2013 年首次提出工业 4.0 战略，2016 年发布《数字化战略 2025》，2019 年发布《德国工业 2030 战略》，并采取多种政策支持中小企业数字化转型发展。2020年，欧盟发布《欧洲数据战略》，加强数据基础设施投资、提升数据技能、完善治理框架，为企业利用数字技术创造良好环境。日本则从 2018~2021 年，连续四年在《制造业白皮书》中采取更多元的方式深入推进"互联工业"以实现社会 5.0 目标。一言以蔽之，目前全球主要大国与经济体在通过数字化转型实现制造业升级、数字化赋能企业成长等问题上已经达成了较为一致的看法。

21 世纪以来，中国工业和信息化事业取得了历史性成就，一跃成为世界第一制造大国。据国家统计局数据显示，2022 年中国制造业增加值占 GDP 比重达到 27.7%，且连续 13 年位居世界首位。中国作为"世界工厂"，传统制造业体量庞大、体系完备，但实体经济"大而不强、全而不优"的局面并未得到根本改变，而数字化转型为我国制造业崛起以及制造企业高质量发展提供了新动能、新思路。

就中国制造业数字化转型历程而言，大致可以分为数字化、网络化及智能化三个阶段：①数字化转型的数字化阶段（20 世纪 40~90 年代）聚焦于通过应用计算机通信技术提升基础设施的数字化水平，从而实现部分集成优化的数字化制造。②数字化转型的网络化阶段（20 世纪 90 年代至 2015 年）聚焦于利用互联网、移动互联网技术提升生产要素之间的信息交互效率、降低交易成本、减少信息摩擦与不对称对制造、营销、运营等各个环节造成的不利影响，从而实现社会大范围内资源的实时与动态配置优化。③数字化转型的智能化阶段（2016 年至今）聚焦于通过利用数字技术，实现以用户为中心进行定制化、个性化、精准化的新生产模式，并和社会资源形成精准高效对接与配置。智能化阶段旨在对制造企业研发设计、生产运营、组织管理等各个环节进行全方位数字化变革，推动制造产业与企业高质量发展。相较之前的互联网与移动互联网技术；数字技术的可供性、自我迭代性等特性更高，且嵌入组织后产生的网络外部性更强，因此，智能化阶段为国家、产业和企业组织弯道超车实现跃迁式发展提供了难得的机会窗口。中国作为全球数字经济引领性大国，自相关政策出台后，对制造业数字化转型的关注与理解逐步深入。《中华人民共和国国民经济和社会发展第十四个五年规划和 2035 年远景目标纲要》中，专辟第五篇论述"以数字化转型整体驱动生产方式、生活方式和治理方式变革"。在国家政策引领下，各行业、各省市也陆续出台一系列数字化转型相关政策，为制造业数字化发展保驾护航。可以说，经过一段时间的探索，中国制造业数字化转型已经具备了一定的转型基础。《数字中国发展报告（2022年）》2022 年中国数字经济规模达到 50.2 万亿元，总量位居世界第二，占 GDP 比重提升至 41.5%。工信部数据显示 2022 年第二季度，全国工业企业关键工序数控化率、数字化研发设计工具普及率分别达到 55.7%、75.1%，制造业数字化网络化智能化试点示范类项目逾 1500 个。

制造企业是中国实体经济的微观主体，其成功转型与高质量发展关乎制造业崛起这一中国经济发展全局性问题。由于制造企业比通常认为的更具活力，也更脆弱（Jones and Hutcheson，2021），来自产业内外的各种因素和力量令一些制造企业别无选择，要么调整适应转型，要么原地踏步消亡。因此，制造企业的数字化转型已经成为关乎现代组织生存的重大问题（Schreckling and Steiger，2017），数字化转型不再是一种选择或附加选项，而是一道数字时代企业谋求出路、实现高质量发展的必答题（Fletcher and Griffiths，2020）。制造企业数字化转型已从一种效率提升工具变为企业高质量发展的主旋律，从局部"小修小补式"的流程改造变为全局全流程的数字化流程再造，并逐渐突破行业边界，实现全产业、跨产业的全面覆盖。

然而，要想成功实现制造企业的数字化转型并非易事。麦肯锡报告指出，国外一般企业数字化转型失败率为80%。互联网数据中心（Internet Data Center，IDC）的调查和企业数字化成熟度模型显示，55%的国内企业仍处于数字化入门阶段。根据埃森哲与国家工业信息安全发展研究中心推出的《2020 中国企业数字转型指数研究》显示，2020 年我国数字化转型效果显著的企业只有11%，成为转型领军者。根据《2022 埃森哲中国企业数字转型指数研究》表明，在多重因素冲击下，中国企业数字化投资决策越发分化，中国企业的数字化转型指数得分首次下降，同时也表明企业对未来的投资决策也更加审慎。虽然中国企业在数据变现、协同、分析方面进步明显，但创新、研发等数字化领域进程有所放缓。在近年来的企业数字化实践中，大部分制造企业在数字化转型上，都还存在"不想转""不敢转""不会转"等痛点难点问题。尤其是，当前数字化能力建设还未成为我国企业发展战略（赵剑波，2022），企业对价值创造方式变化理解的不到位也制约其通过数字化转型创造新的价值增长点，多数企业还未就数字化转型形成系统认知，普遍缺乏清晰的转型路线图，这些问题严重制约着制造企业数字化转型的整体推进。

二、理论背景

数字化转型理论研究是近年来组织管理学界的新兴研究领域。数字化转型的本质是基于数字技术扩散塑造的组织战略变革（Hanelt et al.，2021；Zhao et al.，2023），是企业利用数字技术重塑业务流程、商业模式与生态的一个复杂过程（戚聿东等，2021）。学者对企业数字化转型的内涵、驱动与结果因素、成功和阻碍因素、过程、方法、机制和政策等进行了多面向的研究。严子淳等（2021）对数字化转型研究演进过程中应用的主要理论与场景进行了梳理。他们指出，数字技术的创新发展阶段（1998~2002 年）主要应用创新扩散理论、信息管理理论、颠覆性创新理论等；基于数字技术的产业发展阶段（2003~2014 年）主要应用协同理论、动态能力理论、价值创造理论、开放式创新理论等；产业与数字化的融合发展阶段（2015 年至今）

主要应用协同理论、信号理论、资源基础理论、服务主导逻辑理论等。数字化转型研究内容和场景大致从初期的关注其缘起与变革影响、商业模式与战略，不断演进拓展到关注数字创新与价值创造等领域。可以说，学术界围绕上述理论对企业数字化转型相关议题的研究积累了丰硕成果，大大推动了数字化转型及相关理论发展。

随着研究深入，关于数字化转型究竟通过何种方式作用于企业绩效的研究逐渐成为热点议题。学者基于不同理论视角对其作用机制进行了深入讨论。首先，就中介机制而言。现有文献认为，企业数字化转型与绩效之间的中介机制包括动态能力（张吉昌和龙静，2022；王才，2021）、供应链集成（李琦等，2021）、双元创新（姜英兵等，2022）、智能技术（Almulhim，2021）、成本优化和运营效率提升（陈旭等，2023）、人力资本使用效率（白福萍等，2022）、商业模式创新（Zhang et al.，2023）等。其次，就边界条件而言，现有文献认为，企业数字化转型与绩效的边界条件包括组织变革敏捷性和技术嵌入适应（池仁勇等，2022）、组织韧性（王玉和张占斌，2022）、学习导向和关系网络嵌入（胡青，2020）、组织合法性（叶丹等，2022）、组织惰性（余薇和胡大立，2022）、文化（王海花等，2022）、TMT 经验与产业竞争（Zeng et al.，2022）、商业模式创新（Zhang et al.，2023）、认知冲突（Wang et al.，2020）等。

诚然，上述众多研究做出了一些研究贡献，深化了我们对数字化转型作用机制的理解。但是，目前数字化转型与企业绩效之间的作用机理仍然不清晰（Favoretto et al.，2022；Zhang et al.，2023），致力于两者之间关系的实证研究还远远不够（刘淑春等，2021）。更为重要的是，现有研究对数字化转型中的数字化能力与价值共创给予的关注仍然十分有限（Wielgos et al.，2021；李小青和李秉廉，2022；王强等，2020）。正如研究指出，数字化进程在推动能力转变的同时，也在改变价值创造逻辑，即价值创造逐渐被价值共创所取代，价值由供给方和需求方共同创造（王强等，2020）。

首先，数字化转型与数字化能力密切相关（Kastelli et al.，2022）。数字化能力是企业在数字化转型过程中形成和发展的一种组织能力，企业通过数字技术、资源、信息与具体业务活动的结合促进价值创造，并确保持续的竞争优势。Annarelli 等（2021）认为，"从数字化转型的驱动因素开始，它们作为先决条件并带来了数字化能力的概念"。Vial（2019）也指出，数字化战略定位和数字化资源能力在企业数字化进程中扮演了重要的角色。其次，数字化转型通过数字化技术改变了传统企业价值创造范式（Matt et al.，2015；Vial，2019；刘洋和李亮，2022），并逐步走向多主体共创价值。研究认为，企业通过数字化转型有利于实现开放式网络创新（安同良和闻锐，2022），引导企业在更广泛的范围内与顾客、供应商等多主体进行交互协同（周琦玮等，2022）。换言之，多主体参与价值共创逐渐成为数字化转型企业价值创造主流方式。最后，数字化能力不仅是数字经济时代企业数字化转型中形成的核心竞争能力，也是赋能价值共创的重要保障（Lenka et al.，2017）。田震和陈寒松（2023）认为，制造业企业数字化转型的关键就在于数字化能力。数字化转型成功与否不在于数字技术，归根结底取决于建立在数字化基础设施之上的数字化能力（张华和顾新，2023）。数字化能力作为一种通过组织学习、客户价值创造和创新管理获得持续竞争优势的重要驱动力（Annarelli et al.，2021），有利于促进企业与顾客、供应商或用户等利益相关者之间的互动（Karimi and Walter，2015），优化利益相关者网络（Pagoropoulos et al.，2017），推动开放式创新（张华和顾新，2023），提升价值共创（Pranita，2020）等。

因此，有必要结合数字化能力理论、价值共创理论、组织变革理论等来探析数字化转型作用机制相关问题，弥补现有研究不足。深刻理解数字化能力、价值共创等在企业数字化转型情境中的运用具有重要的理论意涵与价值。

第二节　研究问题与研究意义

一、研究问题

企业数字化转型是由新一代数字技术催生的、涉及企业研发、生产、销售、运维与管理等全流程、全方位的组织变革与商业模式重构，以满足市场需求（Hess et al.，2016；Vial，2019；Hanelt et al.，2021；武常岐等，2022；Zhao et al.，2023；Nasiri et al.，2020）。这意味着数字化转型已经远远不再是技术问题，而是战略问题（Warner and Waeger，2019），并且是一项长期系统性工程，绝非一蹴而就（戚聿东和蔡呈伟，2020）。在数字化转型上，大部分制造企业都还存在"不想转""不敢转""不会转"等痛点难点问题。多数制造企业还未就数字化转型形成系统认知，普遍缺乏清晰的转型路线图。

为了解答上述难题，本书认为需要从能力和价值创造两个视角入手。从能力视角来看，数字化能力是由数字技术催生、数字化转型战略驱动，并在数字化变革过程中发展而来的一种组织能力，也是制造企业数字化转型的关键（田震和陈寒松，2023；张华和顾新，2023），并且数字化能力的培育、开发、跃迁依托于制造企业数字化转型战略实施，并随转型进程动态演化。从价值创造视角来看，制造业数字化转型效果受制于对数字化条件下的价值形态、来源、创造机制等理解的局限（李晓华，2022）。换言之，全方位的组织变革必然影响数字化转型企业的价值创造方式（Vial，2019），并逐渐走向多主体参与价值共创，以获取内部无法取得的关键性资源和知识。本书将数字化能力视作数字经济时代企业的核心能力，并认为其重要价值在于赋能顾客、供应商和员工等多主体参与价值共创，提升企业竞争力和绩效。

此外，为了保证制造企业数字化转型的顺利进行，企业也需要提供支撑与保障。一方面，数字业务强度将企业数字化转型战略脱离"口号"或"信号"范畴，使之不流于表面、不浮于形式，真正使企业数字化转型战略从认知、意愿、导向层面落到实处，具有可操作性。这意味着数字业务强度对数字化能力的培育、开发、跃迁以及企业绩效水平都能产生影响。另一方面，竞争强度是数字化转型企业对外部威胁、竞争对手情况的感知，也深刻影响着企业决策、价值创造方式与绩效。鉴于此，本书结合相关理论研究，将数字化能力、价值共创、数字业务强度与竞争强度引入逻辑框架，从而解答数字化转型对企业绩效作用机制这一核心问题。

基于理论研究，不难看出企业数字化转型是国内外学者关注的热点问题，也是促进国家、产业与企业高质量发展的重要支撑。然而，中国制造企业如何通过数字化有效推动企业转型，并提升企业绩效等问题尚未给予充分解释，因此本书就以下三个问题展开进一步分析与探究。

第一，数字化转型对制造企业存在怎样的直接影响？

第二，数字化能力、价值共创如何影响数字化转型与企业绩效之间的关系？数字化转型能否依次通过数字化能力、价值共创影响企业绩效？即数字化转型与企业绩效关系中具体存在怎样的作用路径？

第三，在制造企业数字化转型过程中，数字业务强度、竞争强度作为边界条件是如何发挥作用的？本书的研究问题如图1–1所示。

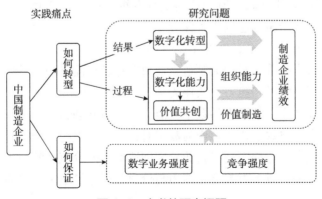

图 1–1　本书的研究问题

二、研究意义

（一）理论意义

首先，深化并推动中国情境下制造企业数字化转型理论研究。以数字技术为代表的新一轮科技革命的兴起给传统制造企业带来了巨大冲击，传统制造企业的成长方式正在经历革命性、颠覆性的变化。新一轮科技革命之于制造企业意味着新的"范式革命"（许冠南等，2019），使制造业呈现数实融合、物智共生、虚实结合、人机协同等新形态（李晓华，2022）。因此，在新范式下，制造企业数字化转型被重新赋予了新的内涵与意义。近年来数字化转型理论研究是组织管理学界的新兴研究领域，但该领域的相关研究大多基于发达国家情境，对中国情境下尤其是聚焦于制造企业数字化转型的关注还不足。本书基于对数字化转型的内涵、维度、影响因素、过程等现有文献进行全景式梳理，根植中国企业管理实践，选取本土制造企业数字化转型典型案例，通过质性研究建立起数字化转型、数字化能力、价值共创、数字业务强度、竞争强度与企业绩效等核心构念关系，提出假设并进行大样本实证检验，有利于深化数字化转型理论的应用外延及适用情境。

其次，在数字化转型情境下深化数字化能力理论、价值共创理论研究。一方面，虽然企业数字化转型的相关研究已经开始考虑将数字化能力纳入考量范围（Lenka et al.，2017；Warner and Waeger，2019），但对其全面理解仍处于初级阶段（Vial，2019），亟待对其进行深入研究。本书在现有数字化能力相关研究基础上，对数字化能力进行界定，并将其划分为数字感知能力、数字运营能力与数字资源协同能力三个维度，较为全面地揭示了数字化能力的内涵。并且本书将其应用于中国制造企业数字化转型机制研究中，拓展了数字化能力应用的外延。另一方面，数字化条件下的价值创造问题具有重要的理论价值（李晓华，2022）。数字化转型背景下价值创造发生了深刻变化，但在该背景下价值共创相关研究还较为缺乏（Bonamigo et al.，2020；张洪等，2021）。有研究指出，IT 基础设施、价值创造、价值主张等已经成为制造企业数字化转型面临的新挑战，其中价值创造包括业务流程、资源和能力、伙伴关系三部分（Favoretto et al.，2022）。此外，现有文献对企业数字化转型中的数字化能力与价值共创相关论述和探讨相对割裂且尚不充分。本书将数字化能力作为数字时代企业组织的一种核心能力，将价值共创作为数字化转型过程中制造企业价值创造重要的价值来源与生成方式，有助于弥补数字化转型背景下对数字化能力与价值共创考量不足造成的研究缺口，具有重要的理论意义。

最后，结合组织内外部因素，引入数字业务强度与竞争强度变量，丰富制造企业数字化转型机制的边界条件研究。虽然有学者提出将企业数字化转型视作组织内外部因素共同催生的产物（姚小涛等，2022），但是多数文献在一定程度上忽视了将组织内外部因素一同纳入企业数字化转型成效来研究（胡青，2020）。一方面，在组织内部，数字业务强度刻画了组织在数字技术上的战略投资水平（Nwankpa and Datta，2017），使企业数字化转型具备了事实上的可操作性。另一方面，在组织外部，企业数字化转型受竞争环境变化的影响（Holopainen et al.，2023），而竞争强度描绘了企业究竟面临何种程度的竞争环境与力度。因此，本书从组织内部引入数字业务强度调节变量，从组织外部引入竞争强度调节变量，更为全面地考察了在制造企业数字化转型过程中，数字业务强度、竞争强度作为边界条件如何发挥其作用，突破了仅考虑组织内部因素或外部因素带来的局限性，有助于更为系统地把握企业数字化转型机制问题，同时也揭示了其复杂性与动态性。

（二）现实意义

本书具有以下三个现实意义：

第一，帮助转型制造企业化解"不想转""不敢转""不会转"等痛点难点问题。在全球经济增速放缓、行业竞争加剧、制造业回流的当下，企业数字化转型作为助力制造企业数字化蝶变的重要抓手，不仅能提升企业经营管理水平、促进降本增效、激发智能制造新模式、助推企业弯道超车，还能重塑制造业生态价值，进而彻底改变我国制造业"大而不全、全而不优"的现状。需要说明的是，企业数字化转型并非最终目的，而是一项需要持续关注先进技术、敏锐捕捉市场需求，并将先进技术与企业具体业务不断融合的系统工程。一方面，要求制造企业在转型过程中不断修炼自身的数字化能力来感知并响应外部需求变化；另一方面，要求制造企业在日趋开放的环境下，以开放心智将组织内外部不同利益相关者纳入到价值创造过程中，也即积极践行多主体参与价值共创理念。同时，随着企业自身数字化转型进程的推进与数字化能力的跃迁，赋能价值共创能改善企业绩效。这为我国制造企业顺利推进数字化转型提供了一条可以借鉴的思路，具有一定的可操作性。

第二，引导转型制造企业注重在自身数字化转型过程中打造多维立体的数字化能力。数字化能力是数字经济时代制造企业数字化生存和发展的核心能力，比传统上的企业能力能更快地消化吸收新技术创新，并迅速应用到企业经营决策中，从而为企业带来持续的竞争优势。由于数字经济时代外部需求瞬息万变，随着数字技术不断迭代和企业边界的不断拓展，制造企业面临的外部复杂性与不确定性也日益提高。这就要求制造企业必须致力于打造自身数字化能力以应对外部环境的变化。制造企业只有具备较强的数字化能力，并与其具体业务不断适应融合，才能充分释放数字技术带来的价值，推动企业持续变革，激活组织活力。

第三，深化转型制造企业对于多主体参与价值共创的认知，共同构建并优化企业数字商业生态。在数字经济时代，数字化使用户成为其价值形成中更活跃的主体（Lahteenmaki et al.，2022）。这意味着制造企业在数字化转型进程中需要充分重视多主体参与价值共创为企业数字化成长带来的价值。通过利用数字化转型、数字化能力赋能多主体参与价值共创，助力转型企业构建良好的数字商业生态系统。多主体参与价值共创强调企业价值共创活动中需纳入顾客、供应商、员工等更为广泛的利益相关方。这就要求企业必须致力于以顾客为中心、尊重顾客建议和意见、引导顾客需求，并积极发展数字顾客；必须建立良好的供应商关系，营造信任生态，以更加开放的心态选择适当时机引入供应商等伙伴参与共创价值。另外，要求企业擅用员工这一组织重要的知识来源，赋予其更大的权利，实现员工参与式成长，与企业形成利益共同体。

第三节　研究内容与创新点

一、研究内容

本书包括以下六个研究目标：①从数字化能力、价值共创两个角度探析制造企业数字化转型对企业绩效的影响；②探析数字化能力在制造企业数字转型与企业绩效之间的中介作用；③探析价值共创在制造企业数字转型与企业绩效之间的中介作用；④探析数字化能力、价值共创在制造企业数字转型与企业绩效之间的链式中介作用；⑤探析数字业务强度在数字化转型与数字化能力、数字化能力与企业绩效间的调节作用；⑥探析竞争强度在数字化转型与价值共创、价值共创与企业绩效间的调节作用。

本书主要内容包括七个部分：绪论，理论基础与研究综述，案例研究与理论模型构建，研究假设的提出，研究设计与预调研，实证检验与分析，研究结论、建议与展望。

第一章为绪论。本章首先通过对制造企业数字化转型现实背景与理论背景的阐述，提出本书的研究问题，也即数字化转型对制造企业存在怎样的直接影响？

数字化能力、价值共创如何影响数字化转型与企业绩效之间的关系？数字化转型能否依次通过数字化能力、价值共创影响企业绩效，即数字化转型与企业绩效关系中具体存在怎样的作用路径？在制造企业数字化转型过程中，数字业务强度、竞争强度作为边界条件是如何发挥作用的？其次对本书的研究意义、研究内容、创新点进行描述，并给出了本书所运用的研究方法，绘制了技术路线图。

第二章为理论基础与研究综述。通过全面梳理数字化转型理论、组织变革理论、数字化能力理论与价值共创理论的发展脉络、概念、维度、相关研究等内容，寻找研究缺口，并进行研究述评，为后续章节中核心构念间的逻辑关系以及理论模型构建奠定坚实的基础。

第三章为案例研究与理论模型构建。首先选择冰山集团与海尔集团两家中国制造企业数字化转型案例，运用探索式多案例研究方法，采用一手、二手数据资料相结合方式进行数据收集，形成"三角验证"后进行背靠背编码，探析案例企业与本书问题相关的核心构念，进而形成数字化转型、数字化能力（数字感知能力、数字运营能力、数字资源协同能力）、价值共创（顾客参与价值共创、员工参与价值共创、供应商参与价值共创）、企业绩效、数字业务强度、竞争强度等主要构念。其次根据案例涌现出的构念间关系，并结合第二章内容构建本书的理论模型，提出本书的命题。

第四章为研究假设的提出。基于第三章构建的理论模型，本章致力于深入探讨、剖析并建立起数字化转型、数字化能力（数字感知能力、数字运营能力、数字资源协同能力）、价值共创（顾客参与价值共创、员工参与价值共创、供应商参与价值共创）、企业绩效、数字业务强度、竞争强度等主要构念间的逻辑关系，提出本书的研究假设。

第五章为研究设计与预调研。首先严格遵循问卷设计一般性原则与规范性步骤，在初始量表基础上进行科学研讨与修正。其次展开预调研，逐渐形成适合本书的最终正式问卷。

第六章为实证检验与分析。基于第五章确定的正式问卷通过线上线下相结合的方式进行问卷发放、收回与处理，并根据有效问卷进行下一步实证检验分析。首先利用 SPSS 26.0 软件和 AMOS 26.0 软件对有效数据进行描述性统计分析、信度与效度检验分析、相关性分析等。其次对数据样本通过结构方程模型分析检验中介效应、调节效应。最后得出研究结果。

第七章为研究结论、建议与展望。在前述几章理论分析及实证检验分析的基础上，本章得出本书的研究结论，阐述本书的理论贡献。与此同时，本章也提出具体的管理建议、不足、未来研究方向与展望。

二、创新点

本书的创新点有以下三个方面：

第一，运用数字化能力理论、价值共创理论来阐释中国制造企业数字化转型作用机制，弥补了现有研究的不足。近年来，数字化转型相关研究呈现出爆发式增长，但是数字化转型对企业绩效的作用机制仍然不清晰（Favoretto et al.，2022；Zhang et al.，2023），相关实证研究还远远不够（刘淑春等，2021）。尤其是从数字化能力与价值共创理论角度对制造企业数字化转型与企业绩效关系的探讨更是付之阙如。首先，制造业企业数字化转型的关键在于数字化能力（田震和陈寒松，2023）。而数字化能力作为现有数字化转型微观层面的研究缺口之一（Jedynak et al，2021），其相关理论建构和实证研究亟须深入探讨（Annarelli et al.，2021；张华和顾新，2023）。其次，价值创造模式的改变被认为是数字化转型重要的结果因素开始被纳入考量（Vial，2019），但是相关研究还很有限。这意味着数字化转型与多主体参与价值共创间的关系是未来重要的研究方向（Savastano et al.，2019）。因此，本书从数字化能力和价值共创理论视角，在数字化转型情境下，从"数字化转型—数字化能力—企业绩效""数字化转型—价值共创—企业绩效"两条路径展开研究，具有一定的创新性。

第二，在数字化转型情境下弥合了数字化能力与价值共创研究相对割裂的现状。数字化能力是价值共创得以实现的重要条件和保证（Lenka et al.，2017），即通过数字化能力实现价值共创（Annarelli et al.，2021），进而可以改善企业绩效。虽然目前一些研究开始探析工业互联网平台、数字化平台能力等对价值共创的影响（陈武等，2022；Jiang et al.，2023），但数字化能力与价值共创关系的研究还较为鲜见。本书基于赋能理论，结合 Lenka 等（2017）、Annarelli 等（2021）、Abbate 等（2022）、张培和董珂隽（2023）等的相关研究，深入探讨了数字化能力作为价值共创前因的学理，并将其纳入数字化转型与企业绩效关系研究中，从而建立起"数字化转型—数字化能力—价值共创—企业绩效"第三条路径以揭示数字化转型过程，有助于弥补数字化能力与价值共创研究相对割裂的现状。

第三，将作为组织内外部因素的数字业务强度与竞争强度一同纳入数字化转型作用机制研究中，丰富了数字化转型作用机制的边界条件研究。如理论背景中所述，目前学者对数字化转型与绩效边界条件的讨论大多集中在组织变革敏捷性和技术嵌入适应（池仁勇等，2022）、组织韧性（王玉和张占斌，2022）、学习导向和关系网络嵌入（胡青，2020）、组织合法性（叶丹等，2022）、组织惰性（余薇和胡大立，2022）、文化（王海花等，2022）、TMT 经验与产业竞争（Zeng et al，

2022)、商业模式创新（Zhang et al., 2023）等。鲜有文献将组织内外部因素一同纳入数字化转型与绩效两者关系之间来考察。这在一定程度上导致对数字化转型在何种情况下更为显著地影响企业绩效这一问题的理解并不全面。基于此，本书分别将数字业务强度这一组织内部因素、竞争强度这一组织外部因素引入数字化转型与企业绩效关系中来检验其调节效应，并进行详细阐释，丰富了数字化转型作用机制的边界条件研究。

第四节　研究方法与技术路线图

一、研究方法

本书采用质性研究与量化研究相结合的方式探讨制造企业数字化转型、数字化能力、价值共创与企业绩效之间的逻辑关系。基于现有理论与企业数字化发展实践，运用文献计量与分析、实地调研与访谈、多案例研究、问卷调查与实证分析等方法，深入解析制造企业数字化转型、数字化能力、价值共创、数字业务强度、竞争强度与企业绩效间的内在机理。

第一，文献计量与分析方法用于对本书所涉及的主要理论、核心构念的全面回顾、梳理与述评。对数字化转型理论（Digital Transformation Theory）、组织变革理论（Organizational Change Theory）、数字化能力理论（Digital Capability Theory）、价值共创理论（Value Co-creation Theory）等中英文关键词在 Web of Science、Elsevier、EBSCO、Emerald、Springer 与中国知网等中外文核心数据库进行检索、整理与归纳。由于本书探讨的是制造企业数字化转型中数字化能力与价值共创的作用机制，因此对企业数字化转型这一重要前因变量运用 CiteSpace 文献计量方法，以知识图谱形式直观展示其近年来的研究成果与进展。同时，结合文献分析明晰上述相关理论与核心构念的发展脉络、前沿方向以及研究缺口，为后续研究奠定扎实的理论基础。

第二，案例研究作为一种归纳式研究方法，可以与量化研究中运用的逻辑演绎方法形成有益补充（Yin, 2003）。案例研究侧重于回答"怎么样"（How）和"为什么"（Why）类型的研究问题，特别适合对现实世界中发生的新现象、新行为作出细致全面的阐释。与单案例研究有所不同，探索式多案例研究的目的在于基于样本案例所置身的情境，继而将单案例中揭示的规律拓展到更宽的范畴中去。探索式多案例研究在数据收集上通常具备更高的普遍性类属，操作过程中遵循的可复制性原则通常拓宽了研究结论的普适性、准确性与完备性。

在本书中，多案例研究主要用于为模型核心构念间的逻辑链提供现实佐证，探析模型核心构念间的逻辑关系，并借此构建起理论模型。基于探索式多案例研究方法，结合相关理论基础，本书对两家在数字化转型领域比较成功的中国制造企业冰山集团与海尔集团进行实地调查研究、半结构化访谈获得一手数据资料；同时辅之以企业档案、年报、研报、官方公布的信息、高管专题报道等二手资料进行"三角验证"来确保数据的可靠性。本书将收集的数据资料文本化形成文字资料后，对其进行背靠背独立编码，分类提炼核心构念。之后，通过独立分析对案例企业涌现的构念进行分析，进而探讨不同构念间的内在关系。通过研究者之间充分讨论、专业领域专家咨询和受访者补充调研等方式解决部分异议。不断对比案例数据与涌现出的理论，将构建的理论框架对话文献资料，直至达到理论饱和，刻画制造业数字化转型、数字化能力、价值共创与企业绩效的作用机制，并提出相应命题。

第三，大样本实证研究用于问卷设计与调研、实证检验部分。首先，对问卷进行设计，为避免语言歧义，将英文问卷转译后与组织变革、数字化转型、创新管理等多个企业组织研究领域专家进行反复修正以减少测量偏误，并邀请业界人士对拟发放问卷提出修改意见，进而形成最终正式问卷。其次，本书通过线上和线下相结合的形式发放调查问卷收集数据，并对所收集的数据进行异常值删除处理，以形成有效数据用于后续统计检验。调查对象主要是近年来实施数字化转型的制造企业。问卷应答者多为企业的中高层决策者、部门负责人以及资深骨干员工。最后，利用SPSS 26.0软件和AMOS 26.0软件对收集到的有效数据进行描述性统计、信效度检验、相关性分析等，对数据样本通过结构方程模型分析检验中介效应与调节效应，对本书所提假设进行统计检验，从而得出科学的研究结论。

二、技术路线图

本书首先运用文献计量方法梳理出目前企业数字化转型研究现状，以此作为下一步开展系统研究文献的基础，结合具体文献对数字化转型相关研究进行讨论。同时，对组织变革、数字化能力和价值共创等理论进行回顾和研究综述，寻找研究缺口，并进行研究述评。其次，进行子研究一"中国制造企业数字化转型案例研究"，通过两家中国制造业数字化转型企业典型案例分析，构建中国制造企业数字化转型中数字化能力与价值共创作用机制理论模型，并提出相关命题。再次，进行子研究二"中国制造企业数字化转型中数字化能力与价值共创作用机制实证研究"，提出研究假设、设计问卷并进行预调研、形成正式问卷、收集数据后，实证检验并探讨制造企业数字化转型、数字化能力、价值共创、数字业务强度、竞争强度与企业绩效间关系。最后，得出研究结论、阐释理论贡献、提出管理建议与启示，并指出研究局限与未来展望。本书的技术路线如图1-2所示。

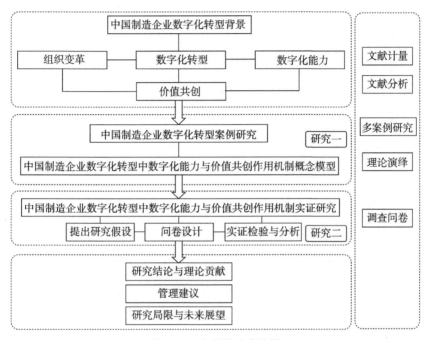

图1-2 本书的技术路线

资料来源：笔者绘制。

第二章

理论基础与研究综述

第一节　数字化转型理论与相关研究

一、企业数字化转型研究现状

通过 CiteSpace6.1R6 软件对国内外企业数字化转型进行初步文献计量，形成知识图谱，以更好地对目前该领域研究现状进行整体性把握。

（一）国内企业数字化文献计量分析

根据企业数字化转型研究的领域和内容，在知网中进行文献检索，将主题词界定为"企业数字化转型"，并限定来源类别为"CSSCI"及"北大核心"，时间范围界定为"2000~2022 年"，经过筛选后，最终得到本书初始中文文献样本 350 篇（截至日期为 2022 年 12 月 31 日）。

1. 关键词共现

关键词共现网络反映了企业数字化转型这一研究主题在经济管理领域的演变过程和研究热点。本部分运用关键词共现分析了企业数字化转型在国内研究领域的热点。表 2-1 展示了国内企业数字化转型的研究热点。可以看出，国内企业数字化转型研究领域共现频次最高的前 60 个关键词大部分集中于 2019~2022 年，说明企业数字化转型的相关研究在近几年才开始兴起。关键词共现频次最高、排序前 5 的分别是"数字经济""企业创新""数字化""中小企业""制造企业"。另外，值得关注的关键词还有"动态能力""创新驱动""企业价值""市场竞争"等，反映了与企业数字化转型相关研究的细分领域。

表 2-1　国内企业数字化转型研究前 60 位关键词排序

排序	中介中心度	年份	关键词	排序	中介中心度	年份	关键词	排序	中介中心度	年份	关键词
1	0.39	2019	数字经济	8	0.01	2021	国有企业	15	0.02	2021	零售企业
2	0.08	2020	企业创新	9	0.03	2022	公司治理	16	0.03	2021	企业价值
3	0.18	2016	数字化	10	0.07	2020	动态能力	17	0	2020	大数据
4	0.10	2020	中小企业	11	0.07	2021	内部控制	18	0.02	2022	文本分析
5	0.14	2020	制造企业	12	0.04	2021	文本识别	19	0.02	2022	财务绩效
6	0.10	2022	融资约束	13	0.01	2021	创新驱动	20	0	2022	市场竞争
7	0.08	2020	数字技术	14	0.03	2020	企业绩效	21	0.04	2021	金融科技

续表

排序	中介中心度	年份	关键词	排序	中介中心度	年份	关键词	排序	中介中心度	年份	关键词
22	0.02	2021	数据治理	35	0.01	2022	影响机理	48	0	2022	创新
23	0	2022	代理成本	36	0	2022	机制检验	49	0.01	2022	高管激励
24	0.05	2022	技术创新	37	0.01	2022	双元创新	50	0	2022	数字赋能
25	0	2022	投资效率	38	0	2022	文本挖掘	51	0	2021	同群效应
26	0	2022	人工智能	39	0	2022	风险承担	52	0	2022	路径依赖
27	0	2011	出版企业	40	0.01	2022	转型路径	53	0.03	2021	交易成本
28	0	2022	中介效应	41	0	2022	科技金融	54	0	2022	扎根理论
29	0.01	2022	信息披露	42	0.01	2022	组织变革	55	0	2021	数字创新
30	0.01	2022	溢出效应	43	0	2022	创新能力	56	0	2020	企业管理
31	0	2022	机器学习	44	0.01	2022	政府补贴	57	0	2022	金融化
32	0	2022	费用黏性	45	0	2021	政府行为	58	0	2022	政府补助
33	0	2022	异质性	46	0.01	2022	影响因素	59	0	2022	数字生态
34	0	2022	融资成本	47	0.01	2016	商业模式	60	0	2022	驱动因素

资料来源：笔者整理。

从关键词共现图谱可视化结果（见图2-1）可以看出，当前国内企业数字化转型的相关研究主要集中在"数字经济""数字化""制造企业""融资约束""公司治理"等重点关键词上。

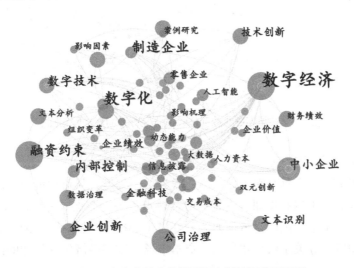

图 2-1　国内企业数字化转型研究关键词共现图谱

2. 关键词聚类

Modularity Q 和 Mean Sihouette 是关键词聚类分析中两个重要指标。Modularity Q 反映了聚类效果优劣，当 Modularity Q>0.3 时，表示关键词具有良好的聚类效果，内部连接紧密。Mean Sihouette 则是用来反映关键词网络聚类结果，评价网络同质性的指标，其取值的范围在 0~1，其值大于 0.5 时，表示关键词网络聚类结果理想。国内企业数字化转型研究的 Modularity Q 为 0.7088，表示其聚类效果比较理想。Mean Sihouette 为 0.9103，大于 0.5，接近 1，表明关键词网络聚类效果理想，同一类文献具有很高的同质性。国内研究中有关企业数字化转型的关键词聚类图谱见图 2-2。可以看出，国内企业数字化转型研究主要划分为六类，分别为 #0 聚类（数字经济）、#1 聚类（制造企业）、#2 聚类（数字化）、#3 聚类（内部控制）、#4 聚类（融资约束）、#5 聚类（数字技术）。

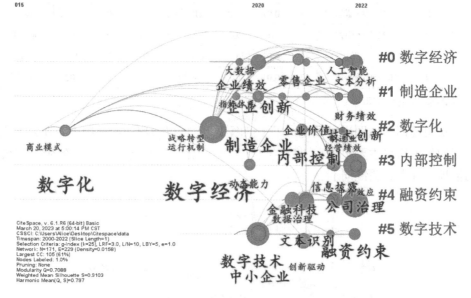

图 2-2　国内企业数字化转型研究关键词聚类网络图谱

3. 国内高被引文献

被引用率高的文献反映了该文献受学界关注程度、认可程度、创新程度与质量水平等方面，可以帮助研究者把握研究热点、关键节点等重要信息。由表 2-2 可以看出，近年来，国内学者何帆和刘红霞（2019）、吴非等（2021）、张雪玲和焦月霞（2017）等关于数字化变革、资本市场、数字经济发展指数的研究引用率较高。

表 2-2 国内文献共被引排名

序号	频次	题目	年份	作者
1	456	数字经济视角下实体企业数字化变革的业绩提升效应评估	2019	何帆和刘红霞
2	454	企业数字化转型与资本市场表现——来自股票流动性的经验证据	2021	吴非等
3	412	中国数字经济发展指数及其应用初探	2017	张雪玲和焦月霞
4	240	企业管理数字化变革能提升投入产出效率吗	2021	刘淑春等
5	227	数字化转型与企业分工：专业化还是纵向一体化	2021	袁淳等
6	173	我国中小制造企业如何提升新产品开发绩效——基于数字化赋能的视角	2020	池毛毛等
7	168	企业数字化转型的机制与绩效	2020	胡青
8	163	数字经济引领高质量发展的逻辑、机制与路径	2020	任保平
9	160	企业跨体系数字化转型与管理适应性变革	2020	肖静华
10	127	共享服务模式下企业财务数字化转型探讨	2019	唐勇和胡先伟

注：截至日期为 2022 年 12 月 31 日。

资料来源：笔者整理。

（二）国外企业数字化文献计量分析

同理，根据企业数字化转型研究的领域和内容，选取 Web of Science（WOS）数据库核心合集进行文献检索。将主题词界定为"enterprise digital transform*"或"firm digital transform*"；学科类别限定为"business""management""economics"；时间范围界定为"2000~2022 年"；文献类型选择"review""article"；语言选择"English"。截止 2022 年经过筛选后，最终得到本书初始英文文献样本 700 篇（截至日期为 2022 年 12 月 31 日）。

1. 关键词共现

表 2-3 列出了国外研究中企业数字化转型关键词频次位于前 60 的排序，展示了企业数字化转型的国际研究热点。可以看出，国外企业数字化转型研究领域共现频次最高的前 60 个关键词大部分集中于 2004~2022 年，且关键词共现频次最高、排序前五的分别是"数字化转型（digital transformation）""创新（innovation）""绩效（performance）""管理（management）"和"技术（technology）"，反映了国际上在该领域的主要研究主题。另外，近年来，关于"大数据分析（big data analytics）""人工智能（artificial intelligence）""价值创造（value creation）""开放式创新（open innovation）""商业模式创新（business model innovation）""动态能力（dynamic capabilities）"等主题也越发引起学界重视，反映了国外企业数字化转型相关文献侧重研究如何实现企业数字化转型。

表2-3 国外企业数字化转型研究前60位关键词排序

排序	中介中心度	年份	关键词	排序	中介中心度	年份	关键词	排序	中介中心度	年份	关键词
1	0.04	2015	digital transformation	21	0.01	2010	value creation	41	0.01	2020	industry 4.0
2	0.07	2008	innovation	22	0.11	2009	competitive advantage	42	0.03	2008	knowledge management
3	0.03	2017	performance	23	0.01	2019	business model innovation	43	0.01	2019	industry
4	0.08	2008	management	24	0.03	2018	big data analytics	44	0.04	2004	supply chain
5	0.03	2017	technology	25	0	2017	business model	45	0.03	2006	implementation
6	0.04	2009	dynamic capability	26	0.01	2017	absorptive capacity	46	0.01	2017	creation
7	0.17	2004	information technology	27	0.02	2016	framework	47	0.01	2017	open innovation
8	0.09	2004	capability	28	0.02	2019	artificial intelligence	48	0.01	2020	servitization
9	0.06	2011	firm performance	29	0.03	2007	model	49	0.04	2004	integration
10	0.02	2010	strategy	30	0.02	2018	challenges	50	0.01	2019	product
11	0.01	2019	transformation	31	0.06	2007	information	51	0.01	2006	organizations
12	0.04	2016	big data	32	0.04	2014	internet	52	0	2021	technological innovation
13	0.02	2004	impact	33	0.02	2017	adoption	53	0.04	2017	research and development
14	0.04	2007	knowledge	34	0.02	2016	entrepreneurship	54	0.03	2016	competition
15	0.01	2017	firms	35	0.01	2020	dynamic capabilities	55	0.01	2019	digital innovation
16	0.02	2018	business	36	0.01	2020	digital servitization	56	0	2020	digitization
17	0.01	2020	industry 4.0	37	0.01	2015	design	57	0.01	2020	opportunity
18	0	2016	future	38	0.01	2017	business models	58	0.01	2020	digital technologies
19	0.04	2006	perspective	39	0.01	2020	antecedents	59	0.02	2019	service innovation
20	0.04	2006	systems	40	0.02	2007	firm	60	0.02	2016	governance

资料来源：笔者整理。

从可视化结果（见图 2-3）中可以看出，国外研究企业数字化转型则聚焦到企业绩效、竞争优势等关键词，与国内研究相呼应。在关系研究方面，不少学者关注数字化转型与创新、信息技术、动态能力、知识、企业绩效、竞争优势等之间的关系。此外，相关研究还关注了数字化转型的影响因素、实施、商业战略、顾客满意等方面。

图 2-3　国外企业数字化转型研究关键词共现图谱

2. 关键词聚类

同理，国外企业数字化转型研究的 Modularity Q 为 0.4623，表示其聚类效果比较理想。Mean Sihouette 为 0.7246，大于 0.5，接近 1，表明关键词网络聚类效果理想，同一类文献具有很高的同质性。国外研究中有关企业数字化转型的关键词聚类图谱如图 2-4 所示。国外企业数字化转型研究主要划分为八类，分别为 #0 聚类（manufacturing industry）、#1 聚类（industry 4.0）、#2 聚类（big data）、#3 聚类（digital transformation）、#4 聚类（digital servitization）、#5 聚类（eservice quality）、#6 聚类（business value of it）、#7 聚类（open innovation）。

3. 国外高被引文献

由表 2-4 可以看出，近年来，Vial（2019）对数字化转型的系统性综述、Warner 和 Waeger（2019）关于数字化转型与动态能力关系的探讨，以及 Verhoef 等（2021）对实现数字化转型成功所必需能力的研究受到研究者的关注最高。

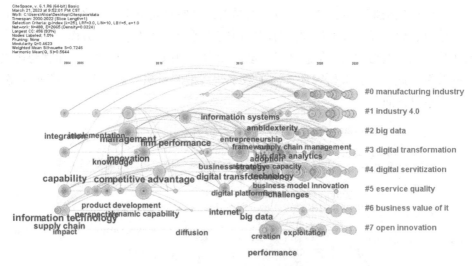

图 2-4　国外企业数字化转型研究关键词聚类网络图谱

表 2-4　国外文献共被引排名

序号	频次	题目	年份	作者
1	118	Understanding Digital Transformation: A Review and a Research Agenda	2019	Vial
2	87	Building Dynamic Capabilities for Digital Transformation: An Ongoing Process of Strategic Renewal	2019	Warner 和 Waeger
3	72	Digital Transformation: A Multidisciplinary Reflection and Research Agenda	2021	Verhoef 等
4	68	Digital Innovation Management: Reinventing Innovation Management Research in a Digital World	2017	Nambisan 等
5	50	Servitization and Industry 4.0 Convergence in the Digital Transformation of Product Firms: A Business Model Innovation Perspective	2019	Frank 等
6	43	The Digital Transformation of Innovation and Entrepreneurship: Progress, Challenges and Key Themes	2019	Nambisan 等
7	41	Digital transformation by SME Entrepreneurs: A Capability Perspective	2018	Li 等
8	39	Fifteen Years of Research on Business Model Innovation: How Far Have We Come, and Where Should We Go?	2017	Foss 和 Saebi
9	39	Digital Innovation and Transformation: An Institutional Perspective	2018	Hinings 等
10	38	Embracing Digital Innovation in Incumbent Firms: How Volvo Cars Managed Competing Concerns	2017	Svahn 等

资料来源：笔者整理。

4.国家共现

对企业数字化转型领域的相关国家进行了社会合作网络分析。图 2-5 的可视化图谱中共有 67 个节点（国家）及 336 条连线（国家间关系）。从数量上来看，美国在企业数字化转型领域的论文发表数量最多，截至检索日（2022）发文量达到 133 篇，对该领域的研究做出了积极贡献，紧随其后的是中国（124 篇）、意大利（118 篇）、英国（112 篇）等国家。这说明企业数字化转型领域的研究兴起于发达国家或经济体，美国在该领域的研究前瞻性强、影响力大，与其他国家联系紧密。同时，可以看出中国在企业数字化转型领域的研究也具备了一定的竞争力。

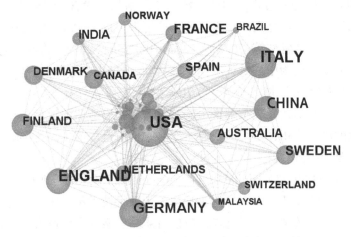

图 2-5　国外企业数字化转型研究国家共现图谱

二、数字化转型的内涵与相关政策

（一）数字技术、数字化与数字化转型的内涵

数字技术是在计算机技术、微电子技术、现代通信技术等基础上形成的一种升级的信息通信技术，是数字经济的重要组成部分（田秀娟和李睿，2022）。数字技术有多种表现形式，主要可以分成两大类：主要的数字技术和次要的数字技术。其中，主要的数字技术包括移动技术、社交网络、云计算、大数据和传感器和物联网；次要的数字技术包括 3D 打印机、机器人、无人机、虚拟和增强现实、人工智能等。腾讯研究院在发布的《2022 年十大数字科技前沿应用趋势》中列举十种前沿数字技术，包括云原生、人工智能、未来网络、云安全、量子计算、空天科技、能源互联网、复杂任务服务机器人、万物孪生与增强现实。Cho 等（2022）将九种通常与制造业相关的不同技术归类为下一代数字技术（NGDTs），

即物联网、移动设备、大数据、云计算、人工智能、区块链、虚拟增强现实、机器人和3D打印。基于数字技术创造的"开放和灵活的启示"环境，组织可以有目的地利用数字技术组合的潜力（Yoo et al.，2012），在生产率、组织韧性、可持续性等维度上创立起工业制造系统竞争优势（Demartini et al.，2019）。就制造业而言，其涉及的数字技术主要为大数据、云计算、工业互联网、人工智能和云计算等，涉及的应用场景主要围绕智能制造与智能工厂。

数字化是计算机和网络技术的基础（蔡曙山，2001），是数字技术应用的行动和发展过程（Yoo et al.，2010），同时也是企业利用数字技术改变其商业模式并获得新的收入机会的过程。因此，数字化严格的技术含义已经发展成为组织、社会内部和组织、社会之间一种主要的转型过程（Jedynak et al.，2021），是一个组织层面的概念（武常岐等，2022）。Pagani 和 Pardo（2017）将数字化分成三类，分别是"以活动链接为中心的数字化""以资源纽带为中心的数字化""以行为者纽带为中心的数字化"。陈冬梅等（2020）指出，数字化具有三个特点：数字孪生、无限收敛性和自我迭代性。李晓华（2022）认为，制造业的数字化是基于数字技术在制造业的深度应用，对制造企业、产品、价值链等产生深远影响，并提升制造业效率、改善经济效益与质量的过程。

目前，数字化转型（Digital Transformation）的概念缺乏明确的定义。数字化转型战略是一幅蓝图，它支持企业管理由于数字技术集成而产生的转型以及转型后的运营，并且超越了流程范式，包括对产品、服务和商业模式整体的改变和影响（Matt et al.，2015）。Vial（2019）基于数字化转型的目标实体、范围、手段和预期结果，认为数字化转型即"通过信息、计算、通信和连接技术的结合，触发实体属性的重大变化，从而改善实体的过程"。Hanelt 等（2021）将数字化转型定义为"由数字技术的广泛传播引发和形成的组织变革"。黄丽华等（2021）认为，企业数字化转型是指通过不同信息通信等技术的组合应用，使企业组织特性发生重大变革，并重构组织结构、行为及运行系统的过程。李载驰和吕铁（2021）将数字化转型理解为组织通过融合信息、计算、通信等技术，导致转型主体各方面属性产生重大变化，以达到优化主体目的的过程。Rossini 等（2021）区分了数字化转型的两种模式，其中持续性的数字化转型模式以横向方式涉及整个企业，小步骤推进；而破坏性的数字化转型模式，通过大量数字化投资以更垂直的方式进行。围绕企业数字化转型概念等相关研究，学者提出了不同的企业数字化转型理论框架。例如，Matt 等（2015）给出的数字化转型框架涉及技术使用、价值创造的变化、结构变化、财务四个转型维度间的平衡。Xu 等（2022）从核心维度、实施机制和行动机制三个方面构建了数字化转型的理论框架。吴江等

（2021）基于"输入—过程—输出"模型构建起企业数字化转型的理论框架。

与此同时，实践界也给出企业数字化转型诸多解释。赵兴峰（2019）在《数字蝶变：企业数字化转型之道》一书中，按照变革的范围与幅度，将数字化转型分成精益式转型、增强式转型、创新式转型与跃迁式转型。本书将几种较有代表性的数字化转型的概念总结如表2-5所示。

表2-5 数字化转型的概念界定

概念	来源
是指数字技术可以改变的企业商业模式，这些变化会导致产品或组织结构的变化或过程的自动化	Hess 等（2016）
是指在数字技术基础上推动和构建的变革和转型。在企业内部，数字化转型被定义为组织向大数据分析、云、移动和社交媒体平台的转变	Nwankpa 和 Roumani（2016）
是由于数字化技术而对业务流程、文化和组织方面进行的转型，以满足市场需求，是对数字时代商业的反思、重新构想和重新设计	Nasiri 等（2020）
由数字技术的采用导致个人、组织、生态系统和社会的变化	Dąbrowska 等（2022）
是基于数字技术扩散塑造的组织战略变革	Zhao 等（2023）
由数字技术的广泛传播引发和形成的组织变革，数字化转型是连续的变化，它可以由偶发的突发事件触发和形成，而后者正在诱导进一步的连续变化	Hanelt 等（2021）
企业通过数字技术对价值产生、获取或交付进行的转型和创新	Zhang 等（2023）
是企业利用数字技术驱动企业的核心产品、服务和流程变革的过程	胡青（2020）
是企业利用数字技术重塑业务流程、商业模式与生态的一个复杂过程	戚聿东等（2021）
是将物联网、大数据计算、人工智能等先进数字技术引入生产管理、研发创新、企业运营等各个环节	倪克金和刘修岩（2021）
制造业企业数字化转型本质是利用数字技术优化原有制造方式、商业模式、组织文化、用户体验等，以契合市场和外部环境的要求	武常岐等（2022）
是企业将数字技术、数据要素引入生产函数，并和其他生产要素重新组合实现经济与社会价值的过程	王小林等（2022）
是企业利用数字技术的组合触发组织属性的重大变革并改进组织的过程	姚小涛等（2022）
是企业利用数字技术改进业务，解决不确定性问题，进而提高运营效率与创新能力的战略变革	张振刚等（2022）

资料来源：笔者整理。

（二）数字化转型的相关政策

我国作为数字经济的引领者，自2015年正式提出推进"数字中国"建设倡议以来，关于数字化转型的政策不断深化和落地。目前我国已逐步形成"横向联动、纵向贯通"的数字化转型政策体系，在国家层面对数字化转型系统部署、在地方层面相继落实政策实施，并逐步形成系统合力，释放数字化转型相关政策的强大制度优势。近年来，国家和省市层面数字化转型相关政策如表2-6、表2-7所示。

表2-6 2020~2022年国家层面数字化转型相关政策梳理

时间	政策	主要内容
2020年3月	《中小企业数字化赋能专项行动方案》	运用信息技术加强疫情防控；加快发展在线办公、在线教育等新模式，以及共享制造、个性化定制等服务型制造新业态；搭建供应链、产融对接等数字化平台；强化数字资源服务支撑，加强数据资源共享和开发利用；推动中小企业实现数字化管理和运营，提升智能制造和上云用云水平，促进产业集群数字化发展
2020年4月	《关于推进"上云用数赋智"行动培育新经济发展实施方案》	构建设备数字化—生产线数字化—车间数字化—工厂数字化—企业数字化—产业链数字化—数字化生态的典型范式
2020年4月	《关于构建更加完善的要素市场化配置体制机制的意见》	明确了要素市场制度建设的方向及重点改革任务，明确将数据作为一种新型生产要素写入政策文件
2020年9月	《关于加快推进国有企业数字化转型工作的通知》	加快推进国有企业数字化转型，加快建立数字化转型闭环管理机制，加快集团数据治理体系建设，建设态势感知平台，加强平台、系统、数据等安全管理
2020年11月	《中共中央关于制定国民经济和社会发展第十四个五年规划和二〇三五年远景目标的建议》	要发展数字经济，推进数字产业化和产业数字化，推动数字经济和实体经济深度融合，打造具有国际竞争力的数字产业集群
2021年11月	《"十四五"大数据产业发展规划》	"十四五"时期，大数据产业发展要以推动高质量发展为主题，以供给侧结构性改革为主线，以释放数据要素价值为导向，围绕夯实产业发展基础，着力推动数据资产高质量、技术创新高水平、基础设施高效能，围绕构建稳定高效产业链，着力提升产业供给能力和行业赋能效应，统筹发展和安全，培育自主可控和开放合作的产业生态，打造数字经济发展新优势
2021年12月	《"十四五"数字经济发展规划》	优化升级数字基础设施，充分发挥数据要素作用，大力推进产业数字化转型，加快推动数字产业化，持续提升公共服务数字化水平，健全完善数字经济治理体系，着力强化数字经济安全体系
2022年3月	《政府工作报告》	"数字经济"连续6年出现在《政府工作报告》中，首次以"单独成段"的方式对数字经济进行表述
2022年11月	《中小企业数字化转型指南》	为有关负责部门顺利推进、助力中小企业数字化转型工作提供操作指引

资料来源：笔者整理。

表 2-7　全国部分省份数字化转型相关政策

省份	概览	政策
北京	深入实施北京大数据行动计划，加紧布局 5G、大数据平台、车联网等新型基础设施，推动传统基础设施数字化赋能改造	《北京市关于促进"专精特新"中小企业高质量发展的若干措施》 《北京市"新智造 100"工程实施方案（2021—2025 年）》 《北京市"十四五"时期高精尖产业发展规划》 《北京市"十四五"信息通信行业发展规划》 《北京市数据中心统筹发展实施方案（2021—2023 年）》 《数字经济领域"两区"建设工作方案》 《北京市支持卫星网络产业发展的若干措施》
上海	全面实施智能制造行动计划，大力发展在线新经济等新业态新模式，聚焦智能工厂、工业互联网、特色电商、网络视听等重点领域，培育壮大一批本土龙头企业，打造新生代互联网企业集群	《上海城市数字化转型标准化建设实施方案》 《推进治理数字化转型实现高效能治理行动方案》 《上海市数据条例》 《全力打响"上海制造"品牌加快迈向全球卓越制造基地三年行动计划（2021—2023 年）》 《上海市战略性新兴产业和先导产业发展"十四五"规划》 《上海市先进制造业发展"十四五"规划》
江苏	推进企业"上云"、标杆工厂和企业数字化转型建设，积极创建国家"5G+工业互联网"融合应用先导区，成为全国工业互联网领先地区。支持国家级江苏（无锡）车联网先导区建设。探索建设金融支持科技创新改革试验区、数字货币试验区	《江苏省公共数据管理办法》 《关于全面提升江苏数字经济发展水平的指导意见》 《江苏省制造业智能化改造和数字化转型三年行动计划》 《江苏省"十四五"新型基础设施建设规划》 《江苏省"十四五"数字经济发展规划》 《江苏省"十四五"数字政府建设规划》 《江苏省以新业态新模式引领新型消费加快发展实施方案》 《江苏省"产业强链"三年行动计划（2021—2023 年）的通知》
浙江	全面推动产业数字化。实施"数字赋能 626"行动，优化"1+N"工业互联网生态，打造工业互联网国家示范区，大力发展智能制造新模式	《浙江省数字化改革总体方案》 《浙江省人民政府办公厅关于开展未来乡村建设的指导意见》 《浙江省新一轮制造业"腾笼换鸟、凤凰涅槃"攻坚行动方案（2021—2023 年）》 《浙江省经济和信息化领域推动高质量发展建设共同富裕示范区实施方案（2021—2025 年）》 《浙江省数字经济发展"十四五"规划》 《浙江省信息通信业发展"十四五"规划》 《浙江省数字政府建设"十四五"规划》 《浙江省数字基础设施发展"十四五"规划》 《浙江省区块链技术和产业发展"十四五"规划》 《浙江省高端装备制造业发展"十四五"规划》 《浙江省全球先进制造业基地建设"十四五"规划》

续表

省份	概览	政策
山东	打造具有国际竞争力的数字产业集群以及全国重要的数字经济引领区	《山东省"十四五"数字强省建设规划》 《山东省5G"百城万站"深度覆盖和"百企千例"规模应用2022年行动方案》 《山东省"专精特新"中小企业培育方案》 《关于促进山东省网络安全产业发展的指导意见》
辽宁	持续深入智慧+，深植"数字基因"，加快辽宁"数字蝶变"。构建大数据深度科学辅助的政务管理运行新机制、新平台，提高数字化政务服务效能	《辽宁省"十四五"科技创新规划》 《辽宁省"十四五"数字政府发展规划》 《数字辽宁发展规划（2.0版）》 《辽宁省先进装备制造业"十四五"发展规划》

资料来源：笔者整理。

三、数字化转型的维度与驱动因素

（一）数字化转型的维度

目前，学术界对数字化转型维度主要存在单维度、两维度以及多维度三大类划分方式。

首先，单维度划分方式。Nwankpa 和 Roumani（2016）将数字化转型作为单一维度进行测量。他们设计三个题项包括"公司正在推动基于大数据分析、云和移动技术、社交媒体平台等技术的新业务流程""公司正在整合社交媒体、大数据分析、云和移动技术等数字技术以推动变革""公司的业务运营正转向利用数字技术，如大数据分析、云和移动技术、社交媒体平台等技术"。也有学者在该维度下增设题项"公司正在开发数字产品和服务""公司愿意大力推广和宣传数字技能和管理知识"两个题项进行测度（Zhang et al.，2021）。Leo 等（2022）将数字化转型作为单一维度处理，采用五个题项测量，包括"利用数字技术带来机遇""投资于数字技术""正在推动基于数字技术（如社交媒体、大数据和云存储）的新业务流程"等。Nasiri 等（2020）同样使用五个题项进行测度，包括"我们的目标是将一切可以数字化的东西数字化""我们从不同来源收集了大量数据"等。

其次，两维度划分方式。Xue 等（2022）将数字化转型分为技术准备度和转型程度两个维度。杨震宁等（2021）将数字化转型分为数字化技术水平和数字化应用范围两个维度。数字化技术水平分为大数据技术、智能化技术、移动技术、云计算技术等七种数字化技术；数字化应用范围侧重衡量企业对于数字化技术的掌握方式和应用范围。Zhang 等（2023）基于双元理论，将数字化转型分为探索性数字化转型与开发性数字化转型，前者侧重于利用数字技术对产品、过程和能力进行创新，后者侧重于利用数字技术改进现有的产品、过程和能力。

最后，多维度划分方式。刘飞（2020）将数字化转型分成数字化投资、数字技术应用、业务模式转型三个维度。王海花等（2022）将数字技术、数字战略、数字能力和数字文化作为数字化转型四个重要的子维度纳入其元分析研究中。

（二）数字化转型的驱动因素

近年来，国外对数字化转型驱动因素的研究开始丰富起来，由于研究情境和运用理论的不同，研究结论还较为分散。Osmundsen 等（2018）认为，驱动因素可以被视为组织参与数字化转型的外部或内部触发因素。从大致上来讲，数字化转型驱动因素包括顾客行为和期望（Schmidt et al.，2017）、行业的数字化转变（Berghaus and Back，2017）、不断变化的竞争格局（Haffke et al.，2016）、规范性变化（Berghaus and Back，2017）等。Vial（2019）的综述文章在顾客行为和期望、竞争格局基础上又加上数据可用性和数字技术的使用因素。

还有一些学者基于不同视角对该问题提出有益见解。Peter 等（2020）认为，在战略行动领域中数字化转型的驱动力包括流程工程、新技术和数字业务发展、数字领导和文化、云和数据、以顾客为中心和数字营销。Lin（2020）分析了影响智能制造转型的四种能力，分别是技术能力（预算与技术、顾客关系、商业模式、合适的设施或设备）、流程能力（战略一致性、产业竞争力、附加价值效应）、组织能力（有才能的员工、高管支持、培训与知识）和转型能力（建立清晰的项目指南、转型项目实施）。Firk 等（2021）基于集权视角，对 S & P 500 和 MSCI 的 7318 个公司 2010~2018 年数据进行面板回归，实证研究发现高管团队中设置首席数字官（CDO）有助于企业应对数字化转型的紧迫性、协调启动和实施数字化转型需求。Steiber 等（2021）通过通用和西门子案例构建了制造企业数字化转型创新扩散理论框架，他们指出驱动因素通常可能是一场可感知的经济危机、新的市场需求、由"榜样"引发的变化、政府推动的倡议、管理层以前的经验、由行业组织或大学完成的标准化工作、国家或行业特定的管理方式、治理结构、企业风险投资和收购以支持或加快转型等。

相较国外研究，国内对企业数字化转型驱动因素的研究开始兴起。高会生和王成敏（2020）对天虹商场的案例研究发现，企业数字化转型的外部驱动力主要源于对外部环境压力的感知等方面，内部驱动力主要源于对自身面临压力的认知以及对于新技术的吸收和学习。张夏恒（2020）指出，大幅降低成本、有效增加营业收入、提高生产效率、满足市场需求、获取更多的政策支持、降低企业面临的各类风险是中小企业数字化转型驱动因素。肖静华（2020）指出，新一代数字技术、商业模式、竞争模式、新型人力资本和相关制度的变革构成企业从工业化向数字化跨体系转型的关键驱动因素，以动力和压力两种方式推动传统企业从工业化体系转向数字化体系。陆洋和王超贤（2021）认为，数字化转型的影响因素包括行业属性、企业规模、组织结构和发展环境。陈庆江等（2021）指出，在企业数字化转型过程中存在显著的同群效应，受模仿学习的主观动机与现实条件两方面因素共同影响。裴璇等（2023）认为，外部环境变化、国家政策、基础设施建设、企业管理层特征以及社会资源是企业数字化转型的驱动因素。余可发和杨慧（2023）则将政策变迁、竞争、用户需求和企业成长作为数字化转型的驱动因素。

随着研究深入，学者们开始基于不同理论视角更为细致地探讨单一因素对数字化转型的影响。例如，意义建构（张建宇等，2022）、CEO复合职能背景（毛聚等，2022）、高管团队异质性（汤萱等，2022）、高管团队稳定性（王浩军等，2023）、海归高管（张慧和黄群慧，2023）、双元学习（吕潮林等，2023）、创新大数据与创新治理效能（陈凯华等，2020）、管理者认知（陈玉娇等，2022）、市场化进程（庄旭东和王仁曾，2022）、人工智能（张一林等，2021）、政治关联（王雪冬等，2022）、政府创新补贴（陈和和黄依婷，2022）、IT能力（池毛毛等，2022）、智慧城市试点（赖晓冰和岳书敬，2022）等。

四、数字化转型与企业绩效的相关研究

数字化转型的结果与组织所处的环境、组织本身以及由此产生的经济后果有关（Hanelt et al., 2021）。数字化转型的结果分为积极后果和消极后果两方面，前者包括提升运营效率、生产效率和组织绩效等，后者包括安全和隐私、绩效上的挑战等（Vial, 2019；曾德麟等，2021）。目前，学者们从不同视角探讨了数字化转型的结果因素，研究成果较为丰富。例如，企业绩效（胡青，2020；Zhao et al., 2023）、创新绩效（王才，2021；张吉昌和龙静，2022；池毛毛等，2022）、企业全要素生产率（赵宸宇等，2021；武常岐等，2022）、技术创新（张国胜和杜鹏飞，2022）、管理变革（林琳等，2019）、智能技术（Almulhim, 2021；Nasiri et al., 2020）、吸收能力（赵婷婷和杨国亮，2020）、动态能力（王才，2021；张吉昌和龙静，2022；孟韬等，2021；王墨林等，2022）、商业模式调适（孟韬等，2021）、商业模式创新（张振刚等，2022）、知识管理（张振刚等，2022）、研发双元能力

（池毛毛等，2020）、企业分工（袁淳和肖土盛，2021）、创新效率（杨水利等，2022）、企业价值（黄大禹等，2021）、企业韧性（Zhang et al.，2021）、企业社会责任（赵宸宇，2022）、供应链协同（赵玲等，2022）、关系绩效（Nasiri et al.，2020）等。

目前关于企业数字化转型与企业绩效的研究大致有两种观点：积极影响说、无显著影响或消极影响说。

首先，积极影响说。大多数研究认同企业数字化转型对绩效的促进作用。学者们大多认为企业数字化转型推动企业绩效成长最直观的表现是降低成本、提高效率等。随着研究深入，学者们开始探讨其背后更为复杂的深层机制。Singh等（2021）提供了证据支持数字化转型与企业绩效有显著关系的前因，如竞争压力、组织正念、战略一致性和 IT 准备度。胡青（2020）以浙江民营企业为考察对象，实证检验了数字化转型能够正向影响企业绩效，并且学习导向和网络嵌入为调节变量纳入作用机制分析中。Teng 等（2022）通过收集中国中小企业335 份有效问卷，采用结构方程模型分析，研究发现，数字技术、员工数字技能和数字化转型战略可以帮助推动数字化转型，从而提高中小企业的财务绩效。池仁勇等（2022）将数字化转型分成制造过程数字化与商业模式数字化，他们发现这两种战略转型均对财务绩效具有促进作用，同时也探讨了组织变革敏捷性与技术嵌入适应性对主效应的调节作用存在差异。李琦等（2021）通过对中国 A 股非金融上市公司研究发现，企业家精神在数字化转型通过供应链集成对企业绩效的积极影响中具有正调节效应。但在中小型企业中，数字化转型对企业绩效的积极影响并不显著。王小林和杨志红（2022）认为，企业数字化转型通过数据要素替代效应、数据技术渗透效应以及两者交互产生的融合效应有利于企业高质量发展。Wang 等（2020）通过对 156 家中国企业的研究发现，数字化转型战略对短期和长期财务绩效都有促进作用。TMT 的认知冲突对数字化转型战略与短期财务绩效的关系具有倒 U 形调节作用，而对数字化转型战略与长期财务绩效的关系具有正调节作用。Zhao 等（2023）基于知识基础观，以 247 家中国企业为样本，考察了数字化转型对企业绩效的积极影响，研究发现用户参与在数字化转型与企业绩效之间起到了中介作用，环境动态和吸收能力在用户参与与企业绩效之间则起到了调节作用。易露霞等（2021）基于沪深 A 股上市企业 2007~2019 年的数据，研究发现，企业数字化转型强度越高，则主业绩效越好，该结论在经过多重稳健性、内生性处理后仍然成立。从作用机制来看，企业数字化转型能够强化内部控制能力、吸引 QFII 机构持股、提高创新动能，进而带来主业绩效提升。

其次，无显著影响或消极影响说。Almulhim（2021）通过对 150 家沙特阿拉伯中小企业数字化转型与企业绩效关系实证研究发现，数字化转型对企业绩效没有显著的直接影响，但是智能技术在数字化转型和企业绩效之间发挥了完全的中介作用。曾德麟等（2021）指出，虽然借助数字化平台使组织具备先发优势，但该优势以为企业谋利为基础。已有研究表明，虽然数字化转型有诸多益处，但也会使管理费用、劳动成本等增加。白福萍等（2022）研究发现，数字化转型通过增加交易成本和增加技术创新投入会抑制制造企业财务绩效提升。戚聿东和蔡呈伟（2020）研究发现，由数字化带来的商业模式创新的正面影响会被管理失调所抵消，从而在总体上导致数字化并没有显著地提高企业绩效，因此"企业选择数字化无异于一场冒险"。Jago（2019）也曾指出，数字化系统可能由于缺乏弹性致使信息传递、加工等程式化、僵硬化、不透明，因此导致企业的生产决策不一定完全合理。此外，数字化的实施需要开发现有工人的技能（Matt et al.，2015），而因学习、适应新的操作环境可能带来更高的隐性成本。

五、数字化转型与组织能力的相关研究

制造企业的数字化转型要求企业对相关组织能力进行重塑，其中包括动态能力、双元能力、即兴能力、整合能力等（曾德麟等，2021；刘洋和李亮，2022）。

动态能力被认为是企业特有的一种组织能力，反映了企业感知和获取外部复杂环境中的战略机会，并协调、整合和重构内外部资源以适应新环境，获得可持续竞争优势的能力（Teece，2007）。Warner 和 Waeger（2019）认为，数字化转型是一个持续的战略更新过程，利用数字技术来建立更新或取代组织的业务模式、协作方法和文化。他们进而提出一个由数字感知能力、数字获取能力与数字转化能力为微观基础的数字化转型动态能力建设模型。这成为后续研究的基础。

现有研究大致从两个方面来看待数字化转型与动态能力的关系，也即从数字化转型来看动态能力构建与演化（孟韬等，2021；赖晓烜等，2023），或动态能力引起数字化转型向纵深推进等（焦豪等，2021）。

首先，大多数文献聚焦于探讨数字化转型或数据驱动动态能力的构建与作用研究。数字化转型对动态能力的三个维度感知能力、获取能力和重构能力能够产生影响。孟韬等（2021）运用 295 份企业调研样本实证研究发现，动态能力的三个各维度均在企业数字化转型与商业模式调适间起到中介作用，但是中介效应存在差异性，他们认为重构能力的中介效应最高，感知能力的中介效应最低，而

在获取能力的中介效应居中，并给出相应解释。张吉昌和龙静（2022）认为，由创新能力、吸收能力和适应能力构成的动态能力是数字化转型提升企业创新绩效的关键机制。王墨林等（2022）通过 2009~2019 年中国制造业上市企业数据实证检验了数字化转型通过影响企业动态能力对国际化广度产生积极影响。毛素芳等（2023）以公牛集团为案例，基于动态能力视角揭示传统制造企业数字化转型中的机会开发过程。更进一步地，赖晓烜等（2023）将数字化转型是数据驱动动态能力渐进塑形的过程。基于资源编排理论视角，赖晓烜等（2023）通过对浙江泰普森实业集团的案例研究，揭开数字化转型中从动态能力到数据驱动动态能力自指性生成的过程黑箱。陈衍泰等（2022）将传统组织层面的动态能力拓展至微观高管个体层面，通过杭州泛嘉集团案例研究，提出了数据驱动的动态管理能力构建机制。

其次，还有研究探讨动态能力如何引起数字化转型的深化。焦豪等（2021）基于京东集团的案例构建一个动态能力三个维度（机会感知能力、机会把控能力和变革重构能力）通过依托于不同类型的数据管理平台的驱动效应进而推动数字化转型的理论模型。Magistretti 等（2021）通过案例研究分析了设计思维的动态能力如何促进数字化转型。Wang 等（2023）基于动态能力配置框架，中国制造业上市企业为研究样本，通过 fsQCA 和 PSM 方法相结合，探讨了行业竞争力、战略变革频率、吸收能力、创新能力和适应能力的配置对企业数字化转型与绩效的影响。他们发现不同配置与路径对企业数字化转型影响效果存在差异。

此外，也有学者探讨了企业数字化转型与其他组织能力的关系。例如，池毛毛等（2020）从双元能力视角探讨了中小企业数字化转型对研发利用能力、研发探索能力及新产品开发绩效的作用机制。池毛毛等（2022）还通过 NCA 与SEM 的混合方法研究了不同的信息技术能力对数字化转型的影响。赵婷婷和杨国亮（2020）基于世界银行 2012 年中国企业调查数据，研究发现数字化转型通过吸收能力可以促进制造企业创新。马鸿佳等（2022）运用 fsQCA 方法通过五种传统资源和能力（实物资源、关系资源、制造能力、营销能力和创新能力）与两种数字资源和能力（大数据资源和数字平台能力）组态配置，探讨了中小制造企业数字化转型中的利用数字机会等问题。值得注意的是，数字化能力具有动态能力属性（Annarelli et al.，2021），是动态能力的一种具体表现形式（吉峰等，2022）。朱秀梅等（2022）认为，数字化转型战略指引数字化能力的构建与培育，而数字化能力又是数字化转型战略实施的重要基础能力，支撑战略调整和变化，制约战略实施的过程和效果。他们基于战略构型理论和动态能力理论，将数字化转型战略与数字化能力划分为二维四象限组合，揭示了在不同组合下数字化转型战略与数字化能力对产品服务系统数字化转型的作用机制。

六、数字化转型与价值创造的相关研究

Matt 等（2015）指出，数字技术推动企业数字化转型具体体现在四个维度上，即数字技术使用、价值创造改变、结构变化和财务等方面。例如，数字技术的发展使制造业呈现数实融合、物智共生、虚实结合、人机协同等新形态（李晓华，2022），这种新形态又必将影响企业的价值创造来源、改变价值创造方式等。Vial（2019）认为，数字化转型战略可以赋能企业价值创造（价值主张、价值网络、数字化渠道、敏捷性和双元性）。

具体来说：首先，数字化转型创造了新的价值主张。数字技术能够创造越来越依赖于服务提供的新价值主张（Barrett et al.，2015）。组织使用数字技术从实体产品的销售过渡到服务销售，作为其价值主张的一个组成部分，通过提供创新的解决方案来满足客户的需求，并收集他们与产品和服务互动的数据（Vial，2019）。其次，数字化转型重新定义了价值网络。Andal-Ancion 等（2003）认为，企业可以使用数字化转型来实施三种主要的中介策略。在去中介化战略中，数字技术绕过中介，使价值网络参与者之间的直接交流成为可能。在补救策略中，价值网络参与者之间的耦合得到加强，因为数字化转型使参与者之间能够密切合作和协调。在基于网络的中介中，为参与者创造了具有潜在竞争利益的多个利益相关者之间的复杂关系。数字化转型还使客户有能力成为价值网络中的共同创造者。再次，数字化转型通过生态系统协作实现了价值的共同创造。研究认为，以更具远见和创造性的思维方式进行数字化转型将衍生出全新的商业模式，其中包含全新的功能，而数字组件是主要的价值驱动因素（Metallo et al.，2018）。在许多情况下，数字价值创造的实现将以协作价值共同创造的形式超越企业边界，跨越组织网络（张媛等，2022）。最后，数字化转型允许企业通过整合数字化组件结合具有独特机会的不同产品来修改或扩展其产品和服务组合（Cenamor et al.，2017），并提供数字化解决方案。因此，随着价值创造从产品主导逻辑向服务主导逻辑演进，数字化背景下的价值创造方式越来越强调利益相关方共创价值。一些研究认为价值共创过程受到数字化转型的影响。研究表明，数字化转型改善了基于价值的销售活动，并有助于了解客户的期望，使参与者能够提供新产品和服务，并吸引新客户（Nambisan et al.，2019）。

由于数字化转型深刻地改变企业的流程，简化运营、整合资源，从而创造价值（Zhou et al.，2017）、提升运营效率（Vial，2019）、提高生产率等（Wengler et al.，2021）。

总体来说，由于研究情境较新，目前关于数字化转型下价值创造与价值共创的相关研究大多以理论推演与案例分析为主（孙新波等，2021）。例如，杨柏等（2023）研究发现，数据资源要素能够完善系统价值共创模式并促进创新迭代。数字化转型下的创新生态系统，创新范式也转向开源合作创新，并开展以市场主导的价值共创。张媛等（2022）基于资源编排理论，通过青岛酷特智能案例揭示了制造企业数字化转型不同阶段中产生了从"产品价值创造"到"基于用户的数字价值创造"再到"基于生态的数字价值创造"的演化机理。李树文等（2022）将连接迭代和赋新迭代作为数字化战略认知的过程机制，深入解析了从企业仅为用户提供产品的价值交易到企业与用户建立起生态伙伴关系的价值共创的数字迭代逻辑与数字跃升逻辑。

需要注意的是，数字化转型不仅能带来价值创造的积极方面，如价值共创等，还能产生价值共毁等问题。Pathak 等（2020）指出，企业网络中行动者的机会主义行为以及技术破坏可能导致价值共毁，特别是当企业网络行动者之间的关系结束、业务清算或发生冲突的时候。此外，对数字化转型成功要素理解的不深入也可能导致生产力受损（Wengler et al.，2021）。数字化转型中导致价值共毁的其他原因还包括缺乏信任和沟通等问题（Jarvi et al.，2018）。

七、数字化转型过程的相关研究

由于研究问题致力于揭示企业整个数字化转型过程，这类研究基本都是以案例研究进行探讨为主。陈国权等（2021）将组织的数字化转型过程分为决策、组织、数字化动员、数字化培训、实施、考评、取效和反馈八个阶段。余可发和杨慧（2023）认为，企业数字化转型是一个从数字探索到平台构建再到生态发展的过程。卢宝周等（2022）将传统企业数字化转型视作自上而下的过程，依次经历发起转型、达成共识和实现转型三个阶段。杨大鹏和王节祥（2022）开发了一个平台赋能企业数字化转型过程模型，包括消除信息不对称、优化资源配置和促进互补创新三阶段。钱晶晶和何筠（2021）探讨了碧桂园的数字化转型过程，他们将这一过程划分为信息化、数字化和智能化三个阶段，运用动态能力理论与各个阶段数字化能力的演化，也即数字化感知能力到数字化获取能力再到数字化转型能力，刻画出基于外部因素变化—内部驱动力和阻碍力—决策模式和组织模式变革过程机制（见图 2-6）。应瑛等（2022）基于制度理论将制造企业数字化转型过程理解为"数字主导"逻辑的"合法性构建和扩散"，从而替代了先前的"制度

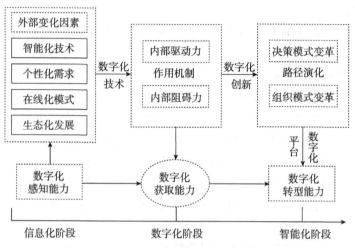

图 2-6　钱晶晶和何筠（2021）的数字化转型过程模型

主导"逻辑，他们进而揭示出在转型过程中存在试点试验（Pilot Experience）、集体试验（Collective Experience）、催化（Catalytic）三类机制（见图 2-7）。武常岐等（2022）基于结构和行动者视角提出一个组织适配过程，他们认为制造企业数字化转型是从试点期的"局部端数字化"，到拓展期的"平台数字化"，再到整合期的"生态系统数字化"的组织适配阶段演化过程，依次实现效率提升、正外部性和化整归一三个目标。姚小涛等（2022）基于"认知—战略定位—战略实施"的逻辑，开发了企业数字化转型动态过程模型，他们将数字化转型认知分为意识、动机和能力，指导数字化转型战略定位（转型范围、价值创造模式），进而为数字化转型战略实施提供方向；同时战略实施会动态调整战略定位，并不断深化迭代对数字化转型的认知（见图 2-8）。焦豪等（2021）通过京东案例研究，从数据全生命周期管理角度切入，揭示了动态能力在数字化情境下催生数据驱动效应，并推动数字化转型的过程。赵晴晴和李思琦（2023）基于一家传统能源化工企业案例，从战略一致性视角开发了数字化驱动传统企业战略与组织创新协同演化的数字化转型过程模型。Ghobakhloo 和 Fathi（2020）以一家制造企业为例，将其数字化过程分为半手动精益制造系统、基于 IT 的精益制造系统、精益数字化制造三阶段，研究了 IT 资源如何支持精益数字化制造的 IT 动态能力发展，进而提升企业的竞争地位，他们还提出并强调"精益数字化制造系统"对于转型的重要性。

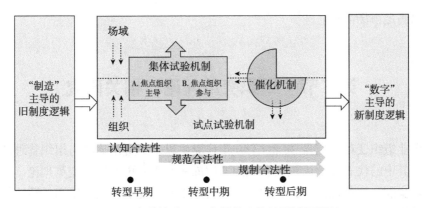

图 2-7 应瑛等（2022）的数字化转型过程模型

注: ┈▶ 表示"组织—场域"间跨制度层级交互;

　　 ◔ 表示催化机制（促使组织开展"试点试验"从而提升合法性,

　　　 推动"集体试验"从而增强合法性）;

　　 ⬡⬡ 表示集体试验机制（以焦点组织主导或焦点组织参与的方式

　　　 在"组织—场域"间构成集体行动）。

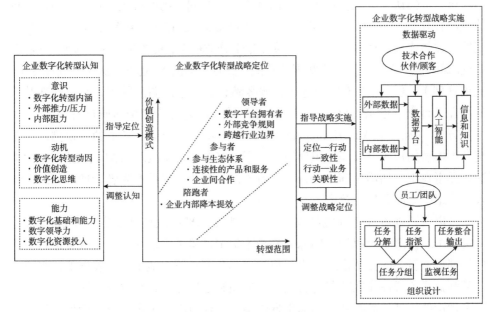

图 2-8 姚小涛等（2022）的数字化转型过程模型

综上所述，本书认为制造企业数字化转型是由新一代数字技术催发的、涉及企业研发、生产、销售、运维与管理等全流程、全方位的组织变革与商业模式重构，以满足市场需求。

第二节 组织变革理论与相关研究

企业组织变革研究自20世纪40年代诞生以来一直是战略与组织管理的重要领域，其中的代表性理论包括勒温的"解冻—变革—再冻结"变革理论、卡斯特的"六步骤"变革理论、钱皮的"企业再造工程"变革理论、沙因的适应循环模型与组织文化理论、尤里奇的人力资源变革理论等。

20世纪90年代以来，学者们从变革背景、内容、过程、结果与评估等方面对组织变革进行大量的研究（Achilles et al.，2010）。近年来，学界对组织变革理论进行了几项重要的综述研究。Jacobs等（2013）基于权变视角提出一个整合的组织变革框架，他们将内外部环境的PESTL分析、SWOT分析、技术与知识共享作为输入模块，将组织识别、领导作为过程模块，将组织绩效与合法性作为输出模块，他们认为组织变革由组织内外部条件共同作用所决定，且强调组织变革的风险性比预期的要高。Al-Haddad和Kotnour（2015）对组织变革文献进行系统性回顾与梳理，他们提出组织变革类型学分类框架，具体包括变革类型（规模、持续时间）、变革驱动因素（知识与技能、资源与承诺）、变革方法（系统性变革、变革管理）、变革结果（目标达成、顾客满意）四个面向。其中，系统性变革方法涵盖了计划、参与行动、综合、精益思维、流程再造和全面质量管理等11个主要方法。Maes和Van Hootegem（2019）开发了一个组织变革的元模型，该系统变革模型的输入可以是组织环境的一个或多个元素（战略、结构、人员、文化），这些元素在不同话语（Discourse）下有不同的变化，最后产生特定的个人或群体效应、组织效应和社会效应。

可以说，随着外部环境越发复杂，组织变革理论从早期聚焦于计划、职能、结构等组织内部变化越发转向深入剖析不确定环境下组织快速、大幅度进行组织内外部更为复杂的变革模式。由于组织变革并不是孤立地出现和发展的，组织内外部利益相关者往往在变革过程之前、期间和之后参与组织变革过程中，使组织变革理论的外延不断扩展。因而出现网络、平台组织、生态系统、价值共创、开放式创新等新理论新理念开始与组织变革理论产生日益交融的现象。尤其是近年来随着新一代数字技术的汹涌来袭，大多数企业不约而同地将企业数字化变革与成长视为应对不确定复杂环境的重要手段。这些企业组织实践也为组织变革研究进一步发展与深化提供了新议题、新契机与新空间。

一、组织变革的内容

近年来，学界对组织变革的内容研究主要侧重于战略变革、组织结构变革、组织文化变革、业务流程变革等诸多研究领域。

（一）战略变革

战略变革是组织在其自身战略设计上进行的一种变革活动与行为。战略变革研究的视角多样，Rajagopalan 和 Spreitzer（1997）认为，战略变革存在三种研究视角：理性视角、认知视角和学习视角。理性视角侧重研究环境及组织因素共同对变革的作用，强调环境与组织变革的匹配关系，但是对企业管理者的作用关注不足；认知视角侧重企业组织内部管理者的认知因素，强调认知差异导致变革行为与结果产生不确定性；学习视角则重视探讨管理者行动因素对组织变革的影响。后来，Peng 等（2009）又将制度基础观引入了战略变革研究中，以弥补对正式或非正式制度因素关注不足造成的研究缺口。Muller 和 Kunisch（2018）从确定性（Deterministic）、自愿性（Voluntaristic）与辩证性（Dialectical）三个视角对战略变革做了回顾性研究。确定性视角将战略变革视为由环境压力与制度因素决定的外部驱动过程，组织行为者的作用仅限于对外部环境变化做出反应。自愿性视角关注管理层创造、学习和管理组织环境的能力，强调管理者的积极作用。该视角将战略变革看作一个管理决定的过程，管理者对决策活动、所处环境、组织结构等都可以进行一定程度上的能动性干预。辩证性视角强调从整体上看待组织变革，强调战略变革的复杂性，也即多重因素相互作用导致了变革产生。此外，还有的学者从复杂科学视角、演化视角、共同演化视角对战略变革进行研究（肖红军，2006）。

近五年来，由于数字革命浪潮汹涌袭来，数字化战略变革已然成为一个新兴的重要的组织变革研究方向。焦豪（2022）建构了双碳目标下国企数字化战略变革的理论模型，他们得出低碳产品优化式、低碳流程变革式、数字生态导向式与数据资源主导式四种数字化战略变革模式。戚聿东等（2021）通过三家央企数字化变革案例研究，发现国企数字化战略变革涉及方方面面的数字化，例如，资源基础、创新、商业生态与模式、流程和管理等。这些数字化战略变革活动受到国家使命导向通过定位机制与映射机制作用于三类国企功能使命的影响，进而产生基于敏捷强化的市场导向型、韧性强化的能力导向型与适应性强化的公共导向型三种变革模式。

（二）组织结构变革

组织结构变革是企业内部组织架构、组织设计上的变革。从企业组织发展历程来看，企业组织形态发生了"实体型组织—虚拟型组织—智慧型组织—共生型组织"形态演化（李海舰和李燕，2019），而传统的科层制结构已经难以契合当今企业发展要求（孟韬等，2021）。王易和邱国栋（2020）从系统分析视角切入，基于GE与海尔的质性研究，认为企业组织演进经历了"反集权—反边界—反分工—反范式"过程，凸显了组织变革的后现代意味。胡斌和王莉丽（2020）认为，由于平台技术能力、溯源技术能力的提高，企业组织结构由点线延伸型逐步演化为电网辐射型组织结构，因此，在物联网环境下，组织新形式表现为联盟组织与供应链组织。谢康等（2020）基于制度视角，研究发现新兴数字技术与实体经济融合，进而产生了数据驱动的"网格制"组织结构。总之，平台化、网络化、模块化、多元化、智能化与共生化等代表了数字化时代企业组织结构变革发展趋势。

（三）组织文化变革

在组织变革的内容中，影响最为深远、难度最大的是对组织文化进行变革。文化变革意味着思维模式中现有的集体价值观转变为符合环境要求的新核心价值观，使组织能够适应和生存，而核心价值观的变化意味着组织心态的变化。沙因的组织文化理论认为，无论是组织变革中的战略问题，还是结构问题，究其本质均为组织文化问题。他提出组织文化变革的四种形式：亚文化式、顿悟引导式、增量变革式、引入式变革。换言之，成功的组织变革在一定程度上都或多或少地涉及文化变革（张佑林，2013）。组织文化变革考验的是企业组织中的领导者与管理者如何协调员工对变革的认知、预期，引起员工自身心理资本的变化。王重鸣和李凯（2011）研究发现，组织学习有助于实现文化学习与团队协作策略的效能。宋立丰等（2018）通过中兴公司质性研究，揭开了高承诺人力资源管理中的企业文化变革机制过程"黑箱"。张海涛（2016）实证研究发现，变革型领导对经济导向组织文化、发展导向组织文化都存在显著的正向作用；而交易型领导仅仅对经济导向组织文化存在显著作用。最近，Smit（2021）的案例研究发现，由于组织转型之前有可能存在文化变革，这意味着文化变革是积极主动的。同时，又由于需要重建阶段来创造一种与新转型组织相一致的集体心态，并适合当前的组织任务，因此文化变革又是反应性的。

（四）业务流程变革

业务流程变革指的是企业组织运营信息化技术对自身业务流程进行的改进或再造活动。郭忠金（2010）综述了几种代表性的业务流程变革模式，包括凯丁格的业务流程变革、埃森哲业务架构模型以及哈默的业务流程模型等。Sarker

等（2006）运用行动者网络理论分析了导致美国电信公司业务流程变革失败的原因。Javidroozi 等（2020）认为，业务流程变革是企业系统集成的先决条件，他们确定企业系统集成中的 16 项五大类（管理的、组织间的、环境的、功能的和人的问题）业务流程变革挑战，并提出解决这些挑战的一些方法和成功因素。池仁勇等（2020）将业务流程变革、组织战略变革与组织结构变革作为组织变革的三个维度，探讨了组织变革在智能制造与绩效间的调节作用。Torres 等（2018）基于动态能力理论，提出业务智能与分析的感知与获取能力依赖业务流程变革能力，并且实证检验了业务流程变革能力在业务智能分析与绩效间的中介作用。

二、组织变革的过程

组织变革过程研究的奠基之作是 Lewin（1947）的解冻、变革、再冻结三阶段模型。Judson（1991）在此基础上提出五个阶段变革模型，包括对变革进行周密计划，并给出详细分析；对变革中遇到的问题开展高效沟通；认可变革中出现的组织新行为；沟通渠道的建立与扩展；固化变革成果，并使之制度化。Kotter（1995）提出八个变革步骤：①寻求潜在机遇，树立危机感；②通过使员工群体认可变革，进而促使他人对变革的支持；③设定变革愿景，推动期望结果的实现；④通过多渠道沟通进行愿景交流；⑤授权他人实现愿景；⑥通过短期成功为变革注入持久动力；⑦调整与愿景不一致的结构、政策与制度；⑧变革成果的制度化。总之，Lewin 的三阶段模型是早期的基本计划变革模型，解释了维持现状和推动变革的努力力量；Judson 的五阶段模型以组织变革流程作为变革的重点；Kotter 的八阶段模型则提出了一整套可实操的变革具体方案。最近，Hussain 等（2018）的研究则在 Lewin 经典的三阶段组织变革模型基础上，纳入了员工与领导单元，从员工参与变革、激励员工进行变革、个人和组织层面分享知识以形成变革过程循环等方面说明了领导风格的影响。

组织变革的过程研究主要是基于能力（如动态能力、双元能力等组织能力）视角。近年来，基于复合基础观、认知、组织学习、员工情感反应、阴阳等视角的研究也逐渐兴起。谢康等（2016）通过对真维斯、茵曼、索菲亚、酷漫居互联网战略转型多案例研究，强调了战略风险与控制这一重要因素在组织变革研究中的作用。许强等（2018）基于复合基础观，运用复合式战略框架，通过对纳爱斯的质性研究刻画其战略变革过程，这一过程发生了从"边缘赶超"到"创新升级"再到"一体化整合"的战略演化。李旭文和齐中英（2019）基于认知视角，构建了战略变革过程中的冲突形成模型，他们实证研究发现组织变革越强烈，冲突就越容易显现出来。肖静华等（2021）基于信息技术作用于组织学习思想，通过对美的开展质性研究，得出结论：美的从大规模制造到智能制造跨越式战略变革过程涉及两个重要阶段，其中数字化补课阶段是信息系统引致数字化加速学习机制，完成能力跨越；而智能化创新阶段则是智能化系统引致数字化重构学习机制，完成体系跨越。尚航标等（2022）从更加微观的员工情感反应角度探析了战略人力资源管理策略作用于组织惯例更新的情感冲击机制等问题。Jing 和 Van De Ven（2014）基于阴阳理论视角，构建了中国情境下的组织变革模型，他们认为，通过感知环境变化节奏，案例组织成都公交集团抓住有利势头（应势）将其行动付诸实践，通过有目的地利用外部力量实现其目标，变革推动者通过创建势头（造势），从而使情况更有利于期望的变化。

三、组织变革的模式

传统上，组织变革的模式包括渐进式变革、激进式变革、间断平衡式变革等。近年来，学界开始对组织变革中的非预设性变革、连续性变革等形式给予了一定程度的关注。

首先，渐进式变革与激进式变革。渐进式变革是针对目前企业组织设计中存在的制约因素进行修补，以期保持企业总体相对平衡，而很少进行全方位的改革；激进式变革则突破原有企业运营理念，对企业造成全面影响。渐进式变革和激进式改革各有优劣，需要企业根据内外部环境进行综合考量（俞东慧等，2003；陈建林，2012）。

其次，间断平衡式变革。间断平衡式变革源于达尔文进化论思想，将组织变革看作一种组织受到扰动后，渐进演化形成的新平衡态。范景明等（2021）基于飞贷质性研究，探讨了企业如何通过间断变革，达到价值创新再平衡，从而实现组织转型升级机制等问题。晏梦灵等（2020）利用双元理论与间断平衡理论揭示了华为手机从低端转向高端的战略更新过程。

再次，非预设性变革。非预设性变革是相对于预设性变革而言的，通常认为，成功的激进式变革往往需要组织预先设计阶段性目标与日程（Gersick，1991）。但是，王冰等（2022）探讨了企业级的生态系统如何在缺乏预设性战略目标情境下涌现式演化，本质上也是将环境、选择纳入组织生态系统战略变革过程中，对预设性组织战略变革作出了重要弥补。

最后，连续性变革。一般来说，根本变革往往都是非连续性的，而非根本变革大多是连续的（Agarwal and Helfat，2009）。Plowman 等（2007）通过教堂发生的变化为例，研究发现根本性的变化是意想不到的、突然产生的、速度较慢的；不稳定的条件将产生细微变化，加剧其出现的频率与变化速度；之后的行动则将不断放大开始产生的细微变化，并促进根本性的变化；放大行动、情境条件和微小变化的动态互动导致了持续的根本性变化。张敬伟等（2020）对连续性变革理论的综述研究认为，目前学界这种经常性、即兴式、小幅度的组织变革模式受到的关注还很有限。

第三节　数字化能力理论与相关研究

一、数字化能力的概念

目前，理论界对数字化能力的概念尚未达成一致看法。对数字化能力的理解主要有以下三种研究视角：数字技术视角、资源基础与协奏视角、动态能力与核心能力视角。

首先，数字技术视角。该视角的学者将数字化能力看作数字技术革命与企业组织数字化转型过程中一种不同于 IT 能力的全方位、深层次影响组织的技术能力。作为数字环境中的一种技术能力，数字化能力是实现数字创新的重要要求（Khin and Ho，2020）。基于数字技术的同质性、可编程性、迭代性、可复制性等特征，数字化能力具有推动企业构建数字生态网络与价值共创体系的综合能力（柳学信等，2022）。

其次，资源基础与协奏视角。资源基础观认为，数字化资源是企业数字化转型过程中形成数字化能力的前置条件。数字化资源主要指的是大数据、人工智能、云计算、边缘计算等数字化技术资源，这些技术资源通常被认为是数字化能力的来源与基础。该视角强调组织依靠数字化资源通过资源配置、编排及协奏形成数字化能力，实现组织内外部各种资源的集成与协同，进而影响组织价值创造。Junior 等（2018）将数字化能力定义为"数字业务的技能和流程的组合，以开发、调动和使用由数字技术支持的组织资源，响应环境并为组织增加价值"。

最后，动态能力与核心能力视角。数字化能力可以看作一种动态能力（Ciampi et al.，2022；吉峰等，2022），由动态能力所衍生，具有动态能力的属性。Yu 和 Moon（2021）基于核心能力理论，认为组织可以在原有 IT 能力的基础上发展包括数字基础设施、数字集成和数字管理在内的数字化能力。数字化能力需要具备在瞬间向顾客提供信息的内部能力（Kohli and Grover，2008）。Annarelli 等（2021）在《数字化能力的文献综述：前因、概念和后果的共引分析》一文中将数字化能力定义为一种组织能力，这种能力使企业能够广泛地结合数字资产和业务资源，并利用数字网络创新产品、服务和流程，以实现组织学习和客户价值创造，并管理创新以确保持续的竞争优势。与此同时，他们还提出一个基于能力的数字化能力概念模型（见图 2-9）。总之，能力视角下的数字化能力更为强调不确定环境下企业数字化转型、运营与管理的零阶能力。本书将国内外学者对数字化能力概念的界定汇总如表 2-8 所示。

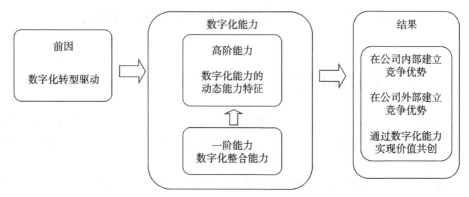

图 2-9　Annarelli 等（2021）的数字化能力概念模型

表 2-8　数字化能力概念界定

概念	学者
组织集中部署信息和通信技术，有效开发、调动和使用组织资源的能力	Tams 等（2014）
数字化能力可以被概念化为一个系统通过价值创造提供者——用户交互向另一个系统提供的服务；也可以被概念化为数字结果或服务	Srivastava 和 Shainesh（2015）
企业管理新产品开发的数字技术的技能、人才和专业知识	Khin 和 Ho（2020）
数字化能力包括组织努力发展和维护常规，利用人力资本和知识资产来参与一套特定的数字技术	Kindermann 等（2021）
通过结合数字资产和业务资源以及利用数字网络来创新产品、服务和流程的组织能力	Annarelli 和 Palombi（2021）
是指企业的管理系统借助不同的数字技术实现数据和流程集成的程度	Bharadwaj 等（2007）
被定义为实现数字化的多维结构的组织能力，如人力能力、协作能力、技术能力和创新能力	Nasiri 等（2020）

续表

概念	学者
依靠数字技术，作用于产品生产过程或环境，提高运营效率，最终提高企业价值	侯光文和刘青青（2022）
借助数字技术，以数据为核心，利用企业内外部资源，进行企业价值链各环节的数字化变革，进而提升企业绩效的能力	吉峰等（2022）
许可、获取、连接、分析以及应用数字化技术的能力	王海花等（2022）

资料来源：笔者整理。

二、数字化能力的维度

（一）国外学者对数字化能力的维度划分

国外学者对数字化能力维度的划分大致有四种方式。

首先，单维度划分方式。Khin 和 Ho（2020）在研究马来西亚通信技术行业的中小企业数字化问题时参考前人研究，采用单一维度五个题项来测量数字化能力，包括获取重要的数字技术、识别新的数字机会、应对数字化转型、掌握尖端数字技术以及利用数字技术开发创新产品、服务与流程。此外，Saputra 等（2022）在数字化能力、双元领导、业务敏捷性与绩效关系影响研究中也是采用的上述测量方式。

其次，两维度划分方式。Levallet 和 Chan（2018）确定了两种不确定环境下关键的数字化能力，即卓越的信息管理能力和灵活的 IT 基础设施。

再次，三维度划分方式。Lenka 等（2017）认为，数字化能力包括智能能力（嵌入智能组件提升智能功用；感知和获取使用和操作数据）、连接能力（将信号和数据无线传输到云端；通过互连资产实现联网功能）和分析能力（通过数据逻辑化处理预测客户；通过场景模拟实现价值可视化）。Ritter 和 Pedersen（2019）将数字化能力划分为数据（数据生成、数据传输、数据存储和数据访问）、许可（与法律相关、与社会相关、与契约相关）以及分析（分析、可视化、报告）三个维度。Heredia 等（2022）将数字化能力划分为在线活动、交付和远程工作三个维度。Annarelli 等（2021）认为，数字化能力包括数字集成能力、数字平台能力和数字创新能力。De La Calle 等（2020）将数字化能力分为生产的数字化能力、供应链内商业关系的数字化能力、开发和实施软件和应用程序的数字化能力。Edu 等（2020）认为，数字化创新能力包括物联网能力、大数据分析能力与云计算能力。Pan 等（2021）指出，数字化能力的构建包括三个维度：IT 基础设施能力

（硬件和软件）、技术支撑能力及创新能力。Ghosh 等（2022）将数字化转型能力分为数字化感知和获取能力、数字化重构能力，前者包括战略感知、快速原型设计和组织结构，后者包括商业模式转型、文化转型。Sousa-Zomer 等（2020）将数字化转型能力划分为数字化熟练技能、数字化密集度以及行动和互动的条件三个维度。Warner 和 Waeger（2019）将数字化能力划分为数字感知能力（数字侦察、数字场景规划、数字化思维）、数字获取能力（快速成型、平衡数字投资组合、战略敏捷性）和数字转化能力（引导创新生态系统、重新设计内部结构、提高数字成熟度）。Wielgos 等（2021）认为，数字化业务能力包括三个互补的维度，即数字化策略、数字化集成和数字化控制。

最后，多维度划分方式。Nasiri 和 Saunila（2020）认为，数字化相关能力包括人的能力、协作能力、技术能力和创新能力。他们的研究结果表明，数字市场产品需要与技术、人力和创新能力相关的数字化能力；数字业务流程需要与人力、技术和协作能力相关的数字化能力。

（二）国内学者对数字化能力的维度划分

国内学者对数字化能力维度的划分也大致有四种方式。

首先，单维度划分方式。Li 等（2022）采用单一维度四个题项对数字化能力进行测度，包括数字化技术管理系统允许我们"访问所有与客户相关的数据""访问所有订单相关的数据""访问所有生产相关的数据""访问所有市场相关的数据"。

其次，两维度划分方式。苏敬勤等（2022）通过飞贷 2010~2019 年的连续数字化转型实践案例研究发现，数字化能力包括数智技术能力（数字基础设施能力、数据决策能力）和技术复用能力（柔性开发能力、场景化交付能力）两种类型。侯光文和刘青青（2022）将数字化能力分为数字化协同与数字化扩散，并通过五个题项进行测量，前者指企业与利益相关方之间的知识资源互补、整合与交互，后者指知识与信息通过数字化技术的传播。他们其他的相关研究则认为数字化转型能力则由技术应用能力、信息整合能力两种数字化能力构成，并通过六个题项测量（侯光文和高晨曦，2022）。王苗和张冰超（2022）在吉峰等（2022）的基础上，将企业数字化能力分为数字技术运用能力（数字化基础能力、数字化分析能力、数字化应用能力）与数字资源整合能力（数字化资源协调能力、数字化发展能力），实证检验了数字化能力对商业模式创新的作用机制。张华和顾新（2023）从数字整合、数字重构两个维度，通过改编信息技术能力量表分别采用四个题项对其进行测量，其中数字整合包括"利用数字基础设施便捷地获取合作伙伴的数据""与合作伙伴在研发、制造等环节建立数据连接"等，数字重构包括"数字基础设施容易适应新的合作伙伴""数字基础设施易于扩展并适应新的程序与功能"等。

再次，三维度划分方式。柳学信等（2022）基于领先数字企业华为、中兴、阿里和腾讯的质性研究，提出企业数字能力由数字基础能力（零阶能力）、数字集成能力（低阶能力）、数字赋能能力（高阶能力）三个维度构成。他们进而揭示出了数字能力从零阶到低阶再到高阶的动态演化过程。魏冉等（2022）在菜鸟网络的案例研究，将数字化能力与微观、中观和宏观层的价值共创相对应，分为数据能力、许可能力和分析能力。易加斌等（2022）将数字化能力分为数字感知能力、数字运营能力与数字资源协同能力三个维度。Gao 等（2022）与 Warner 和 Waeger（2019）的划分较一致，Gao 等（2022）在企业家精神与可持续商业模式创新的案例研究中将数字化能力划分为数字感知能力（数据监控、行业趋势、技术变革与需求变化）、数字获取能力（数据计算、数据分析、知识共享与新机会）和数字化转型能力（资源重构、组织调整、主客体关系转换与流程优化）。侯翠梅和苏杭（2023）将数字化能力分成装备数字化能力、人员数字化能力、管理数字化能力三个维度，基于 Lenka 等（2017）的研究，采用 10 个题项进行测量。

最后，多维度划分方式。范合君和吴婷（2022）认为，数字化能力包括数字化使用能力、数字化营利能力、数字化引领能力、数字化创新能力。他们发现数字化能力能够中介新型数字基础设施对高质量发展的积极影响。杨雅程等（2022）对烟草企业的案例研究发现，跃迁式和渐进式数字化转型中的组织能力不同，前者涉及数字布局能力、数字学习能力；后者涉及数字布局能力、智能制造能力、数字管理能力与数字协作能力。Li 等（2022）指出，工业企业数字化能力包括六大类：研发创新、生产管理与控制、供应链管理、财务管理与控制、运营管理与控制与客户服务，其中围绕生产管理与控制、供应链管理与客户服务方面的数字化能力建设最为企业所关注。吉峰等（2022）的扎根研究将制造企业数字化能力分为数字化基础能力、数字化分析能力、数字化应用能力与数字化发展能力四个维度。方聪聪等（2023）通过 27 家制造企业数据提出，制造企业数字化能力涵盖五种能力：数字战略能力、数字资源支持能力、数字协同能力、数字学习能力与数字安全能力。孙元等（2023）将制造业企业数字化能力看作由整合重构能力、组织创新能力、组织敏捷能力与价值共创能力构成的一种能力体系。

三、数字化能力的形成与演化

由于数字化能力是一个较为新颖的研究领域，目前关于数字化能力的形成与演化研究还处于早期阶段（苏敬勤等，2022），研究成果还不是特别丰富。朱秀梅和刘月（2021）基于"知行合一"视角，研究了海尔的数智转型能力的形成机理，他们认为，不同学习主体间知行互耦形成了相应的数智转型能力，进而通过跨层跃迁形成能力体系。柳学信等（2022）将企业数字化能力的演化过程刻画为技术匹配业务、技术协同组织、技术提升价值三个阶段，在此过程中，数字环境变迁和数字技术迭代分别作为外部和内部因素交互作用于组织各个方面（见图2-10）。钱晶晶和何筠（2021）基于碧桂园的案例研究发现，数字化转型的动态能力的构建是一个从感知能力到获取能力再到转型能力的动态过程。苏敬勤等（2022）以飞贷为案例对象，通过构建"资源编排—效应机制—数字化能力"的过程模型揭示了数字化能力的动态演化机理（见图2-11）。田震和陈寒松（2023）以盛大印刷为案例对象，解答了制造业企业怎样通过差异化的资源编排组合来构建并发展数字化能力。

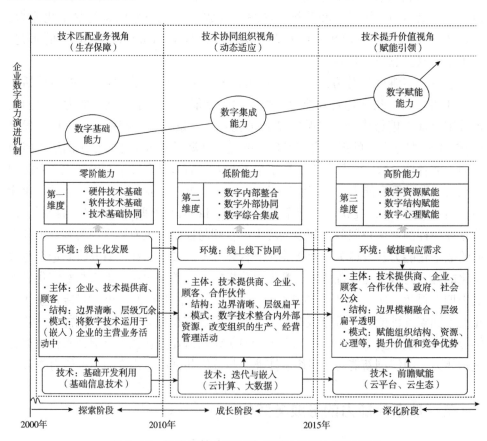

图2-10　柳学信等（2022）的数字化能力演化模型

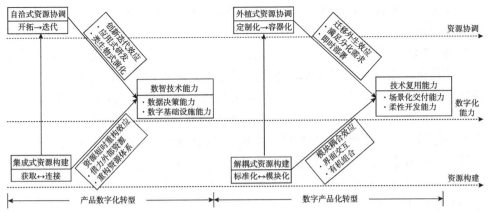

图 2-11 苏敬勤等（2022）的数字化能力演化模型

综合现有研究观点，本书认为，数字化能力是企业在数字化转型过程中形成和发展的一种组织能力，企业通过数字技术、资源、信息与具体业务活动的结合促进价值创造，并确保持续的竞争优势。

四、数字化能力与企业绩效的相关研究

综上所述，学界对数字化能力的概念、维度、形成与演化进行了有益探索，但研究成果尚未形成系统化的理论与认识。虽然学者们在理论上指出数字化能力的多维结构（Annarelli et al.，2021；Lenka et al.，2017；吉峰等，2022），但全面反映数字化能力的相关实证研究还相对滞后。现有的实证类研究大多将数字平台能力、大数据分析能力等技术应用能力作为数字化能力的代理变量（李树文等，2021），因此仅仅反映了数字化能力的某一方面。具体来说：

首先，从数字平台能力角度的相关研究。Cenamor 等（2019）基于对瑞典 230 家创业型中小企业的实在研究表明，数字平台能力通过网络能力对创业型中小企业绩效具有积极的间接影响，并且开发式导向和探索式导向分别对该影响起到负向和正向调节作用。换言之，他们认为创业型中小企业通过将数字平台能力与企业导向保持一致性，可以提升企业绩效。孟韬和姚晨（2023）以中国中小企业为研究对象，研究发现，数字平台整合能力与数字平台重构能力有助于提升组织即兴能力，进而对组织创新绩效产生积极影响。Liu 等（2023）通过收集 167 家中国 B2B 企业数据，研究发现数字平台能力对 B2B 公司的绩效具有积极影响，数字平台能力可以通过资源识别和资源配置促进员工内部创业，从而提高企业绩效。

其次，从大数据分析能力角度的相关研究。Khan 和 Meng（2022）发现，大数据分析能力、数字平台能力能够促进企业敏捷性，进而提升企业创新绩效。张振刚等（2021）研究发现，IT 业务融合程度越高，大数据分析能力对企业创新绩效的促进作用越强，并且环境动态性在上述关系中具有正 U 型调节效应、环境竞争性在上述关系中则具有倒 U 型调节效应。简兆权等（2022）运用动态能力和复杂性理论，通过对 327 家企业问卷数据对新服务开发绩效的影响路径和前因组态作用进行实证研究。他们研究发现大数据分析能力通过决策质量（决策有效性、决策效率）正向影响新服务开发绩效。刘念等（2021）研究发现，大数据分析能力对制造企业服务创新绩效有积极作用，资源拼凑与组织敏捷性在上述关系中起部分中介作用。

目前，只有少量文献探讨并实证检验了数字化能力与绩效关系，结论也有所差异，有待继续深化。Heredia 等（2022）使用世界银行 2020 年企业调查的数据，包括来自 27 个国家的 999 家企业，结果表明，数字化能力仅通过技术能力对企业绩效产生正向影响。Saputra 等（2022）实证检验了业务敏捷性、双元领导在数字化能力与企业绩效之间的中介作用。Pan 等（2021）使用 174 家中国制造企业样本，研究发现，数字化能力在战略导向和新产品开发绩效之间起着中介作用。张华和顾新（2023）基于动态能力理论，实证检验了数字化能力对开放式创新及企业绩效的促进作用。侯翠梅和苏杭（2023）研究发现，智能化转型通过装备和人员数字化能力影响企业创新绩效，而管理数字化能力的中介作用并不显著。侯光文和高晨曦（2022）则研究发现，数字化转型信息整合能力对企业创新绩效提高具有显著积极影响，但企业数字化转型技术应用能力对企业创新绩效的影响并不显著。

第四节　价值共创理论与相关研究

一、价值共创理论的演化与内涵

近十年左右，价值共创理论引起了学界广泛重视。该理论大致可以分成两种流派：一派源自 Prahalad 和 Ramaswamy（2004）基于用户体验价值的价值共创理论。他们强调价值共创的核心在于通过参与方互动共创用户体验。他们提出DART 模型，从对话、渠道、风险和透明度四个方面对该理论进行了阐述。另一派源自 Vargo 和 Lusch（2004）基于服务主导逻辑的价值共创理论。商品主导逻辑认为只有通过交换商品、完成商品出售后才能产生价值。然而，随着服务主导逻辑的出现，经济交换从商品提供转向服务提供（Lusch and Vargo，2008）。Vargo 和 Lusch（2004）认为，顾客始终是共同生产者，并努力实现最大化顾客参与定制，以更好地满足其需求。他们强调价值共创的焦点是产品或服务的使用价值，而非交换价值，并且顾客扮演了资源整合者的角色，他们通过与企业互动来共同创造价值。Cova 和 Salle（2008）进一步扩展了服务主导逻辑，他们指出价值共创涉及更广泛的过程，包括顾客网络与供应商网络。Ramaswamy（2011）也认为，价值共创是一种涉及顾客、供应商和其他利益相关者的开发系统、产品或服务的合作实践。Corsaro（2019）探讨了价值共同创造如何与其他价值过程相关联，如价值获取、价值衡量、价值交流与价值陈述。他特别强调价值获取对价值共创的核心作用以及价值陈述对把握未来价值共创机会的重要性。总体来说，前一流派侧重于价值共创各参与主体的价值实现，后一流派侧重于价值共创系统的价值实现（王琳和陈志军，2020）。目前，价值共创理论越来越强调如果没有参与者的积极参与就无法创造价值（Lusch and Vargo，2008）。换言之，价值共创研究需要纳入多个利益相关者合作关系（Galvagno and Dalli，2014）。

学者们基于管理、营销、服务主导逻辑、设计逻辑、创新和新产品开发等多种视角来研究价值共创（Agrawal and Rahman，2015）。Alves 等（2016）对1998~2015 年的 426 篇关于价值共创高引用文章进行聚类分析，他们把价值共创研究领域与方法分成四大类：作为商业逻辑的价值共创、新产品与服务开发、价值共创体验与忠诚、关系营销。鉴于研究领域与方法的不同，对价值共创概念的理解与表述也不一致。Ranjan 和 Read（2016）指出，价值共创是顾客在生产和消费的一个或多个阶段中通过直接和间接的合作，与企业一起发挥积极作用并创造价值的过程。孙新波等（2021）认为，价值共创是企业与用户在价值创造活动中的联合行动。本书将学者们对价值共创的概念界定进行整理，如表 2-9 所示。

表 2-9 价值共创概念界定

概念	学者
服务平台上服务生态系统中参与者之间的价值创造过程	Hein 等（2019）
企业和顾客共同创造价值，而非企业试图取悦顾客，共创个性化体验，在此过程中企业与顾客共同定义并解决问题	Prahalad 和 Ramaswamy（2004）
价值共创强调以用户为中心，各价值创造主体通过资源整合、服务交换的互动一同实现价值创造，有利于破解企业间合作壁垒，并充分利用外部资源	Vargo 和 Lusch（2008）

概念	学者
顾客参与生产和使用过程的各个阶段，并在各阶段中应用知识、技能和努力等可操作性资源	Sugathan 等（2017）
价值共创是一个更普遍的概念，包括企业和顾客通过互动产生价值的所有具体理论和经验事件	Galvagno 和 Dalli（2014）
是企业与顾客通过直接互动共同创造价值的过程	杨学成和涂科（2017）
价值共创是价值创新、整合互补资源的过程	王琳和陈志军（2020）
是企业与顾客在价值创造活动中的联合行动	孙新波等（2021）
企业价值共创行为究其本质是获取生态优势的一个过程	张宝建等（2021）
是组织打破其边界，形成参与者间不同层次的互动与共生关系，为用户提供有价值的产品和服务，以满足个性化需求	胡海波和卢海涛（2018）

资料来源：笔者整理。

二、价值共创的维度

目前对国内外学者们价值共创如何测度并未达成一致结论，大致包括单维度、两维度、三维度和多维度四种划分方式。

首先，单维度划分方式。Ngo 和 O'cass（2009）将价值共创理解为单一维度，并用六个题项对其进行测度：①与客户互动，为他们提供更好的服务；②与客户合作，提供能够调动他们积极性的产品；③与客户互动，设计满足客户需求的产品；④为客户提供服务并与客户合作；⑤让客户参与为他们提供服务；⑥为客户提供配套系统，帮助客户获得更多价值。此后，一些研究也大多是基于单维度观点展开，但题项数目有所调整（Ren et al., 2015；王丽平和栾慧明，2019；田虹等，2022）。

其次，两维度划分方式。Zwass（2010）把价值共创分成自发式价值共创与发起式价值共创。前者一般以组织为载体、产生于生产过程中、B2C 的价值共创，后者一般以顾客为对象、产生于消费过程中、C2C 的价值共创。Yi 和 Gong（2013）开发了价值共创行为量表，他们把价值共创行为分为顾客参与行为、顾客公民行为两个维度，其中顾客参与行为分为信息搜寻、信息分享、负责任行为与人际互动；顾客公民行分成反馈、宣传、帮助与宽容。张璟（2016）则把价值共创活动分为口碑推荐、知识共享两个维度。万文海和刘龙均（2021）使用用户驱动价值、员工内创业以及两者的交互项测量价值共创。

再次，三维度划分方式。袁婷和齐二石（2015）认为，价值共创活动可以划分为共创体验环境、共创服务互动、共创服务产品三个维度，其中共创体验环境由共创显性环境、共创潜在环境构成，共创服务互动由共创人机互动、共创人际互动构成。金永生等（2017）将新创企业的价值共创分成人际互动、顾客授权与信息共享三个维度，每个维度使用三个题项进行测度。易加斌和王宇婷（2017）认为，价值共创由共同制订计划、共同执行计划、共同解决问题三个维度组成。朱勤等（2019）认为，价值共创包括共同制订计划、共同解决问题和灵活做出调整。

最后，多维度划分方式。Prahalad 和 Ramaswamy（2004）将价值共创分成四个维度，即对话，包括互动、密切参与和行动意愿等要素；获取信息技术，用于在个人和组织之间顺利共享信息，探索想法并共同创造价值；风险收益，从长远角度看待业务关系，即使可能发生某些损失也要继续保持业务关系；透明度，通过共享公司信息解决信息不对称问题，这既是建立信任的必要条件，也是发展持续业务关系的先决条件。周文辉（2015）通过对一家知识服务机构和其服务的四家中小制造企业的扎根研究发现，价值共创过程包括价值共识、价值共生、价值分享、价值共赢四种元素。Kim 等（2020）认为，价值共创包括共享价值、信息共享、风险收益和共同利益。

三、价值共创的参与形式

Pires 等（2015）指出，价值共创和共同生产意味着顾客、供应商等利益相关方的参与。由于价值共创可以通过行动者的参与被观察到，因此，行动者参与是价值共创的微观基础（Storbacka et al.，2016）。另外，员工参与价值共创受到的关注还明显不足（Xu et al.，2023；Ple，2016）。Gronroos 和 Voima（2013）认为，价值共创模型由供应商、顾客和联合领域组成。Bettiga 和 Ciccullo（2019）的研究确定了三种新产品开发过程中价值共创方式，即企业在多个阶段让顾客参与，只在某一阶段涉及供应商；企业在多个阶段与供应商共同创造，只在某一阶段让顾客参与；单一阶段涉及顾客和供应商。本书认为，价值共创的外部主体主要涉及顾客与供应商参与，内部主体主要涉及员工参与。

（一）顾客参与价值共创

过往研究广泛分析了顾客参与价值共创的动机，大致有技术因素、社会因素、心理因素、财务因素和个人整合因素等（Palma et al.，2019）。Ennew 和 Binks（1999）基于服务交互的本质将顾客参与分为信息分享、人际互动与责任行为。

Nambisan（2002）将顾客参与划分为资源提供、共同创造、共同使用。Guo 等（2021）将顾客参与价值共创行为分为信息性参与、可操作性参与和态度性参与，他们基于可供性理论（Affordance Theory）通过案例研究揭示了传统企业如何利用 IT 赋能促进顾客参与价值共创以及商业模式创新。孙建鑫等（2022）将顾客参与分为信息提供、顾企互动、共同开发三个子维度，他们基于制度理论研究了不同形式的顾客参与对绿色服务创新的影响。Zhang 和 Zhu（2019）通过对中国 376 家 B2B 企业进行实证研究，他们发现，当顾客情感承诺、供应商关系能力以及依存度较高时，顾客参与对产品创新能力的积极影响更大。田虹等（2022）实证研究发现，顾客知识转移在顾客参与价值共创与双元创新间发挥了部分中介效应；促进调节焦点正向调节顾客参与价值共创与顾客知识获取维度的关系。Wang 等（2013）强调，只有当顾客具备一定技术能力时，他们才有意愿并且能够与供应商分享知识。顾客参与价值共创既可以通过知识应用、分享信息等起到积极作用，也可以对组织流程外围产生积极影响（马永开等，2022）。

（二）供应商参与价值共创

顾客并非是价值共创的唯一来源。现有文献广泛探讨了供应商参与价值创造存在诸多益处，例如，及时预测问题、修正设计（Mishra and Shah，2009），为企业带来关键性资源，如嵌入新想法、提供信息和能力等（Le Dain et al.，2010）。供应商参与价值共创的阶段、范围和模式因企业具体情况而定（Bettiga and Ciccullo，2019）。供应商可以将其专业知识提前摄入企业，从项目伊始即可通过与企业现有知识的交互形成专业能力。Song 等（2011）强调供应商在企业开发首件产品中的重要作用。周英等（2019）对海尔组织采购变革进行案例分析，研究发现供应商早期参与新产品开发的管理机制存在模块化设计和采购、全球供应商与用户零距离交互等方面。李勃等（2021）将供应商参与模式分为咨询式、协作式和外包式三种类型，他们通过实证研究发现，三种供应商参与模式与不同的治理形式适配通过供应商关系专用性投资可以提升供应商参与绿色产品创新效能。值得指出的是，企业与供应商之间的信任关系是供应商参与价值共创容易忽视的一个方面。企业与供应商的信任关系有助于提高信息交互质量、降低过度依赖顾客的负面影响、提高风险承受水平等一系列益处。李勃等（2017）通过构建"制造商可信—供应商参与 NPD 任务难度—供应商创新性"理论模型，强调了供应商对制造企业信任的重要性。

（三）员工参与价值共创

员工参与价值共创是指员工参与价值共创的过程，包括促进顾客价值共创的必要行为和自愿行为（Xu et al.，2023）。员工参与形式包括权利分享、信息分享、薪酬激励与发展培训（Sumukadas，2006）。员工参与价值共创强调赋予员工更多的自由、灵活性以及激励，让他们都参与到想法的产生和实施过程中（Rangus and Slavec，2017）。作为价值共创的参与者，员工扮演了诸多角色，如推动者、创新者、协调者等。Vargo和Lusch（2008）指出，员工同时也扮演了资源整合者的角色。Ple（2016）研究员工如何在价值共创互动中整合顾客资源，他开发了一个由12种潜在顾客资源构成的集合，服务员工可以在共同创造过程中与其资源实现集成。Xu等（2023）将员工参与价值共创分成信息交流与服务适配，进而构建员工参与价值共创的理论模型，建立起顾客导向、感知到的组织支持、跨职能合作参与价值共创与结果之间的作用关系。研究发现，顾客导向和感知到的组织支持有效地激励服务员工参与价值共创，并且跨职能合作强化了感知到的组织支持对员工参与价值共创的影响。王海花和杜梅（2021）研究发现，数字技术能够诱发员工参与，进而提升企业创新绩效。

四、价值共创的驱动因素

目前，对价值共创的驱动因素研究主要包括环境层面、组织层面与个体层面三大类。Lin和Germain（2004）指出，顾客参与价值共创包括环境因素（技术变革）、产业因素（产品技术惯例、产品复杂性）、组织结构因素（正式化、去中心化）。Hoyer等（2010）认为，价值共创的驱动因素包括财务、社会、技术、心理因素。杨一翁等（2020）实证检验了互动环境（互动布置、互动气氛与社交环境）对顾客参与价值共创的驱动作用。Palma等（2019）认为，触发顾客参与价值共创的六个激励因素包括从属关系、专业知识、表达和经验、认可、社区以及有形奖励。赵岩（2020）研究发现，企业创新生态系统、双元创新对价值共创具有显著的促进作用。Bonamigo等（2020）确定了工业服务中价值共创的11个促进因素，即参与者的参与、参与者之间的协同作用、资源互补性、参与者间的个人关系、价值兼容性、专业知识、信任、地理邻近性、通过技术进行信息交流、建立网络以及治理。此外，许多学者从上述三个层面对价值共创驱动因素进行了更为丰富且细化的研究，具体如表2-10所示。综合现有文献对价值共创的理解，本书认为，价值共创是企业内外部主体顾客、员工、供应商等参与企业价值创造的一系列事件与活动。

表 2-10　价值共创驱动因素梳理

层面	驱动因素
在场景层面	数字化体验环境（毛倩等，2021）、"价值网+"（江积海和李琴，2016）、区块链（Maciuliene and Skarzauskiene，2012）等
在组织层面	动态交互能力（Siaw and Sarpong，2021）、信息交互能力（孙璐等，2016）、组织能力（易加斌和王宇婷，2017）、动态能力（姚梅芳等，2022）、ICT 能力（Pena 等，2014）、服务主导逻辑（姚梅芳等，2022）、社群整合能力（邬雨航和刘雯雯，2022）、平台能力（杨路明等，2020）、网络导向（金永生等，2017）、组织距离（王丽平和栾慧明，2019）、领先优势状态（王丽平和褚文倩，2018）、网络嵌入（邬雨航和刘雯雯，2022）等
在个体层面	亲社会倾向与换位思考（Ranjan and Read，2019）、互动（涂剑波和陈小桂，2015）、情绪劳动（杨勇等，2017）、顾客认知价值（易加斌和王宇婷，2017）、顾客能力（谭国威和马钦海，2017）、顾客资源（肖萌和马钦海，2019）、品牌象征价值（李雪欣和张正，2020）、角色压力（涂科等，2020）等

资料来源：笔者整理。

五、价值共创与企业绩效的相关研究

价值共创对企业的影响结果一直是学界关注的重点（张洪等，2021）。大量研究认为价值共创有利于企业建立起竞争优势，价值共创与绩效间的关系也得到了广泛的研究支持。

Zaborek 和 Mazur（2019）基于 395 家企业数据，探讨了与消费者共同创造价值对波兰制造业和服务业中小型企业绩效的影响。研究结果表明，与消费者共同创造价值对服务提供商和制造商的运营和财务产生积极影响，但在模式和影响大小方面也存在差异。Ceccagnoli 等（2012）研究认为，软件供应商参与生态系统价值共创能够提升企业销售额以及首次公开募股的可能性。于洪彦等（2015）研究发现，基于共创价值的互动导向对企业绩效（关系绩效与盈利绩效）的积极作用。朱勤等（2019）对 690 份出口跨境电商开展研究发现，平台赋能对出口跨境电商的绩效提升有显著影响，价值共创在平台赋能对出口跨境电商绩效的正向影响中起到了部分中介作用。金永生等（2017）研究表明，高科技新创企业在实施网络导向战略中通过基于互动和信息共享的价值共创间接正向影响企业绩效，而正式制度、非正式制度以及企业所在的不同发展阶段在网络导向与价值共创关系发挥了调节作用。王晶晶等（2019）对农村电商平台企业汇通达进行案例分析，研究表明新创企业在价值共创过程中会引发连续的拼凑行为，打破资源束缚的同时带来了高绩效转化。万文海和刘龙均（2021）基于146家内部平台企业的数据分析，结果表明，用户驱动创新与员工内部创业及用户驱动创新与员工内部创业的交乘项对平台企业的创新绩效有积极的影响，并且市场智能响应在上述关系中具有中介效应，战略柔性在市场智能响应和创新绩效之间具有正向调节效应。杜丹丽等（2021）认为，在创新生态系统中，价值共创之所以能够促进企业创新绩效由创新资源互动所中介。张宝建等（2021）研究发现，价值共创行为有利于企业迅速融入商业生态，随着结构嵌入程度与关系嵌入程度的提升占领更高的生态位，帮助企业进一步拓宽利基市场，最终促进创新绩效。

六、数字化能力作为价值共创前因的学理探析

虽然现有研究对价值共创进行了丰富且深入的探讨，但只有少量文献探析了新技术的赋能效应（张洪等，2021）。而赋能理论认为，赋能是一种将个体优势和能力、自然的帮助系统和主动行为与社会政策和社会变革联系起来的结构，意味着与他人一起参与实现目标，努力获得资源，在组织层面上可以增强成员的参与，并改善组织的目标实现（Perkins and Zimmerman，1995）。数字化赋能源于赋能理论，是数据及数据技术驱动商业和社会创新的消费化效应和变革化效应（潘善琳和崔丽丽，2016）。周文辉等（2018）认为，数字化赋能研究的着眼点主要基于顾客赋能与员工赋能。顾客赋能强调顾客的作用不仅局限在交易、信息等方面，更重要的是赋予顾客权利，让其参与到企业的研发设计与商业活动中来与企业共同创造价值（周文辉等，2018）。员工赋能则强调更多的授权员工、培养员工自驱力、关注员工职业成长等。胡海波和卢海涛（2018）则基于赋能过程将数字化赋能理解为结构赋能、心理赋能和资源赋能。随着研究深入，正如孙新波等（2020）所言，数字化赋能不能仅仅着眼于赋能对象个体及系统中的子元素，而应具备系统性、整体性观点与思维，例如价值共创体系等。

价值共创由企业和利益相关方通过资源整合和能力协同演化从而共创价值，因此企业资源和能力对于价值共创至关重要。而在数字化背景下，数字化能力对价值共创能够产生深远的影响。

一方面，数字化能力与价值共创密切相关，并在赋能过程中起到了重要作用。Li等（2021）认为，工业AI中的价值共创类型（包括战略共同规划的价值、功能价值、组织内和组织间学习的价值、顾客体验价值）与能力（包括系统管理能力、基于商业化的能力、人际能力）是一个动态关联过程。Ghosh等（2022）发现，通过伙伴关系实现更大的生态系统嵌入与更快、更复杂的数字化能力发展有关。胡海波

和卢海涛（2018）则指出，数字化赋能是商业生态系统中价值共创构建的关键。随着数字技术日新月异发展，数字化能力在企业整体运营、业务合作模式等方面的作用越发彰显（Du et al.，2016）。张媛等（2022）在青岛酷特智能案例研究中，将信息化能力、数字化运营能力、数字生态合作能力分别与产品价值创造、基于用户的数字价值创造与基于生态的数字价值创造建立起作用关系。而基于用户的数字价值创造与基于生态的数字价值创造均属于"敏捷价值共创"范畴（张媛等，2022）。也就是说，随着企业信息化能力的进化，价值创造范围不断拓展，逐渐走向共创价值。

另一方面，数字化能力能够更好地帮助企业进行组织内外部资源、业务运营、其他组织能力与数字技术的连接与融合，应对外部复杂环境，进而实现价值共创、共生与共荣。根据动态能力的观点，可以将数字化能力视作具体化的动态能力，包括数字感知能力、数字获取能力和数字转化能力（Warner and Waeger，2019）。企业将数字技术组合嵌入到业务、运营、管理中来，为企业设备、组织和员工等重新赋能，进而形成的"客户导向、数据驱动、组织共生、员工能动、智能运营"动态适应环境的能力（吉峰等，2022）。Pena 等（2014）认为，信息和通信技术可以支持顾客直接与服务企业互动，这使企业能够识别顾客不断变化的、越来越复杂和多样化的需求；并且服务企业管理与顾客的互动，不仅在成本和时间效率的功能意义上，而且也体现在建立社会联系方面上。Mihardjo 等（2020）研究发现，数字时代的独特运营能力（数字领导力、数字敏捷性、数字文化和治理）对价值共创战略具有积极作用。此外，基于技术与资源集成的数字化能力还能够避免价值共创陷阱，如价值共创的变化、价值共毁的意外等问题（Sun and Zhang，2022）。

更为重要的是，数字化能力将企业利用各种资源的能力进行了升级、迭代，进一步打开了企业边界，使企业开放式创新、外部搜寻等活动日益增多，这为实现价值共创提供了更多的可能性，企业也因此得以建构并完善自身的数字商业价值生态。换言之，数字化能力具有推动企业构建数字生态网络与价值共创体系的综合能力（柳学信等，2022），并可以作为操作资源嵌入产品或服务中，为与用户的资源、流程和结果交互提供新路径（Lenka et al.，2017）。Abbate 等（2022）的研究揭示了开放式创新数字平台可以发展不同类型的数字化能力以促进和维持生态系统中进行有效的价值共创，他们开发的理论框架如图 2-12 所示。张华和顾新（2023）指出，数字化能力能够为开放式创新建立广泛的合作关系、加速企业间知识转移、增进企业间战略协同。Pagoropoulos 等（2017）研究发现，数字化能力促进了企业内部利益相关者对产品服务系统的开发以及与外部利益相关者共同开发战略，并且数字化能力以流程创新为代价支持流程标准化规避了与从外部利益相关者处采购服务相关的成本障碍。Siaw 和 Sarpong（2021）指出，动态交互能力是企业促进与参与者接触、互动和参与的能力，动态交互能力可以使现有企业能够采用流动和开放边界的方法进行价值共同创造。Gronroos 和 Helle（2010）认为，生态系统中的价值共创依赖于多主体的和谐匹配，这就涉及大量的信息交互。而企业的数字化能力可以提高企业对合作活动和目标的理解，有利于参与者之间的互联互通以及企业与利益相关方之间资源和能力的协调（Jiang et al.，2023）。同时，数字化能力还使企业更具灵活性（赵剑波，2022），提升了价值共创体验（Pranita，2020）。因此，数字化能力被视为高质量价值共创得以实现的重要条件和保证（Lenka et al.，2017）。Lenka 等（2017）提出的实现价值共创的数字化能力框架如图 2-13 所示。张培和董珂隽（2023）认为，价值创造是数据赋能实现的具体体现。他们的案例研究发现，制造企业数据赋能能力内部化后会导致由低阶向高阶的转变，进一步放大企业能力，并通过外部感知与内部响应促进维持型、丰富型与融合型三种价值创造。

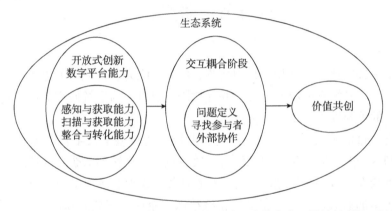

图 2-12　Abbate 等（2022）的开放式创新数字平台能力实现价值共创的理论框架

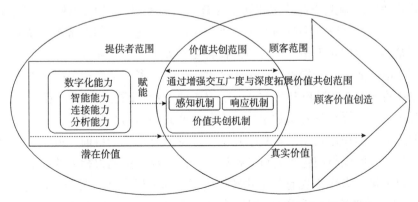

图 2-13　Lenka 等（2017）的实现价值共创的数字化能力框架

综上所述，在前人研究成果的基础上，得出数字化能力的初步作用模型，如图 2-14 所示。

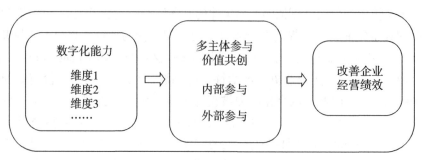

图 2-14　数字化能力的初步作用模型

第五节　研究述评

本章主要对数字化转型、组织变革、数字化能力、价值共创等相关理论和研究内容进行了系统性回顾与整理，并寻找研究缺口，为后续研究提供坚实理论支撑。本书的重要发现与述评如下：

首先，目前鲜有学者对中国制造企业数字化转型中数字化能力与价值共创作用机制这一关键问题进行深入解析，致使对数字化转型对企业绩效之间关系的理解尚不全面。数字化转型已成为组织管理领域重要且新兴的热门议题，尽管取得较为丰富的研究成果，但仍然有待继续深究企业数字化转型的机制（李琦等，2021）。通过质性与量化研究相结合的方法对企业数字化转型机制的研究还较为少见。尤其缺少对制造企业数字化转型究竟通过何种路径提升绩效的探索。同时，现有关于企业数字化转型的研究大多聚焦于西方发达国家与经济体，缺乏对发展中国家尤其是中国转型情境的讨论。换言之，关于制造企业数字化转型的研究既有待在理论层面进一步探索，立足于"讲好中国故事"从新现象中拓展现有理论或构建新的理论（刘洋和李亮，2022），又需要进行实证检验（刘淑春等，2021）。

其次，目前鲜有学者从数字化能力和价值共创的两个视角深入解构企业数字化转型与绩效的作用机制。就数字化能力理论研究来讲，目前，虽然学者们对其概念、维度、形成与演化等进行了探讨，但是与数字化能力相关的实证研究相对滞后。数字化能力作为现有数字化转型微观层面的研究缺口之一（Jedynak et al.，2021），其相关理论建构和实证研究亟须深入探讨（Annarelli et al.，2021；张华和顾新，2023）。就价值共创理论研究而言，虽然价值共创理论较为成熟，但仍然对数字化转型下的价值共创关注有限，相关实证研究还不丰富。另外，员工参与价值共创受到的关注还明显不足（Xu et al.，2023；Ple，2016）。虽然也有学者将数字化能力与价值共创能力视为企业数字化转型机制的核心（王强等，2020），但其聚焦于新零售企业，且并未进行实证检验。因此，以中国制造企业为研究对象，从上述两个视角对企业数字化转型作用机制的探索还较为匮乏。

再次，目前研究缺少对数字化能力如何作用于多主体参与价值共创这一重要问题的阐释。在数字化技术与企业数字化转型战略助推下，数字化能力进一步打破了企业边界，使企业与内外部主体间互动增多，企业因此可以寻找更多的价值增长点，进而打造企业的数字商业生态。数字化能力被视为高质量价值共创得以实现的重要条件和保证（Lenka et al.，2017）。但目前对数字技术赋能价值共创的研究还不多见（张洪等，2021）。虽然有学者揭示了开放式创新数字平台可以发展不同类型的数字化能力以促进和维持生态系统中进行有效的价值共创（Abbate et al.，2022），也有学者提出实现价值共创的数字化能力框架（Lenka et al.，2017）。但这类研究大多以理论推演为主，相关实证研究尚不丰富。

最后，目前对企业数字化转型与企业绩效关系中边界条件的关注还存在不足之处。虽然学者们探讨了组织变革敏捷性和技术嵌入适应（池仁勇等，2022）、组织韧性（王玉和张占斌，2022）、组织合法性（叶丹等，2022）、组织惰性（余薇和胡大立，2022）、文化（王海花等，2022）等边界条件的影响。由于数字化转型对企业绩效的影响受到企业内外部因素的共同作用（姚小涛等，2022），但是现有文献在一定程度上忽视了将组织内外部因素一同纳入企业数字化转型成效来研究（胡青，2020）。就组织内部而言，数字业务强度较高的企业能够更好地利用新兴的数字技术（Nwankpa and Roumani，2018）、为企业带来更多的数字机会（Nwankpa et al.，2022）。就组织外部而言，在企业数字化转型实践发展中必然受到竞争环境变化的影响（Holopainen et al.，2023），企业需要根据外部市场环境变化制订相应的战略计划。因此，目前还有待结合组织内外部因素深入挖掘企业数字化转型与绩效的边界条件。

第六节　本章小结

本章致力于系统梳理现有研究中主要运用的理论与相关文献，分别对这些理论相关研究进行深入探讨，并作为后续案例研究与实证分析章节重要的理论与推演分析依据。本章主要运用的理论包括数字化转型理论、组织变革理论、数字化能力理论、价值共创理论等。具体有以下五个方面：

（1）由于企业数字化转型是本书的重要主题与出发点，该部分文献研究首先采用了 CiteSpace 文献计量方法，以知识图谱形式直观展示其近年来的研究成果与进展。其次对数字技术、数字化与数字化转型的内涵、数字化转型的政策、数字化转型的维度与驱动因素、数字化转型与企业绩效的相关研究、数字化转型与组织能力的相关研究、数字化转型与价值创造的相关研究、数字化转型过程研究等进行了系统梳理与讨论。

（2）组织变革相关研究从组织变革内容、过程、模式三个方面展开。

（3）数字化能力理论从数字化能力的概念、维度、形成与演化、数字化能力与企业绩效的相关研究等进行归纳分析。

（4）价值共创理论围绕理论演进、理论内涵、维度、参与方式、驱动因素、价值共创与企业绩效的相关研究、数字化能力作为价值共创前因的学理探析等内容论述。

（5）通过理论与相关文献综述寻找研究缺口，并进行研究述评。

第三章

案例研究与理论模型构建

第一节　研究设计

一、研究方法

　　案例研究可以更好地归纳现象，提炼现象背后复杂的理论和内在规律，形成一套"知识发现框架"，加深对现象的理解，为本土管理理论做出理论贡献（苏敬勤等，2023）。本书采用多案例研究方法。基于理论抽样原则，多案例研究方法旨在对两个或两个以上的案例进行系统化对比分析处理，来识别案例之间的相似性和差异性，从而实现理论构建（Eisenhardt，1989；Yin，2009）。本书选择多案例研究方法，原因在于：首先，本书聚焦于中国制造企业数字化转型如何通过数字化能力与价值共创进而实现企业绩效提升，属于"How"和"Why"问题范畴，案例研究可以较好地处理研究问题的复杂性与细节，因此该方法是较为适用的研究方法。其次，通过多案例研究中的案例内分析与跨案例分析，能够构建普适性程度更高的理论、深入剖析自变量对因变量的作用机理以及缘何得出不同的研究结论（毛基业和陈诚，2017）。鉴于多案例能更精确刻画不同的构念及构念间关系，故而相较于单案例研究而言，多案例研究往往能为理论构建提供更坚实的基础。最后，由于分析多个案例可以排除其他解释的干扰并能进行更为精确的理论抽象，因此多案例研究所构建的理论也更加简约（毛基业和陈诚，2017）。

二、案例选择

　　本书遵循案例研究的理论抽样原则与复制逻辑。理论抽样的目的是选择可能补充、修正现有理论或拓展新兴理论的案例，有意识地选择那些可以为构建理论服务的案例。案例的选择根据案例是否特别适合发现和拓展构念间的关系和逻辑来决定（Eisenhardt，1989），或者基于可重复性、可拓展性、对立重复和排除其他可能的解释等理论层面因素（Eisenhardt and Graebner，2007）。复制逻辑则是通过单个案例间的互相印证，发现共存于多个案例间的模式，并消除随机关联性（Eisenhardt，1991）。复制逻辑将每个案例视作一个独立实验，对于多案例研究而言则类似一组相关关联的多元实验，通过这些不连续的实验对期望建构的理论进行重复、对比、生成与拓展。在这些理论抽样案例中，如果所选择的每一个案例产生与前一个案例得出的类似或者相同的结论或推论，称作逐项复制；如果产生与前一个案例得出的不同甚至相反的结论或推论，那么成为差别复制。本书选择冰山集团与海尔集团作为案例研究对象，满足多案例研究的典型性、可复制性、数据可得性等原则。

第一，典型性。所选取的两家制造企业遵循理论抽样原则，基于理论考量而非统计抽样。本书考虑了所选取案例所在行业细分领域与业务模式的典型性。制造业不同细分行业或不同类别之间，在数字技术应用、数字化转型上存在一定差异。我国制造业细分行业的统计口径经历了多次调整，涉及多个细分行业的合并和拆分。陈楠和蔡跃洲（2021）基于《国民经济行业分类（2017）》，将制造业门类下属 31 个细分行业归并为 27 个行业，并进一步将其划分为三大类别：①轻纺制造业包含农副食品加工、食品制造业等 12 个行业；②资源加工业包含石油、煤炭及其他燃料加工业、医药制造业等 8 个行业；③机械设备制造业包含专用设备制造业、电气机械和通用设备制造业器材制造业等 7 个行业。他们研究发现，现阶段数字技术对我国制造业增长的促进作用主要集中在机械设备制造业，而轻纺制造业和资源加工业细分领域的渗透不足、收益还不明显。本书所选两家企业均属于机械设备制造业下属细分行业，虽然都属于机械设备，但两家企业业务模式略有不同，冰山集团业务模式主要以 B2B 为主导形式，而海尔集团业务模式以 B2C 主导。另外，两家企业均是国内制造企业数字化转型的先行者，他们重视企业数字化能力、践行价值共生理念，并取得了良好的数字化转型成效，因此具备案例选择的典型性。

（1）冰山集团。自 2014 年冰山集团开始数字化转型以来，坚持数字赋能不断发展自身的数字化能力，依托 3.0 版冰山工业互联网云服务平台和国家级服务型制造示范平台，建设行业首个中国工业互联网大数据中心冷热装备制造行业分中心，为客户提供绿色低碳的全生命周期冷热智慧服务，赋能冷热行业的数字化服务转型升级。并且在此过程中不断以服务用户为宗旨，强调价值共赢共创理念，其终端用户以企业端为主，近年来也积极拓展市场、创新产品，用户范围进一步扩大。2023 年，在竞争环境日益白热化的情况下，经营业绩较之过去有明显改善与提升，成为国内工业制冷领域数字化转型标杆。

（2）海尔集团。于 2012 年开始实施网络化战略，率先在行业内进行数字化转型实践，多年数字化探索形成了强大的数字化能力。与此同时，海尔集团一直强调生态化成长，价值共生与共创，进而实现了与消费者零距离交互。2017 年，海尔集团推出智能制造平台 COSMOPlat 与线上开放式创新平台 HOPE。2020 年海尔集团围绕场景布局，又推出行业内首个智慧家庭品牌"三翼鸟"。经过企业多年数字化实践，海尔集团已经成为中国家电制造行业绝对龙头。因此选择这两家企业在数字化转型中如何利用数字化能力与价值共创来提升企业绩效等相关问题上具有一定的典型性。

第二，可复制性。所选取的两家案例企业在数字化转型过程中有一定的相似性，并产生了相同的结果，遵循逐项复制原则，更有利于构建更具有普适性的理论（Yin，2009；Eisenhardt，1989）。两家案例企业数字化转型征程均达到 10 年，转型期间对企业数字化保持前瞻性认知，引导企业经历多次数字化升级、改造与迭代，对数字化能力的运用也日臻精进。并且两家案例企业均强调利益相关方参与价值共创，逐步将顾客、供应商、员工纳入到整个数字化转型进程中，进而推动企业数字生态系统搭建，实现企业价值成长。

第三，数据可得性。两家案例企业旗下的冰山冷热与海尔智家都属于上市公司，广受外界关注，相关二手资料方便获取。此外，笔者多次跟随研究团队对两家案例企业进行了持续性追踪调研，积累了丰富的一手案例资料。这意味着案例企业的数据质量可以得到保障。

三、案例企业简介

（一）冰山集团

冰山集团的前身是 1930 年民族工商业者陈民立先生在大连创建的"新民铁工厂"，主要维修停靠大连港装载着待检修的冷冻设备的轮船。目前冰山集团已经成为一家中国制冷空调行业的领军绿色装备制造企业，也是中国机械工业百强企业。冰山于 1993 年成为中国制冷工业第一家上市公司，1994 年组建大连冰山集团有限公司走上集团化发展道路，经历 2008 年、2015 年、2020 年三次混合所有制改革，已经发展成为一个拥有 90 多年历史的大型混合所有制企业集团。冰山集团专注冷热事业，争做细分市场的领军者，业务板块涉及工业制冷制热、空调与环境、商用冷冻冷藏、智慧冷链、工业互联与智控、生物科技等事业以及氢能源、融资租赁等。

冰山集团于 2014 年开始数字化转型。2016 年以来公司持续推进数字化转型、升级，2019 年冰山集团 A 股上市母公司由"大冷股份"更名为"冰山冷热"，凸显了其在制冷领域升级，并向制热领域转型的战略意图。近年来，冰山集团着力改造升级冰山冷热事业"老字号"，孵化壮大生物科技、工业互联网、生产性服务业和冰山慧谷等"新字号"。2017 年，冰山集团被评选为工信部首批服务型制造试点示范企业、辽宁省第一批服务型制造示范企业。2018 年，冰山集团与中国移动设立 5G 联合创新中心开放实验室。2019 年，冰山集团开发的 BinGo 工业互联平台能为中小企业提供设备接入能力、基础应用框架、定制化开发服务等价值。2021 年，集团下属冰山技术服务公司凭借《冰山工业制冷技术服务云平台》项目，成功入选国家级服务型制造示范平台。2022 年，集团下属冰山技术服务、松下冷机系统、大连斯频德环境设备公司荣获大连数字化转型最佳实践单位；冰山集团技术服务公司荣获中国制冷空调后市场规范服务示范企业奖项，成为工业制冷领域唯一的"品牌示范企业"；入选中国 42 家首批"中国工业碳达峰'领跑者'企业"，成为行业内节能低碳、绿色转型标杆。2023 年，冰山研发的"工商用开启式螺杆制冷机组及冷冻系统"获得第六批国家级制造业单项冠军产品。冰山集团发展历程如图 3-1 所示。

| 1930年民族工商业者陈民立先生在大连创建制冷设备的"新民铁工厂"。1949年后，在确立以制造冷冻机为主业基础上开始承接其他工业性作业 | 1993年，A股母公司"大冷股份"成为中国制冷工业第一家上市公司。1994年，实行集团化经营，广泛地进行合资、联合开发、兼并收购。1996年，建立冰山集团网站。2003年，冰山集团组建电子商务平台，实现了冰山集团与各下属企业的连接 | 2015年开始第二次混合所有制改革。2019年，A股母公司由"大冷股份"更名为"冰山冷热"，凸显了其在制冷领域升级、向制热领域转型的战略意图。2019年，实施AR专家远程诊断指导和AI智能巡检管理等5G技术的多场景应用。企业获得全国首个制冷行业服务标准化试点项目。开发BinGo工业互联网云平台 |

1930　　1984　　1993　　2008　　2015　　2023　（年份）

| 1984年，率先实行厂长负责制，成为全国20家管理现代化试点单位之一。其间，陆续完成第二次和第三次技术改造。1991年，在大连冷冻机公司试点，实施"微电子技术改造传统产业"示范工程，工艺等部分领域进行CAD、MRPⅡ技术应用。1992年，与日本三洋建立第一个中外合资企业 | 2008年，开始第一次混合所有制改革。2012年，开始进行OA基础平台搭建、PDM、ERP等信息化建设项目积极推进向信息化、数字化转型。2014年，成为国内唯一一家掌握CO$_2$制冷系统、高效离心机、高效螺杆压缩机等全部制冷产品链的绿色装备制造企业 | 2020年，开始第三次混合所有制改革。2022年，冰山技术服务、松下冷机系统、大连斯频德环境设备公司荣获大连数字化转型最佳实践单位；冰山技术服务荣获中国制冷空调后市场规范服务示范企业奖项，成为工业制冷领域唯一的"品牌示范企业"；入选中国42家首批"中国工业碳达峰'领跑者'企业"。2023年"工商用开启式螺杆制冷机组及冷冻系统"获得第六批国家级制造业单项冠军产品 |

图 3-1　冰山集团发展历程

（二）海尔集团

海尔集团成立于 1984 年，大致经历了名牌战略（1984~1991 年）、多元化战略（1991~1998 年）、国际化战略（1998~2005 年）、全球品牌战略（2005~2012 年）、网络化战略（2012~2019 年）、生态品牌战略（2019 年至今）多个战略发展阶段。目前海尔战略定位于打造成全球领先的美好生活和数字化转型解决方案服务商。近年来海尔集团在智慧住居、产业互联网领域持续深耕，并在高端品牌、场景品牌与生态品牌上寻找突破点，以科技创新赋能全球用户定制个性化智慧生活，扎实推进企业数字化转型。海尔集团在全球设有 10 大研发中心、71 个研究院、35

个工业园、138 个制造中心和 23 万个销售网络，连续 14 年稳居"欧睿国际全球大型家电零售量"第一名。集团旗下有四家上市公司，其中子公司海尔智家位列《财富》世界 500 强和《财富》全球最受赞赏公司。

海尔集团于 2012 年在深入推进"人单合一双赢"商业模式的基础上开始实施网络化战略，并率先在行业内进行数字化转型。生产模式由大规模生产向定制化演进，满足用户即需即供。通过构筑全流程用户体验驱动的虚实网融合竞争力实现与用户零距离、模块化交互。2017 年，海尔集团正式推出 COSMOPlat 智能制造平台，此后还打造了国内领先的线上开放式创新 HOPE 平台。2020 年，海尔集团开始在智能化场景端发力，诞生了行业内首个智慧家庭品牌"三翼鸟"，满足用户不同生活场景需求。从 2022 年开始，进入以数字化转型推动全流程创新时期。2022 年，海尔成为全球唯一入选的物联网生态品牌，并且连续十多年蝉联全球大型家电品牌零售量第一。海尔集团发展历程如图 3-2 所示。

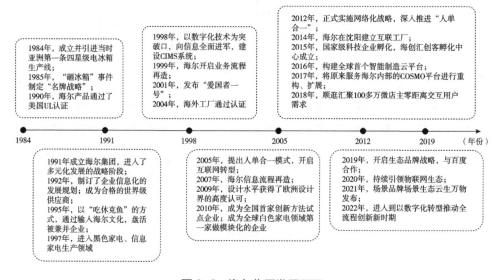

图 3-2　海尔集团发展历程

四、数据收集方法与来源

本书通过采用收集多种数据方法来保证研究的信度和效度。本书采用多种数据收集方法包括观察法、访谈法、档案分析法、电话访谈和邮件联系等方法（Jick，1979；Corley and Gioia，2004）。每种方法互为补充，为分析中国制造企业数字化转型与绩效作用机理提供可靠基础。在实地调研案例企业过程中，每次都有三名以上研究者参与访谈，在访谈结束取得企业同意后，在最短时间内将访谈资料整理成文字资料存档，结合过往文献，初步梳理出研究思路。Eisenhardt（1989）认为，数据收集和往往和数据分析发生重叠，属于正常现象。本书采用半结构化访谈获得一手数据资料，辅之以实地考察、企业档案和二手资料等进行"三角验证"来确保数据的可靠性，如表3-1所示。

就冰山集团而言。笔者跟随研究团队于2018年、2020年和2021年对冰山集团进行过三次实地调研与访谈。自2018年始，本人持续对冰山集团进行跟踪调研。2018年，笔者与研究团队赴大连参观调研冰山慧谷，与部分创业者、冰山员工进行访谈，时长3小时。2020年10月，笔者与研究团队参与和君商学院名企游活动，对冰山集团副总裁、董秘、品牌部长等开展过一次半结构化访谈调研，时长2小时。2021年4月，笔者通过"云互动"参与第三十二届中国国际制冷，听取并获得冰山集团部分高管、产品研发经理、技术工程师、营销经理等谈话资料，时长4小时。2021年10月，笔者与研究团队赴大连冰山集团总部与副总裁、人力部长、财务部长、工业互联网平台总监等开展过一次半结构化访谈调研，时长3小时。2021年11月，笔者与研究团队赴大连理工大学现场聆听冰山集团董事长主题演讲一次，时长2小时，并进行互动对话。2023年3月，笔者与冰山集团部分供应商通过腾讯会议、邮件往来等形式进行交流。此外，笔者参加过多次线上关于冰山集团中高层关于数字化转型实践经验分享，于2022年1月参与"5G+工业互联网实战指南"第七期专场直播，与分享嘉宾进行线上互动。

就海尔集团而言。笔者跟随研究团队于2019年、2021年对海尔集团进行过两次实地调研与访谈。2019年7月，笔者跟随研究团队赴青岛实地参观调研海尔集团，并参加海尔大学组织的为期三天的训练营活动。期间现场聆听副总裁讲座两次，时长3小时，与战略部门、运营部门、信息部门等中高层管理者进行半结构化访谈，时长4小时，并与部分小微主、员工进行了深度访谈。2021年9月，笔者与海尔集团部分供应商取得联系，进行了两次腾讯会议与实地专访，时长3小时。此外，笔者参加过多次关于海尔集团数字化转型相关的线上高端论坛与峰会。

笔者与研究团队一直对两家集团部分高管、中层员工保持电话和邮件联系，与家电、制冷等行业实践者与专家保持持续交流。研究人员还与南京理工大学、中国海洋大学、青岛大学相关领域的学者和专家保持联系。本书一手数据文本字数共计14万余字，其中冰山集团6万余字、海尔集团8万余字。此外，本书涉及的其他数据资料包括以下五个：①通过东方财富、天眼查等数据库查找公司历年年报、研报、投资者互动问答等资料。②收集冰山集团 2005~2022 年报 18 份、各大券商研报 15 份；海尔集团 2001~2022 年报 22 份、各大券商研报 60 份。③通过知网检索冰山集团相关文献资料 82 篇；海尔集团相关文献资料 174 篇。④通过搜索引擎搜索公司新闻报道、媒体采访、高层管理者网络音视频、重要会议讲稿。⑤通过冰山集团和海尔集团官方网站、微信、微博获取官宣信息。一手和二手数据文本字数共计 64 万余字，其中冰山集团 18 万余字、海尔集团 46 万余字。

表 3-1　案例数据收集情况

资料类型	海尔资料来源		冰山资料来源	
一手资料	副总裁	专题讲座，3 小时	董事长讲座	主题演讲，2 小时
	战略、运营、信息等部门座谈	发展战略、数字化转型、智能制造、"人单合一"商业模式、平台运营、用户价值创造等，4 小时	副总裁、董秘、品牌部长座谈	企业发展历程、新事业布局、数字化转型战略、服务型制造、价值创造、企业文化、数字化能力等，2 小时
	员工、小微主	创新创业实践、参与活动、自我价值等，2 小时	副总裁、人力部长、财务部长座谈	企业发展历程、国企混改、数字化转型、价值创造、工业互联网、数字化能力培养等，2 小时
	供应商访谈	商业模式、参与活动、供应链、生态等，3 小时	工业互联网平台总监	冰山集团服务平台发展历程、创新服务模式、工业互联网平台、5G 实验室等，1 小时
	高端论坛	数字化转型、生态价值、用户理念、数字化能力等，5 小时	供应商访谈	价值创造、协同模式、供应链、数字赋能等，4 小时
			第三十二届中国国际制冷展（总工、技术工程师、产品研发经理、营销经理等）	细分市场、营销理念、产品创新、技术创新等，4 小时
	非正式沟通	与部分高管、员工保持电话、微信联系；与专家学者持续交流（主要是中国海洋大学、青岛大学）	冰山集团慧谷创业者	工业文化展览馆、创新孵化、社群运营等，3 小时
			非正式沟通	与冰山集团副总裁、部分高管、员工保持电话、微信联系；与制冷工业、自动化领域专家学者持续交流（主要是南京理工大学）

续表

资料类型	海尔资料来源		冰山资料来源	
二手资料	年报、研报、期刊文献	海尔集团2001~2022年报、各大券商研报、知网期刊文献等	年报、研报、期刊文献	冰山集团2005~2022年报、各大券商研报、知网期刊文献等
	投资者互动	海尔集团官方与投资者互动问答信息	投资者互动	冰山集团官方与投资者互动问答信息
	官宣	海尔集团官方网站、官方微信、官方微博等信息	官宣	冰山集团官方网站、官方微信、官方微博等信息
	新闻报道、媒体采访	《人民日报》、《中国日报》、《第一财经日报》、新浪财经、正和岛等	新闻报道、媒体采访	《半岛晨报》、大连国资委官网、"大连新闻"、"大观新闻"等
	高层管理者网络音视频、重要会议讲稿	第一届海尔全球生态大会、2020中国管理科学大会、第六届中国制造强国论坛、《哈佛商业评论》创刊百年中国年会等	高层管理者网络音视频、重要会议讲稿	数交会首届全球数字经济大会、夏季达沃斯论坛（大连）等
	相关书籍	《黑海战略》《海尔智慧》《重塑海尔》《海尔转型》《人单合一管理学：新工业革命背景下的海尔转型》等	企业相关书籍	《全国百家大中型企业调查：大连冰山集团有限公司》

资料来源：笔者整理。

　　本书通过多种数据来源进行三角验证，保证测量的准确度，并通过形成证据链条梳理出构念之间的逻辑关系，提高研究的建构效度。此外，本书还在研究设计阶段基于理论来指导案例研究、通过理论抽样与复制逻辑开展研究来保证研究的外在效度。在数据收集阶段将所有数据收集完成后请受访者确认，案例研究步骤详细记录形成原始资料归档，并按照时间、主题、关键词等对格式化后的资料排序分类，建立索引等来保证数据收集的信度。在数据分析阶段使用逻辑模型与模式匹配、尝试进行某种解释来保证内在效度。将构建的理论模型与文献进行对话，拓展理论外延，提高外部效度。

五、数据编码与结构

　　本书采用结构化数据分析方法——Gioia方法（Gioia Methodology）对涉及

的多案例进行数据编码，进而得出数据结构。Gioia方法是近年来受到较多关注的一种案例研究方法（Gioia et al., 2013）。在Gioia方法中，首先，研究者通过一阶分析识别研究对象对现象意义的诠释，并得到若干一阶概念；其次，通过二阶分析对识别出的一阶概念进行理论上的意义诠释，即对研究对象的意义诠释进行研究者自身的理论诠释，通过此方式，研究者与研究对象之间建立起理解和对话的桥梁，并确保研究的严谨性。

本书将收集的数据资料文本化形成文字资料后，对其进行背靠背独立编码。对来自高层管理者、中层管理者的访谈资料记为BS1、BS2、HE1、HE2，对来自公司发布的年报资料记为BSN、HEN，对来自新闻报道、官网资料等记为BS3、HE3。之后，两名研究者通过独立研究对案例企业涌现的概念、主题和构念进行分析，并通过研究者之间充分讨论、专业领域专家咨询和受访者补充调研等方式解决数据编码中存在的部分异议。

根据Gioia方法，首先，基于数据资料与理论反复比较，对原始数据资料中的语句、段落进行归纳、提炼、编码后贴标签形成本书中的一阶概念，例如，"对新兴数字技术具有前瞻性认知""根据市场需求及时作出技术响应""了解企业数字化水平"等。其次，由一组相关的一阶概念整合形成多个二阶主题，反映一阶概念与二阶主题的关系，例如，"数字化技术认知""数字化战略导向""数字感知能力"等。最后，再由一组相关的二阶主题合并为聚合构念，反映二阶主题与聚合构念的关系，例如，"数字化转型""数字化能力"等。多案例研究的数据结构如图3-3所示。

之后，探讨不同构念间的内在逻辑关系。不断对比案例数据与涌现出的构念等，并与对话文献，直至达到理论饱和，从而刻画制造企业数字化转型中数字化能力与价值共创的作用机制。

六、数据分析

在多案例研究过程中，由于数据体量庞大，很容易陷入海量数据"泥潭"，无法看清数据背后的概念、概念间关系，进而影响研究的信度与效度。本书遵循数据分析的三个原则：反复进出原则、不断比对原则与三角验证原则。首先，反复进出原则。多案例数据分析过程并非一个线性过程，数据收集与分析需要多频次迭代。本书在案例数据收集和分析过程中遵循非线性分析思维，反复进出案例，经过多次迭代甚至重新设计确保该原则。其次，不断比对原则。多案例理论构建强调通过案例数据形成的理论应和过往文献进行反复对比，并波动式进行。此外，还必须在多个案例间进行比较，直到产生较为稳定的模式。本书在开始进行数据分析伊始就重视数据和理论间不断比对，以期涌现出核心构念与关系。同时，持续比对在跨案例分析过程中确保了构念关系复现、有效。最后，三角验证原则。三角验证能够保证案例数据的信度和效度，保证案例数据分析的科学性。本书数据来源的多元化、独立编码等实施措施保证了案例研究的客观性。

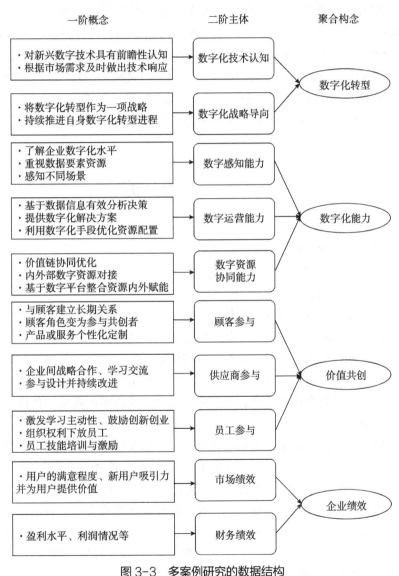

图 3-3　多案例研究的数据结构

资料来源：笔者绘制。

案例内分析是对多案例中每个单个案例进行细致描述和分析，由于有助于研究者在数据分析阶段尽早处理大量数据，对于产生新认知与见解至关重要（Eisenhardt，1989）。本书在案例内分析过程中主要使用事件流和关系网分析。案例内分析之后，进行多案例间的跨案例分析，要求打破案例内分析思维，置身于更高层次的系统性角度，挖掘构念间的潜在关系，逐渐实现数据和涌现理论间的匹配，提升理论构建的抽象程度，形成稳健的因果证据链条，最后推演出综合性的理论框架。跨案例分析的关键就在于通过不同途径分析数据来克服偏误（Eisenhardt，1989）。跨案例分析主要有案例导向策略与变量导向策略，前者是基于每个单案例自身的属性进行对比，以探讨一组案例间的异同，挖掘案例间是否具备某种模式；后者则依据过往文献予以设定，根据变量（或其维度）、变取值高低进行（Eisenhardt，1989）。本书综合使用两种策略方法进行跨案例分析。

第二节　案例分析

一、数字化转型

（一）数字化技术认知

对新一代数字化技术的深层次认知决定了企业进行数字化转型的方向、进程和力度。在数字化背景下，对技术趋势保持前瞻性认知，根据市场及时作出技术响应和调整，其底层逻辑在于依靠数字技术赋能企业实现高质量成长和转型。因此，对数字技术是否抱有积极开放的态度、是否有进行企业数字化变革的勇气这一认知层面因素成为企业数字化转型重要的维度。所选案例在数字化技术认知层面的情况如表 3-2 所示。

（1）冰山集团。冰山集团对数字化技术的认知发轫于企业信息化时期。在信息化时代，冰山集团在重点企业内部先行试点，实施"微电子技术改造传统产业"示范工程，开始在设计、工艺等部分领域进行 CAD 应用，同时使用 MRPII 技术。这为企业数字化转型打下了基础，并将这种良性的技术机会主义融入到企业基因中（Srinivasan et al.，2002）。进入数字时代以来，冰山集团持续关注新技术的最新动向，强调"一切业务数据化，一切数据业务化"。持续推进远程网络协同设计、参数化设计、仿真装配等数字化设计理念和工具的广泛应用。其数字化转型的长期目标则是将企业变成一个以 AI 为导向的智能化公司，充分运用数字化技术所带来的智能能力，优化企业决策，让企业一直保持竞争力。

（2）海尔集团。海尔集团的张瑞敏在数字经济刚刚兴起时，就已经意识到企业数字化转型时代的到来，制造企业的发展将出现颠覆式改变，他曾指出："要么海尔集团成为物联网的引爆、引领者，别人跟在海尔集团后面；要么别人引爆物联网，海尔集团只能跟在别人后面"。早在几年前，海尔智家就积极主动地接受了数字化转型，它完全颠覆原来的模式，重新构建企业内部流程，并将物联网和大数据等数字技术融入到企业的运作之中，并将其深度运用到了每个运营环节，从而实现了全流程的数字化转型。

表3-2　数字化转型（数字化技术认知）例证

二阶主题	一阶概念	典型证据援引
数字化技术认知	对新兴数字技术具有前瞻性认知	冰山集团。冰山集团持续关注新技术发展，探索冷热行业的工业物联网综合平台应用推广，探索关注区块链在制冷行业的融合应用（BS1）。我们在深耕冷热领域的同时，一直探索数字化与装备制造的融合发展，服务客户的实践应用，集团数字化发展战略：需求驱动、数据智能、网络协同、打造冰山集团新的竞争力和事业增长点（BS1）。一切业务数据化，一切数据业务化（BS3） 海尔集团。从企业层面上来讲，节能科技的开发能够加快家用电器企业之间的能效竞赛，提高整体的节能科技创新能力。从产业层面上来讲，节能技术开发提速可以助力行业发展更规范，推动行业加强对高能效家电研发，促进整体产业结构的深度调整。同时，也将缩小与国际先进制造企业差距，清晰认识自我，更好地让中国家电"走出去"（HE3）。5G通信技术的发展与传统制造业向智能化转变的进程相契合，低时延、高带宽的属性可以更好地适应工业环境中的设备互联、远距离通信等诉求，使云边融合、边缘计算等技术的深度应用成为现实。与有线、无线、4G相比，5G网络的可靠性、移动性和灵活性都提高了，而且网络的总体运维费用也有所下降（HE3）
	根据市场需求及时做出技术响应	冰山集团。深化智能制造应用，推进远程网络协同设计、参数化设计、仿真装配等数字化设计理念和工具的广泛应用，能够及时响应市场需求（BS1）。我们的数字化认知和市场需求贴得很紧，只有围绕需求进行数字化变革，才是转型的目的所在，不是为了转而转。技术在不断进步，种类也很多，选择适合自己的才能为我所用（BS1） 海尔集团。海尔集团生物的技术革新能力很强，例如，通过数字技术，快速更新抗疫医疗设备，2月4日启动了线上合作研发，半个月就完成了产品更新换代，生物安全转运箱火速下线后即可支援湖北前线（HE3）。如今，假如你想安装一套高档的卡萨帝电器，可以"家电不定，水电不走；橱柜不买，装修不搞"。这和过去的装修有很大的不同，新一代技术把家用电器从最底层推到了最前沿（HE3）

资料来源：笔者整理。

（二）数字化战略导向

数字化战略导向是企业对于实施数字化的一种战略倾向和部署。面对日益复杂多变的外部环境，这种战略导向能够提升企业的市场竞争力，进而使组织更具韧性（胡媛媛等，2021）。企业数字化转型是一个系统性工程，而非仅仅将数字技术嵌入某一个具体信息部门，也非仅仅用数字技术改造某一个单独的价值链环节。因此，以数字化战略为导向是将数字化提高到战略层面，强调数字技术与具体业务间的融合，进而指导数字化转型实践。所选案例在数字化战略导向层面的情况如表3-3所示。

（1）冰山集团。由于冰山集团是一个以冷冻机起步而发展起来的传统公司，一开始都是从压缩机产品等入手，后来则是冷冻机组等复合产品。当时注重的是QCD、质量成本和交货期。随着数字化时代到来以及企业对数字化转型认识的更加全面，进而确立数字化战略，不仅是对产品进行数字化改造升级，也是基于开发的BinGo工业互联网平台进行组织、服务、运营等多个面向的数字化重构。在此过程中，进一步用数字化来赋能产业链上下游，提供数字化解决方案，为用户创造价值。

（2）海尔集团。在数字化战略引导下，海尔集团不断打破组织边界，组织架构向平台化组织演进，坚定以数字化赋能"人单合一"组织管理再造模式。此外，海尔集团持续推动自身数字化转型进程。通过物联网、大数据算法、人工智能等数字技术赋能，完成对多个工厂从硬件的厂体设计到软件的系统流程等方面的全方位优化。2021年，天津洗衣机互联工厂，获得行业首个端到端灯塔工厂，根据世界经济论坛评选的最新一批被誉为"灯塔中的灯塔"的"可持续灯塔工厂"名单中，天津海尔洗衣机互联工厂成为首个入选的中国本土企业。2021年海尔集团进一步推进"数字化直销员""数字化服务兵""数字化供应链"等多个数字化平台项目。

表3-3　数字化转型（数字化战略导向）例证

二阶主题	一阶概念	典型证据援引
数字化战略导向	将数字化转型作为一项战略	冰山集团。冰山集团的数字化转型是以产品生命周期为中心进行的，在企业各领域、环节和流程上都进行了数字化，无论是在智能制造、服务化方面延伸，还是在产业链物流方面，都做了全方位的数字化赋能（BS3）。在传统制造业转型升级中服务转型是其中很重要的一环，而对我们冰山集团来说，当下的企业使命是"数字化转型＋服务"（BS3）。冰山集团的数字化转型不仅是企业的一项重大措施，同时更是一项系统性工程，涵盖了冰山的发展战略、业务流程、企业文化、公司治理等，要有企业高层参与。冰山集团的董事长及董事会成员对行业和本企业数字化、智能化的理解和认知十分清晰，我们成立一个标准化信息化工作小组，董事长亲自制定信息化、数字化、网络化、智能化的转型路线（BS1）。数字化转型对我们来说是一种战略升级思维（BS3）

续表

二阶主题	一阶概念	典型证据援引
数字化战略导向	将数字化转型作为一项战略	海尔集团。一家企业要想更好地服务用户，与用户建立起直接的联系，就必须要进行数字化重构，以实现企业数字化转型，这是个必然的过程（HE3）。首先海尔集团在数字化上一直坚持要确定方向，其次强调数字化适应企业发展。海尔集团数字化转型战略有六个基石：文化、方法论、架构、能力、流程制度组织。海尔集团创建了SAFE目标体系，即人人都参与数字化转型，人人都专注价值创造（HE3）。在数字化转型越是越深入，各个公司越要考虑如何协调好执行转型的部门和业务部门之间的关系。目前海尔集团正将整个企业的人力资源与信息技术相结合，推进数字化转型战略（HE3）
	持续推进自身数字化转型进程	冰山集团。传统产业的转型升级不是一朝一夕就能完成的，而是要沿着所属产业以及自身企业轨迹转型，通过从产业链向价值链的转型来给顾客提供增值服务（BS3）。海尔集团在有序推进原有事业转型升级的同时，沿着持续转型思路开发了冰山工业互联网平台，不仅实现了从业务数据化到数据业务化再到数据价值化的提升，还全面覆盖了运维端、客户端、移动端（BS2）
		海尔集团。未来，海尔集团将使用数字孪生技术做环测试。首先是对某些工业软件，包括PLC软件、MES系统等通过在虚拟的环境中模拟真实的生产流程，来测试和检验其功能和性能。其次还可以在这条生产线上对PLC和机器人等工业控制系统进行检测和验证，利用数字孪生技术可以更高效地检测，从而更经济地维护设备的正常运行（HE3）。2021年，公司推进"数字化直销员""数字化服务兵""数字化供应链"等数字化平台项目。数字化直销员项目通过搭建营销中台，实现了直销员经营个人私域流量，并建立复购模型；数字化服务并实现了智能派单、排程和提醒（HE3）。2021年，天津洗衣机互联工厂成为业内第一个端到端灯塔工厂，海尔集团的第3家灯塔工厂（HEN）

资料来源：笔者整理。

二、数字化能力

在《企业数字化转型白皮书（2021版）》中，将数字能力界定为企业为了提高资产利用效率、强化业务获单与履约水平，进而在数字化转型过程中脱颖而出的核心能力，既是数字化生存与发展能力，也是企业数字化转型的主线。作为一种组织能力，数字化能力能够将企业的数字资产与业务资源进行有效连接，借助数字化网络不断推陈出新，深化组织学习与顾客价值创造，以确保持续竞争优势（Annarelli et al.，2021）。

（一）数字感知能力

数字感知能力是在数字化背景下企业识别内外部机会、威胁，并开发具有数字创新价值的能力（易加斌等，2022），被视作数字化背景下企业的战略感知能力（Ghosh et al.，2022），由数字扫描、数字场景规划和数字思维塑造等构成（Warner and Waeger，2019）。数字化感知能力依托于对数据的有效利用与分析，Lozada 等（2019）认为，大数据分析能力使参与者能够在解决问题或挑战的共同创新中进行协作，促进与特定目的相关的应用知识的创造。从这个意义上说，企业有可能提供由大数据提供的有价值信息，作为共同创造解决方案的输入，这些解决方案既可能与供应商有关，也可能与价值链中不同情景所产生的不确定性所带来的困难和挑战有关（Dubey et al.，2019）。数字感知能力将数据要素作为企业重要的资源形式，围绕新兴场景精确感知捕捉新需求、新机会，使企业能够应对特定的或未知的挑战。所选案例在数字感知能力三个层面（了解企业数字化水平、重视数据要素资源、感知不同场景）的情况如表 3-4 所示。

（1）冰山集团。近几年，冰山集团尤其重视数据要素的重要性，进一步挖掘数据价值，提升自身数字感知能力的同时产生正外部性。2017 年成立专门从事工业大数据开发利用的大连开尔文科技有限公司。子公司冰山嘉德基于物联网技术，开发 SCADA 远程监控系统为用户提供制冷设备现场运行数据。正如访谈中谈道："注重数据要素的价值还不够，还要培养数据强感知能力，能够从海量数据中挖到金子，并且利用 AI、自然语义处理、多媒体处理等数字技术去解析某些非结构化的数据特征，从而在未知的领域中找到更多以前无法分析的数据"。如今，在智能制造、服务化延伸等多个场景下，数字感知能力得到不断进化，在需求端、设计端、生产端、服务端多个价值链环节得到综合应用与提升，呈现出感知模式多元化。

（2）海尔集团。海尔集团认为，数据的本质是人，其价值在于链接，应用于业务驱动并服务于用户。在组织架构中增设首席数据官（CDO），统筹公司数据业务。正如他们提到："数据的作用在于帮助企业就是不打价格战品牌吸引力依然很大"。强大的数字感知能力可以辅助对市场感性化预判。海尔集团基于 AI 精准营销手段建立覆盖全渠道、全场景的数字化平台，依靠数字化感知能力，实现对用户的识别、画像、触达、运营与追溯。例如，在一二线城市滚筒洗衣机已经逐渐取代波轮洗衣机，而四五线城市此势头还尚未出现。海尔利用顺逛等社区协同互动平台，依靠数字感知能力，将分散个性化的用户数据整合成大规模定制的大数据，再进一步进行产品定制化研发，最终在四五线城市诞生了一款爆品——滚筒洗衣机。

表 3-4 数字化能力（数字感知能力）例证

二阶主题	一阶概念	典型证据援引
数字感知 能力	了解企业数 字化水平	冰山集团。我们从智能班组（柔性单元）到智能车间再到智能工厂，从智能车间到智能工厂步子慢下来了，因为我们以市场为核心，当你的产能完全可以的情况下，就可以搞智能化，我们是非标定制，当不是瓶颈的时候，就没有必要全面搞黑灯工厂，这是我们跟人不一样的地方，我们的定制化达到 80% 多，需要量身定做解决方案（BS2）。在智能时代，任何企业都可以通过数字技术来感知并获得市场竞争环境的信息，也能更加精准地定位自己企业在数字化进程中的阶段。因此我们可以利用这种感知能力来捕捉市场动态，及时了解最新前沿技术和产品趋势，然后做预判，当然也得不断提升这种能力，不能光利用，得随着企业发展进化（BS1） 海尔集团。海尔集团于 2017 年 6 月启动基于 k8s 的 PaaS 系统平台试点，并在此系统中引入微服务和公司架构管理等相关技术工具，最终将该系统应用于实际运营中。在 2017 年 6~12 月的半年测试中，确认了 k8s 系统的可行性，并于 2018 年正式引入 k8s，并将其应用于基础部署、监控、配置管理、服务发现等方面（HE3）。主要体现在以下三个方面：一是人的数字化，涉及用户、顾客和员工；二是能力的数字化，涉及营销、物流、服务等方面的数字化；三是产品的数字化，也就是从研发、设计、生产到交付到用户手中的全过程都是数字化的（HE3）
	重视数据要 素资源	冰山集团。冰山集团将重点放在了数据挖掘上，将懂得冷热产业机理的工程师与信息化团队结合起来，对数据展开挖掘，并赋予其新的动能，在行业机理专有属性的基础上，对其进行深入的挖掘，并持续地进行迭代应用（BS2）。数据是极具价值的。在我们的服务中，我们的各项业务活动都会对过程数据进行存储和积累。通过大数据采集感知需求和痛点，为顾客或者利益方输出能源消耗、安全、运营、维护等方面的智能分析，并用可视化等智能形式呈现分析结果，从而解决问题（BS1）。冰山集团已经有 90 多年的历史了，要是一直有数据并能保存下来，那可是一笔巨大的财富。只可惜，之前数字化手段不先进，而如今，服务流程、设备监控流程、内部交流流程，全部都是信息化数字化的，都会保留下来，因此通过运用数据我们强化了数字能力（BS3） 海尔集团。数据是一家公司的核心资产、最重要的资源和原动力，有利于实现"雨林"与"雨林"之间利益最大化（HE3）。在组织架构中设置"首席数据官"（CDO），负责评估数据驱动力、数据获取、开发、应用与保护等（HE3）。大数据战略的内核是"显差驱动"和"数据赋能"。在公司内部，可以通过大数据来感知公司内外的运营状况，从而提前预判问题、精准定位问题，并在第一时间做出应对。此外，通过数据来链接赋能，从而创造出新的价值（HE3）

二阶主题	一阶概念	典型证据援引
数字感知能力	感知不同场景	冰山集团。冰山集团根据不同场景的商业价值研判，冰山集团的数字化转型有几个典型应用场景，如智能制造、服务化延伸、5G 应用、新零售应用、能源管理系统等，根据自身对数字化的感知能力，匹配基于场景的数字化改进方案（BS1）。企业的感知能力是一个可以培养的过程，它可以从一个个小的局部、小的场景入手，深入体会最新动态，从而获得更加敏锐、更加细微的感知能力。在数字技术兴起之后，企业可以更好地利用技术，将这种感知能力变得更加敏锐、更加细微（BS1） 海尔集团。海尔集团智家旗下的场景品牌"三翼鸟"，是以数字业务为基础，打造出的一种全新的智能家居新业态。基于数字化平台，利用高端成套与场景方案的优势，来提高用户的客单价并实现"用户最佳体验"（HE1）。海尔智家在搞的工业互联网场景，利用云原生技术可以提升企业对内外部变化的感知能力，现在海尔集团已拥有好几个大型的"灯塔工厂"，而云原生技术，将会进一步整合到这些"灯塔工厂"上，并基于工业互联网场景强化企业的数字能力（HE3）。当用户不知道空调开到什么温度才是最好时，智能家庭会自动感知室内温湿度、PM2.5、CO 浓度等数据，并与用户的使用习惯相结合，自动适配程序。当感知到外界出现沙尘等恶劣气候时，系统将会在第一时间将新风关闭，并开启净化（HE2）

资料来源：笔者整理。

（二）数字运营能力

数字运营能力是企业通过数字化方式改造价值链各环节，使企业价值链各环节更为智能化、更具韧性、联系更为紧密的能力。并且数字运营能力以制定一系列数字化解决方案等形式为表征（易加斌等，2022），更好地服务于企业决策。埃森哲在 2016 年的《世界经济论坛白皮书：数字化企业》中认为，基于数字化能力的五大数字化运营模式包括以客户为中心、强化节约、数据驱动、天网、开放性与流动性。所选案例在数字运营能力三个层面（基于数据信息有效分析决策、提供数字化解决方案、利用数字化手段优化业务和资源配置）的情况如表 3-5 所示。

（1）冰山集团。冰山打造了共同分享资源的信息、采购、技术、安全、营销等多个平台，利用数字化平台来优化资源配置。正如访谈中提到："我们内控管理的数字化运营涉及装备制造工厂管理的各个环节，通过数字化手段和运营能力优化资源配置，贯穿产品生命周期的各个阶段，从产品三维设计到可视化制造到数字服务"。例如，2019 年，冰山集团打造 BinGo 工业互联网平台，单就服务环节而言，在该平台上，冰山集团的维修专家与各地客户在线沟通，戴上 AR 眼镜进行视频和文字互动，再通过 5G 网络实时传输。这大大提高了决策速度和准确率，并且数字化运营手段使得与客户的关系更加密切。目前，冰山集团的主要系统平台与解决方案有 ERP 企业资源计划系统、MES 制造执行系统、CRM 数字营销系统、SCM 供应商通道系统、PLM 产品周期管理系统、SW 三维协同设计系统、FMS 柔性制造系统、EMS 工厂能源管理系统等工业用 APP 等。

（2）海尔集团。通过构建数字化管理系统，将制造过程数据实时推送到相关负责人，运营效率大幅提升，决策速度提高，实时解决用户痛点。同时，海尔集团也提供多品类的数字化解决方案。例如，其中国智慧家庭业务包括全屋食品解决方案（食联网）、全屋衣物解决方案（衣联网）、全屋空气解决方案（空气网）及全屋用水解决方案（水联网）。海尔集团通过触点网络布局、数字化平台与运营体系建设优化资源配置、提升终端获客能力与转化效率，并实现了数字运营能力持续进化。此外，海尔集团借助强大的数字运营能力，积极布局抖音、快手等新触点，通过创新视频内容、自播及达人直播等方式交互年轻用户，粉丝规模、零售额在抖音平台大家电行业排名第一。围绕用户全流程体验将各节点业务场景统一到智能化运营系统，在线上线下完善数字化的用户运营体系，实现用户全生命周期的管理。通过提供会员管理、物流配送管理、服务管理以及数据挖掘分析等数字化工具，帮助经销商提高与用户交互、交易和交付的效率。

表 3-5　数字化能力（数字运营能力）例证

二阶主题	一阶概念	典型证据援引
数字运营能力	基于数据信息有效分析决策	冰山集团。由于制冷机组中的制冷剂在泄漏初期不能察觉到，导致压缩机的废气温度升高、冷凝温度略微降低等一些参数的改变。数据反馈给数据中心，再由云计算对收集到的热、控参数综合分析，判断出是否存在制冷剂短缺，找到问题所在，并在第一时间告知维护人员，让他们对购物中心的管道进行检修，以确保设备的安全（BS2）。4G 时，最麻烦的就是虽然数据跟上来了，但是现场视频有延时，和数据不同步，5G 实现了同步数据传输，现场和远程界面同步了，数字运营能力提高了，物和设备一活起来，有了感官，能和人交互了（BS3） 海尔集团。通过网器数据分析，精准定位用户需求，提供 70 多项个性化主动服务，赋能场景体验的升级迭代，以此提升用户黏性与网器、APP 活跃度（HEN）。算法技术和数字运营能力强化了数字化能力，提升了决策效率（HE1）。海尔智家依靠其创新的数字化运营平台能力，成为双 11 用户首选的关键。海尔智家居根据客户的需求，进行用户画像，从产品的购买到使用再到服务实现精准定位，为他们提供全生命周期服务（HE1）

二阶主题	一阶概念	典型证据援引
数字运营能力	提供数字化解决方案	冰山集团。通过生产设备的联网，数据的驱动，制造能力的开放，知识经验的复用等方式结合企业信息化数字化综合解决方案来满足客户个性化需求，助力工厂实现缩短产品交付周期，提高产品质量，降低成本，节约能耗等目标（BS1）。冰山集团的能源应用能源解决方案可以对顾客冷热平衡进行优化，借助数字化让顾客精准知道最浪费能源的地方。整个解决方案沿着先可视、再可知、最后通过数字化手段做到最优设计（BS3） 海尔集团。卡奥斯工业互联网平台提供了整合式的解决方案，在第一阶段，卡奥斯将针对不同企业的数字化进程，提供个性化的设计方案；在第二个阶段，为用户提供"集装箱式"工业互联网解决方案，也就是说大家分享平台资源，但应用程序围绕用户量身打造，同时进行二次研发，所有的数据完全私有且严格保密（HE3） 我们是以方案为主，也就是场景解决方案，不仅要强调场景解决方案，我们还强调有智慧、智能（HE3）。利用互联家电产品及合作资源、APP、体验云平台，与线下实体店结合，基于不同生活场景提供智慧家庭解决方案（HEN）
	利用数字化手段优化业务和资源配置	冰山集团。冰山集团企业信息化数字化建设以智能制造工厂实践应用为核心，内控管理的数字化涉及装备制造工厂管理的各个环节，通过数字化手段和运营能力优化资源配置，贯穿产品生命周期的各个阶段，从产品三维设计到可视化制造到数字服务（BS1） 工业互联网平台不仅是一种线上集成和整合，更重要的往往是线下功夫……2017年冰山集团建立中国首家冷热技术创新中心，2015年建立一个基于产品互补的一体化采购系统，并建立一个以解决方案为核心的工程公司和服务公司，对整个集团的服务资源、线下资源进行了整合（BS3） 海尔集团。利用数字化运营平台，海尔智家围绕消费者迭代升级近150个不同场景，重构近200个业务流程；利用精益制造平台，打通采购、供应链、制造、物流等多个环节（HE1）。企业在数字化转型过程中，需要抓住各类数字技术迭代发展，并持续将其转化为运营能力，用来重构资源配置，降成本、提效率。可以说，任何数字技术的运用都必须思考为谁服务，将新技术得变成自身的能力才能更好服务战略、服务用户（HE1）。公司持续推进三翼鸟场景品牌落地，不断丰富智家体验云、促进线上线下渠道融合，并借助数字化平台提升精细化运营能力（HEN）。海尔智家为导购员建立了一个数字化导购管理平台。借助后台的智能运营能力，能将总部优秀的策略以数字的方式即时传递到终端，使终端能够更智慧、更便捷、更高效地为顾客提供服务，最终实现顾客的购物体验和门店的服务效率价值双赢，这也是海尔智家建立数字化门店的初衷（HE3）

资料来源：笔者整理。

（三）数字资源协同能力

为了应对快速变化的环境和市场需求，企业需要借助数字技术发展数字资源协同能力。数字资源协同能力是企业通过数字渠道与合作伙伴共享和协调信息和资源的能力，以实现数字资源共享、共建、共治（Li et al.，2022；Chi et al.，2018；易加斌等，2022）。Iansiti 和 Lakhani（2014）认为，数字化的核心问题是"企业之间的协调"，是"连接和重组"，而不是"取代和替代"。资源互补理论认为，在复杂环境中，单一化资源难以为企业提供持续发展动力，这意味着需要将企业既有资源与外部异质性互补资源进行组合。数字资源协同能力能够将数字资源与其他资源进行协同，进而产生"1+1>2"的效果。Fu 等（2021）认为，数字化协作能力要求企业注重组织间的知识交换和共享，由于这种知识交换和共享可以打破知识惯性，帮助组织理解和探索与运营相关的新解决方案。并且这种协同能力可以通过数字渠道交换和分享知识、经验和学习来实现（Nasiri et al.，2020）。Mandal（2019）认为，数字化资源协同能力能够使企业与供应商实时共享其生产预测和销售数据，从而提高透明度。这种实时信息共享有助于建立可持续的供应链伙伴关系，进而建立有效抵御能力所需的能力，并与合适的合作伙伴建立价值网络。张志菲等（2023）在对容智的案例研究中将数字协同能力分为数字生态连接能力和数字资源共融能力，前者强调企业运用数字技术实现新价值连接，解决数字孤岛问题的能力，后者则强调融合数字资源实现新价值创造的能力，具体涉及网络合作共创能力与数字赋能产品优化能力。所选案例在数字资源协同能力三个层面（价值链协同优化、内外部数字资源对接、基于数字平台整合资源和内外赋能）的情况如表 3-6 所示。

（1）冰山集团。经过多年努力，冰山集团在产业链上下游已经形成协同的制造体系，冰山集团内部企业之间已经形成数字资源的共享与协同。资源协同的前提是数据共享，冰山集团通过搭建 BinGo 工业互联网平台首先解决集团内部企业之间的数据共享问题。在进行搭建 BinGo 工业互联网平台之前，冰山集团其实已经在线下耕耘布局很长一段时间。2015 年，冰山集团建立基于资源互补的一体化采购系统，2017 年，建立中国首家冷热技术创新中心。另外，还通过以提供解决方案为核心的工程公司和服务公司，对整个集团的资源进行整合。

（2）海尔集团。海尔集团利用全球协同平台，通过数字资源协同能力发挥业务间的协同效应。在全球协同研发上，海尔设立全球技术研发机制，共享通用模块和复用技术，并在合规范围内共享专利。在全球协同产品开发上，海尔集团设立全球产品开发机制协调全球产品合作开发，可实现产品类别之间的区域合作和补充。全球协同采购：海尔集团成立全球采购委员会统筹推进全球采购活动。在全球协同供应链上，海尔集团搭建从市场到供应商到生产再到物流的端到端全球供应链数字化管理体系，通过智能算法实时快速调整全球产能布局，全球工厂共享共创发展智能制造技术，持续提升制造竞争力。在全球协同营销和品牌推广上，海尔集团在全球范围内运营多层次品牌组合，可实现全球协同品牌推广。海尔集团还在全球各区域市场之间互相推广和引入成功营销策略。

表3-6　数字化能力（数字资源协同能力）例证

二阶主题	一阶概念	典型证据援引
数字资源协同能力	价值链协同优化	冰山集团。CRM系统很传统，它是接触客户的第一个平台，客户可以在线定制其产品方案，在线选型，传统平台不一定让它消失，一定要把它重新构建，变成对自己有利的工具。SCM系统连接供应商数据通道，我们给供应商建一个自助平台，让他们在我们企业内部既能操作我们的系统，也能操作他们的系统，让数据及时互动（BS2）。冰山集团之所以具备整个制冷空调产业最完整的冷热产业链，与搭建数字化的BinGo工业互联网平台有很大的关系。我们一直专注于冷热产业，产业链上下游已经搭建起了数字化协同制造体系，这强化了集团内部企业之间数字化协同制造能力（BS3） 海尔集团。因为家居家装这个行业很大，海尔集团不可能把所有的事情都做好，因此，需要走出一条"生态化"的道路，建立一个具有包容性的、可以进行产业协同的生态平台。这时基于数字资源的价值链协同能力就凸显出来了，因为这种能力可以实现企业各个关键流程上的价值同步优化，进而提升整个产业链协同价值（HE1）。前端是体验，后端则提供解决方案，这样可以形成闭环，而起到关键作用的就是"三翼鸟"的全链合作能力（HE3）
	内外部数字资源对接	冰山集团。我们的BinGo架构主要有两个特点：一是我们可以将非同一领域的设备等上传统云，此外，也能进行边缘计算，现场处理数据，提升数据质量减轻云端负担。二是我们也建立了混合云，一些重要数据和图纸等，上私有云，其他数据上公有云。通过这种方式，打通任督二脉，将内外部数字资源链接起来，也确保了数字资源安全性（BS3） 海尔集团。公司采购平台与第三方大数据平台合作，根据算法动态优化供应商资源；提升零部件通用性降低采购成本（HEN）。针对目前智能家居领域存在的各种各样的平台，由于没有一个统一的产业标准，海尔集团提出了一种将不同类型、不同服务的家用电器纳入智慧生活平台的统一界面，使开发人员和生态服务商可以利用海尔集团的IoT硬件芯片模块，实现直接向物联网的转变（HE1）

续表

二阶主题	一阶概念	典型证据援引
数字资源协同能力	基于数字平台整合资源和内外赋能	冰山集团。拿我们新零售平台中一个应用来说，是从工厂开始，把产品作为出发点，用业务拉动数据，用数据带动业务的理念。基于工厂视角，提出自己的相率，制造商变成了"制造商+"。除了之前的硬件产品、服务升级以外，还会有软件类的运营系统、售后系统进行穿透性链接，更贴合消费者和终端，在开放性平台上进行资源整合与赋能（BS3）。我们进行了一些跨部门的整合和重构活动，通过协调与不同部门间的关系锻炼了我们的资源协同能力。例如，我们将部分资源向服务部门倾斜成立了服务公司，基于数字化服务平台把一些资源进行重新分配，更好地服务于用户，这也是一种用户驱动创新实践（BS1） 海尔集团。建立数字化的时序计划工作台，实现工厂时序计划的在线排产、调度，以及运力调配的在线管理，下线准确率达92%，支持订单准时交付率达95%（HEN）。在数据管理方面，建立智能调度平台连接员工、车辆及数据，高效匹配人车货单（HEN）。凭借形成协同的数据链能力，海尔馨厨、魔镜等"网器"不光是智慧家庭的交互控制中心，还是数据采集中心、数据处理中心，为AI能力的提升和进化提供了保障（HE1）

资料来源：笔者整理。

三、价值共创

（一）顾客参与价值共创

顾客是企业竞争优势的新来源（Prahalad and Ramaswamy，2004；Feng et al.，2010），顾客不仅可以参与新产品的创意，还可以与公司共同开发新产品、测试新产品、提供产品支持和持续改进。顾客参与是指顾客参与、介入到企业组织生产、服务的程度（Fang，2008）。顾客参与价值共创是顾客和企业之间进行交互，双方都参与到对方的价值创造过程中，并通过协调两者的需求、知识等资源实现价值共创（Goyal et al.，2020）。顾客参与价值共创能够使企业在满足顾客的期望、潜在需求和服务价值方面更专业、更成功。所选案例在顾客参与价值共创三个层面（与顾客建立长期关系、顾客角色变为参与共创者、产品或服务个性化定制等新模式）的情况如表3-7所示。

（1）冰山集团。尽管新一代数字技术越发在企业数字化过程中扮演着重要角色，但其只是企业为寻求竞争力以解决数字化过程难题中的一部分（Muscio and Ciffolilli，2020），基于开放合作形成秩序扩展的关系资本同样也是这一进程中的关键要素。随着数字化进程开始向纵深推进，企业日趋依赖顾客参与价值共创，并将顾客视为参与共创者。正如访谈中提到："之前客户只是单独、单向提一些简单诉求，很多时候连他们自己也并不完全知道真正想要什么。现如今，随着新技术和市场竞争环境的改变，消费者也在不断地进步，他们已经开始深度地参与到产品的开发、改进过程中，在这一过程中，他们反而对自己的需求更清晰了。他们已经从价值诉求方变成价值参与方，这就需要我们更加重视消费者"。冰山集团的定制化设计包括合同定制化、产品标准化、部件模块化和零件通用化构成。利用定制化生产模式，冰山集团为家禽养殖行业定制综合解决方案，提升了工厂运行过程中产生的冷热资源利用效率，节省运营成本超过10%。冰山集团还为比亚迪等新能源车企定制研发了卧式涡旋压缩机。

（2）海尔集团。海尔集团通过围绕用户不同场景，通过数字化定制平台将顾客角色变为参与共创方，通过持续交互来强化顾客黏性，实现共同成长。例如，在海尔集团的众创汇定制化平台上，用户可以实现与平台资源的交互，全程参与定制过程，互联工厂与用户直接建立关系，定制化产品可以从互联工厂直接送达用户手里。用户可以通过模块定制、众创定制和专属定制三种方式参与定制。近年来，海尔集团的"三翼鸟"品牌围绕定制智慧家生活，通过构建智家大脑、场景方案、门店运营、三翼鸟筑巢设计工具、数字化工具五大核心能力，为用户提供从"设计一个家、建设一个家、服务一个家"的全流程、全生命周期的服务。

表3-7　价值共创（顾客参与价值共创）例证

二阶主题	一阶概念	典型证据援引
顾客参与 价值共创	与顾客建立长期 关系	冰山集团。通过机房托管服务化拓展，我们可以为顾客提供更为完善的服务解决方案，高效解决一些较为复杂的问题，在与顾客不断参与交互中，一起对一些数字化服务 APP 进行迭代升级，这个过程让我们和顾客建立起了长期信任关系，实现了价值共创共赢（BS1） 海尔集团。在共创的过程中，客户的参与意愿仅仅是一个开始，更重要的是要把客户引入共创闭环之中，而这一过程的核心，就是要通过客户参与价值共创建立起更好的关系，让他们相信，和海尔集团进行共创，可以让他们得到更多的利益（HE1）。假如你把店铺的用途理解为销售商品，一个只有 10 平方米的店铺实际上并不能销售很多商品。我们开一家店，就是将店铺当作一个与用户融合、了解他人需求的终端，与用户之间建立起一种密切的关系，用最直接的方式去感受用户的体验（HE3）

续表

二阶主题	一阶概念	典型证据援引
顾客参与价值共创	顾客角色变为参与共创者	冰山集团。在沟通中，很多客户都变得更为主动，他们比以往更关注过程，而不只是单纯地买产品或买服务。他们更愿意去发挥自己在价值创造中的作用，并投入到其中。这样的改变让我们更加清楚地认识到，他们不再仅仅是单纯的消费者，更成为价值创造和增值不可或缺的一环（BS2）。冰山集团与客户 BAC 公司联合研发生产的冰蓄冷、蒸发冷、闭式冷却塔等制冷空调换热设备，不仅成为冰山冷热产业链上不可缺少的关键环节，也填补了国内相关市场领域的空白（BS3） 海尔集团。基于海尔集团开放式数字平台，"天樽"空调的研发设计汇聚了全球用户创意，产生近 70 万条有效互动信息，经过对创意库多次筛选，最终由海尔空调专家、需求方、创客频繁交流后定型（HE3）。卡萨帝从顾客对传统电冰箱"体积大，空间小"的不满中，寻找突破这一难题的方法，设计出法式对开门电冰箱；从顾客对混合衣洗的投诉中，找到单筒式洗衣机的不足之处，首创"分区洗"的"一机双筒"模式，从顾客对空调病的议论中发现传统空调机的送风技术存在的问题，于是开发出双塔软风技术，为客户提供更好的送风效果。卡萨帝始终坚持和客户一起创造，从过去的共创高端产品，到现在的共创高品质生活，不断参与到场景的价值共创中来（HE3）
	产品或服务个性化定制等新模式	冰山集团。利用产品模型的 3D 打印、三维参数化设计、3D 装配、DNC 稼动率可视化等手段，冰山集团可以迅速地为客户提供具有个性化的产品与工程设计以及定制化的柔性生产，从而提高服务效率、保证服务质量（BS3）。从卖产品到卖服务，BinGo 工业互联平台能为中小企业提供设备接入能力、基础应用框架、定制化开发服务等，加速了产品研发，他们也体验到了 BinGo 工业互联平台的价值（BS3） 海尔集团。卡奥斯与青岛啤酒共建啤酒饮料行业工业互联网平台及全国首个啤酒饮料行业工业互联网示范基地，通过产线升级、管理升级，青岛啤酒借助工业互联网缩短工期近 50%，定制啤酒的市场份额增加，收入增加，并成功入选行业内首家"灯塔工厂"（HE3）。高端品牌 Monogram/Café/ GEProfile 通过创造高端奢华、定制化和智能科技的用户体验保持快速发展（HEN）。卡奥斯联手奇瑞共同打造汽车行业首个大规模定制工业互联网平台，共建汽车工业互联网新生态（HE3）。海尔的众创汇定制平台提供了全新的模式，主要是分成三大类：模块定制、众创定制和专属定制（HE2）。到现在为止，"三翼鸟"已经拥有 400+ 的智慧场景解决方案，涵盖了 1000+ 的生活场景，使用者可以按照自己的需要，来为自己量身打造一个属于自己的智慧家。……卡萨帝是用户思维的践行者，与用户的深度交互，共创高品质生活，并赢得高端用户的持续青睐（HE3）

资料来源：笔者整理。

（二）供应商参与价值共创

企业可以通过供应商参与、合作来提高其竞争优势。供应商参与价值共创可以利用供应商的知识来降低成本、交货时间并提高柔性制造水平。供应商在产品设计过程中的早期参与可以提供更具成本效益的设计选择，有助于选择更适配的组件和技术，进而优化设计评估。这种战略上一致的企业组织能够紧密合作，避免浪费时间和精力。此外，与供应商建立的战略伙伴关系使企业能够更高效地与愿意为产品的成功分担责任的重要供应商合作（Li et al.，2006）。所选案例在供应商参与价值共创两个层面（企业间战略合作与学习交流、参与设计并持续改进）的情况如表 3-8 所示。

（1）冰山集团。冰山集团与供应商及外部伙伴进行一系列战略合作，例如，在冰山集团和联想合作初期，冰山集团的具体需求还不明朗，联想就积极参与到搭建测试环境中来，开发了"联想 AR 智能眼镜 + 智能平板 +IAid 远程指导系统 +IWorkFlow 工作流编辑系统"集成工作流优化方案。这大大降低了冰山集团的安装与服务成本，也使效率得到显著提高。在供应商参与方面，访谈中谈道："供应商在很多价值链的环节为我们提供持续改进的方案，数字化环境下一切都更加透明，我们之间也变得更加互信，进而成为深化创新合作模式的基础，为企业带来更大的商机"。冰山集团下属企业邀请供应商对松下压缩机生产基地、检测中心、性能实验室进行参观交流，深入了解 C 系列钻孔自动化生产优势及品质管控等情况。冰山集团还设置供应商培训课堂，增进战略合作伙伴关系，不断地提升供应商整体能力以及自身竞争力。2021 年，冰山集团下属企业松洋冷机邀请 9 家供应商（冰山菱设、金海道、英科、精亦晟、长庚、翔鹤、泰和、辰源精密、宏川机械）召开研讨会，共同解决喷涂类关键问题，降低喷涂不良发生率，提高喷涂品质。2022 年，冰山集团下属企业大连斯频德召开首届供应商大会，强调转变"甲方、乙方"思维，形成创新合力，共同创造价值。此外，冰山集团还建立"远程视频质量管理模式"进行供应商质量管理，主要分为"供应商线上视频检验"和"供应商评价线上监察"两大方面。

（2）海尔集团。海尔集团重视并持续推动供应商参与新产品研发，引领供应商从零件供应商向模块商转型，采购模式从原来的线性模式逐步演化成为数字经济时代的创新生态圈，秉承"以用户为中心"理念，对供应商参与新产品开发实施了一系列具备鲜明特色的管理变革（周英等，2019）。海尔集团打造的"海达源"平台作为海尔的供应商与用户零距离交互的平台，是首个围绕用户体验为供应商资源提供与用户在线交互、交易的平台，其目的在于构建高水平的模块商生态圈，更好地服务用户。由研发部门在该平台发布模块接口，海尔集团的供应商依照接口参与设计并持续改进, 拓宽了创意空间。海尔集团也在不断缩短与供应商的物理距离。例如, 邀请供应商进驻研发大楼, 一起成立联合实验所, 采购部门与部分供应商一同办公。供应商能够携带自己的设备和材料, 参与海尔集团生产现场, 从而大大减少新产品投放市场的时间, 也提高了生产能力。此外, 海尔集团要求供应商必须具备五种能力: 跟用户良好的交互能力、参与设计的能力、模块化制造能力、模块质量保障能力以及数字化能力。从一定程度上来讲, 这些能力成为供应商参与价值共创的有力保障。

表 3-8　价值共创 (供应商参与价值共创) 例证

二阶主题	一阶概念	典型证据援引
供应商参与价值共创	企业间战略合作与学习交流	冰山集团。我们不仅把自己建设成零碳工厂, 还带领越来越多的伙伴、供应商共建零碳工厂, 展开密切合作, 贡献于绿色低碳发展 (BS3)。任何一家公司, 都不可能一个人就能建立起一个工业互联网平台, 我们和产业上下游、国内外同行进行了大量的交流学习, 同时以开放的心态进行战略合作 (BS3) 海尔集团。海尔集团与海尔供应商等合作参与研发低碳相关技术, 如可循环使用的包装材料等, 促进对环境的保护 (HEN)。2023 年, 海尔集团与海立股份成立压缩机合资公司, 致力于建立深度融合的压缩机供应能力, 提高供应链稳定性 (HEN)
	参与设计并持续改进	冰山集团。我们的供应商或多或少地参与了一些制冷产品的设计研发, 他们在其中发挥了一定的作用, 通过这些参与共同创造价值活动, 我们对他们有了更深入的了解。很多时候供应商可以为我们带来一些令人惊喜的新发现, 启发出更多创新解决方案 (BS1) 与瑞士大型离心式热泵制造商 AXIMA 制冷公司等一些供应商组成联合体, 通过技术引进和协作开发, 生产节能、高效、绿色水源热泵机组 (BS3) 海尔集团。例如, 一台洗衣机, 海尔集团和供货商之间的沟通方式是 "我准备出售 1 台洗衣机, 一年可以卖出 20 万台洗衣机, 模具和设计图都有, 零件就交给你了。" 而现在, 厂商也开始介入到产品的研发和设计中, "你的洗衣机, 多了一个新的功能, 顾客肯定会更愿意购买。这样说不定还能再多出 5 万台洗衣机" (HE3)。之前都是海尔集团在研究如何让客户满意, 和上游供应商关系不大, 我们只是向他们提出一些要求, 他们只需要按照我们的要求去做就行了。但目前的情况却是我们和他都在为客户服务。只有零距离的合作, 才能达到双赢的效果 (HE3)。海达源改变了供应商的定位, 与其关系也不再是简单的交易。利用模块商的参与来满足用户的个性化定制需求。从等待订单、提供零件到互动的用户参与设计, 我们和供应商一起创造出一个共享的用户资源, 形成一个双赢的生态圈 (HE3)。我们的很多产品都有供应商参与设计的影子, 他们不仅参与到产品设计中来, 而且还会和我们进行深度改进, 以确保产品的质量达到最高标准。此外, 他们还会和我们共同探索新的技术和方法, 让我们的产品不断变得更好 (HE1)

资料来源: 笔者整理。

（三）员工参与价值共创

员工参与价值共创是将员工视为组织的一种重要资产，通过激发、鼓励他们的想法和创意，参与到组织内外交互活动中，实现价值共同创造。员工参与有助于改善工作组织、协调和集体行动方式，也即"它改变了人们如何将他们所做的与他人所做的联系起来，发展共同理解，相互帮助、相互学习"（Wood and Ogbonnaya，2018）。员工参与对组织结果具有积极意义（Beraldin and Danese，2020）。赋予员工更大的自主权、进行薪酬激励、培训、鼓励分享等成为利用员工知识和智慧实现员工参与价值共创的重要途径。所选案例在员工参与价值共创三个层面（激发学习主动性并鼓励创新创业、组织权力下放员工、员工技能培训与激励）的情况如表3-9所示。

（1）冰山集团。经过2008年、2015年、2020年三次混合所有制改革，冰山集团经营团队真正成为事业合伙人，打开多方共赢新局面，构建企业与员工的命运共同体。2016年，冰山集团制定《科技创新奖励制度》，设立冰山集团最高科技奖和创新发明奖，激发员工参与科技创新的积极性，推动更多创新产品、创新工艺、创新集成方案等。冰山集团通过校企合作，成立焊接班和制冷班两个订单班，进行焊接、维修电工、制冷工、数控加工等十多个工种的技能大赛和技能评定，自主开展逾百多人次的技能等级鉴定，打造出一支冰山高精尖的技师团队。举办由企业中高层骨干参加的"攀登者训练营"研发领军者培训班，旨在帮助冰山集团骨干员工掌握数字经济趋势和特征，强化数字能力认知，把握数字化转型模式和策略，促进数字化思维和方法融入当前组织不同业务各个环节中。此外，冰山集团还通过旧厂区改造打造"冰山慧谷"创新创业园区，成为孵化小微企业和创业者的重要基地。

（2）海尔集团。员工参与价值共创是海尔集团重要的创新单元。员工根据用户的建议不断调适产品以满足要求。为不断推陈出新，在研发早期，型号"经理"让设计人员提前介入研发；为使产品更好地贴合市场，型号"经理"让销售人员尽快介入，以便销售端尽早对产品有更全面、更深刻的理解。另外，海尔集团的在线员工也是参与价值共创的一支重要力量。例如，海尔集团的HOPE平台上的在线员工作为重要研发参与主体能够与企业分享创意和资源。在企业方面，不仅可以保质保量完成研发，还可以降低负担原本员工在册的资源成本；在员工方面，既能使弹性研发工作模式激发出员工更大的动力，又不妨碍其为企业提供研发服务来获取收入。又如，海尔集团COSMO平台汇聚社会上一切可以和海尔对接的优质生产资源，在线员工不仅参与搭建生产线，还为解决用户痛点提供想法。在海尔集团，员工作为动态合伙人，员工与投资方以签订对赌协议的形式明晰双方对价获得收益、规避风险。

表 3-9 价值共创（员工参与价值共创）例证

二阶主题	一阶概念	典型证据援引
员工参与价值共创	激发学习主动性并鼓励创新创业	冰山集团。为激励大家多出成果，冰山集团制定《科技创新奖励制度》（BS2）成立更多的技术攻关小组、QC 小组等多样性的创新模式（BS2） 在三七开分成的激励机制下，内部催生了大量创客团队，1.2 万员工中活跃着 2000 多创客（BS3） 海尔集团。海尔集团文化和创客精神是数字化转型成功的关键，授权和为用户担当的文化才能支持组织以更有创意的新方式，在线上线下交互的丰富可能性中，定义创新的流程和模式。而充分认同人单合一理念的海尔创客，更容易接受挑战，主动走出自己的舒适区，拥抱新的流程（HEN）。海尔集团派单从之前的雇佣模式变成"车小微"，员工自己买车再加入到海尔物流配送系统，每天进行抢单、送货、安装和维修，按照一定的比例分配收入。"我 1 天能接到 4~5 个订单，算上车子的费用，一次能有 60~70 元的净利润。车成本 2 万元，差不多一个月能回本"（HE3）。海尔集团还成立专门的创业基金，通过和一些专业的投资机构一起帮助企业员工进行内创业。如果员工有好的想法，那么海尔集团会给予他们一定的支持，让他们建立自己的团队，并且让他们拥有股份（HE2）
	组织权力下放员工	冰山集团。必须放手给员工自主权，让他们更多地参与进来，一方面是有利于将外部信息和知识更好地吸纳进企业；另一方面是数字化打破了部门墙，组织架构更为扁平后，也要求我们赋予员工更多的权利（BS2）。员工的建议和意见对企业的发展很重要，尤其是在新产品开发过程中，由于一线员工距离市场最近，他们获得的信息最真实，给员工一些自由度就是拓宽创新半径，鼓励不同部门员工间交换意见，经过论证后看看是否可行（BS2） 海尔集团。与用户接触最多的就是企业的一线员工，因而企业要给一线员工充分授权，让他们可以有最大的自主权和决策权，以对用户的需求做出最快的反应（HE1）。卡奥斯 COSMOPlat 标准链群刚开始就仅仅两个人，他们就有勇气同时布局三项国际标准，究其原因在于他们将其当做自己的事业在搞，当"自己的 CEO"，"人单合一"赋予了他们很大决策权、自主性（HE3）
	员工技能培训与激励	冰山集团。2015 年，冰山集团采取企业评价与社会鉴定相结合的形式，由集团工会与市职业技能鉴定中心联合培训、联合出题、联合鉴定，创新举办首届职工技能大赛及技能评价活动（BS3）。采购正在进行全面的岗位轮换，虽然目前正处在阵痛期，看到图号、实物都不知道是自己负责的，生产工艺等更是不了解，但通过轮换，采购员彼此找到不足，交流经验（BS2）。对不同层级员工进行有针对性的信息化培训，实行信息化项目承包制，极大地激发了员工工作积极性（BS2）

二阶主题	一阶概念	典型证据援引
员工参与价值共创	员工技能培训与激励	海尔集团。先后推出 A 股员工持股计划、H 股核心员工持股计划和 H 股海外信托奖励计划,长期 A 股股票期权激励计划;实现了国内外核心员工的全覆盖、短中长考核周期的全覆盖。激励范围的进一步扩大有利于促进团队聚焦智慧家庭战略落地,完善激励机制,进一步吸引人才并推动业务协同整合,提升公司价值和股东价值,实现公司穿越周期的有质量可持续增长(HEN)。成立海尔大学,根据员工情况设置个性化培训课程体系(HE3) 根据不同的工种采取不同的激励机制。对于一线生产员工,海尔集团实行精神激励、爱心工程、压力激励方式;针对技术研发人员,海尔集团实行动态激励、出国考察培训的方式;针对行政人员,海尔实行提拔人员先下基层考验的"海豚式升迁",授权管理,股票期权激励(HE3)

资料来源:笔者整理。

四、企业绩效

(一)市场绩效

市场绩效与一个企业为其产品和服务吸引和留住顾客的程度有关,一般包括顾客满意度、为顾客提供价值、留住现有顾客、吸引新顾客、实现预期增长、确保预期市场份额等(Hogan et al.,2014)。所选案例在市场绩效层面,即用户的满意程度、新用户吸引力并为用户提供价值等的情况如表 3-10 所示。

(1)冰山集团。在国内方面,冰山集团的子公司冰山服务凭借《冰山工业制冷技术服务云平台》项目,成功入选国家级服务型制造示范平台。依托 5G+BinGo 工业互联网云平台,冰山集团服务将传统的线下设备维修维保服务与线上的远程运维服务高度融合,实现了制冷设备的能耗监测、智能巡检、远程运维、故障预知等智慧服务,进一步提升线上、线下服务品质,聚焦智慧服务,提高客户满意度。2023 年,冰山集团的"工商用开启式螺杆制冷机组及冷冻系统"获得第六批国家级制造业单项冠军产品。此外,冰山集团在国内方面,乳品冷却市场占有率 60%,为伊利、蒙牛、君乐宝、光明等提供个性化解决方案,客户反映较好。在国外方面,冰山集团的氨制冷系统低充注量的落实利用新技术、新产品降低系统的氨充注量,实现环保安全,赢得新加坡、菲律宾市场的一致认可。在马来西亚、印度尼西亚市场,降膜冷水机组多领域推广使用施工周期短、占地面积小、自动化程度高、运行成本低,对用户有很大的吸引力。

(2)海尔集团。海尔集团一直坚持设计高质量、创意家电,交付人性化的体验,贴近当地市场，以牢靠的服务保障，创造口口相传的可信赖的品牌口碑。在国内方面，根据中国标准化研究院2022年11类产品顾客满意度调查结果显示，海尔智家不仅拿下10项全优，更有7个品类排名第一。其中冰箱连续14年夺冠，滚筒洗衣机连续11年、电热水器连续10年、电视机连续7年夺冠。2022年，海尔集团创新出一系列超出用户期待的好方案，如平嵌冰箱、精华洗洗衣机、机械师挂机空调等。近年来，利用海尔智家APP、三翼鸟APP及线下体验中心提供增值服务，共同形成智慧家庭解决方案，满足用户不同生活场景的需求。海尔集团还增加前置渠道触点、建立设计＋安装＋服务一体化门店、与设计师合作等方式优化用户体验、提升用户黏性，放大单用户价值。在国外方面，2022年海尔集团在全球主要区域大家电市场份额较高，亚洲市场零售量排名第一、美洲市场排名第二、澳大利亚及新西兰排名第二、欧洲排名第四。

表3-10　企业绩效（市场绩效）例证

二阶主题	一阶概念	典型证据援引
市场绩效	用户的满意程度、新用户吸引力并为用户提供价值	冰山集团。当用户购买制冷设备、支付一些托管费后，我们代为管理和运维，用户再也不用为机房操心了……都由我们冰山集团派人跟踪、对接。现在有30家用户采用我们的创新型服务模式，很受用户青睐（BS2）。由于我们在产品和服务前期阶段就关注用户需求，也可以是用户驱动，在研发过程中不断优化迭代，这样我们之间已经形成一种信任关系。所以用户拿到我们的设备后更容易上手，体验感更好（BS1）。通过VR技术和远程指导平台与日本专家连线，日本客户非常满意，给予高度评价（BS3） 海尔集团。根据中国标准化研究院2022年11类产品顾客满意度调查结果显示，海尔智家不仅拿下10项全优，更有7个品类排名第一。其中冰箱连续14年夺冠，滚筒洗衣机连续11年、电热水器连续10年、电视机连续7年夺冠（HE3）。全屋用水方案等，可以进行个性化、智能化的配置，并且更重要的是，我们希望整个交付和服务过程会是高效，透明的，创造一个完全可信赖的智慧家庭体验（HEN）。再次评为全球最受赞赏公司、最具价值全球品牌100强（HEN）。卡萨帝品牌在中国高端大家电市场中处于绝对领先位置（HEN）

资料来源：笔者整理。

（二）财务绩效

财务绩效是一个企业取得经济成果的程度，一般包括总体盈利能力、利润、总体现金流、现金流增速等（Hogan et al.，2014）。所选案例在财务绩效层面，即盈利水平、利润情况等如表3-11所示。

（1）冰山集团。冰山集团经过数字化转型与三次混改后，盈利能力与利润水平有了明显改善。2014年，冰山集团上市公司实现营业收入14.26亿元。到2022年，上市公司实现营业收入28.93亿元，同比增长38.48%，较2014年翻了一番；实现归属于上市公司股东的净利润1826万元，同比实现扭亏为盈；现金及现金等价物同比增长289.30%。[①]

（2）海尔集团。海尔集团作为家电龙头，财务水平一直稳居行业前列。经过多年的数字化实践，2022年，海尔集团智家实现收入2435.14亿元，同比增长7.2%，营业收入逆势增长跑赢行业；归母净利润147.11亿元，同比增长12.5%，扣非后归母净利润139.63亿元，同比增长18%，利润增速持续超营收增速。[②]

表3-11　企业绩效（财务价值）例证

二阶主题	一阶概念	典型证据援引
财务绩效	盈利水平、利润情况等	冰山集团。2022年公司主营业务持续改善，三季度营收同比增长16.68%，净利润同比增长119.32%（BSN）。冰山集团冷热发布2022年半年报，半年报显示，2022年上半年，冰山集团冷热实现营业收入12.92亿元，同比增长18.06%；实现归属于上市公司股东的净利润2956.84万元，同比扭亏为盈，增长302.74%（BSN）。通过智能制造，能源费用同比下降5%，制造费用同比下降31%，材料费用同比下降8%，人工费同比下降3%（BS2） 海尔集团。2022年海尔智家实现收入2435.14亿元，同比增长7.2%，营收逆势增长跑赢行业；归母净利润147.11亿元，同比增长12.5%，扣非后归母净利润139.63亿元，同比增长18%，利润增速持续超营收增速（HEN）。销售费用率为15.9%，同比优化0.3个百分点。销售费用率优化得益于公司推进数字化变革，营销资源配置、物流配送及仓储运营等效率提升。管理费用率为4.5%，同比优化0.2个百分点。管理费用率优化得益于公司采用数字化工具，优化业务流程，提升组织效率（HEN）

资料来源：笔者整理。

五、数字业务强度

数字业务强度是企业在分析、大数据、云、社交媒体和移动平台等新兴数字技术方面的战略投资水平，以构建其IT投资组合（Nwankpa and Datta，2017）。数字业务强度较高的企业通过布局数字化技术和业务，在组织内外形成数字化连接和网络，可以极大地拓展企业边界，有助于推动企业数字化能力提升和企业

① 冰山冷热科技股份有限公司2022年年度报告。
② 海尔智家股份有限公司2022年年度报告。

数字化进程。所选案例在数字业务强度的情况如表 3-12 所示。

（1）冰山集团。冰山集团于 2017 年开始全面推进数字化转型。总体上，主要围绕智能制造、服务化延伸、5G 应用、新零售应用和能源管理系统五大数字业务场景布局数字化应用。2018 年，冰山集团与中国移动共同成立第一个 5G 联合创新实验室，以 5G 网络为依托开展深度合作。历经五年的探索和功能迭代，2019 年，冰山集团开发的 BinGo 工业互联网云平台（包括商用空调能源管理平台、设备运营平台、远程巡检平台、智慧园区系统和服务平台等），实现了与企业各种平台间的紧密连接。2021 年，冰山集团基于 5G 的分布式大规模制冷设备实时监控边缘智能设备研发与应用项目被列为 2021 年度大连市首批揭榜挂帅科技攻关项目。2021 年，冰山集团推出绿色冷媒、光伏绿电、CCUS、氢能源、智慧能源管理、高效压缩机等十大减碳、零碳、负碳技术。利用冰山集团自贸区工业园屋顶资源，示范应用光伏绿电技术，迈出率先建设零碳工厂的关键一步，也为行业提供推广应用的新模板。2022 年，冰山集团与中国工业互联网研究院共同建设冷热装备制造行业分中心，通过将传统的冷热装备制造流程与工业互联网相结合，拓展数字业务、提供数字化解决方案和产品。

（2）海尔集团。海尔集团于 2012 年正式开始实施互联网发展战略，进行数字化转型，持续进行数字业务投资。2017 年正式推出更契合数字化时代的工业互联网平台"卡奥斯"平台，并基于此对智能工厂进行多方面的升级，2019 年全球第一个"智能 +5G"海尔互联工厂问世。近年来，海尔集团持续推进采购、精益制造、营销、研发等各节点的数字化变革，通过数据并联与打通、数字化运营与业务变革，实现降费提效。为实现"双碳"目标，海尔集团又开发了海尔智慧能源大数据分析系统，助力低碳生产。

表 3-12　数字业务强度例证

核心构念	典型证据援引
数字业务强度	冰山集团。早在 2012 年，冰山集团的嘉德率先提出我国制冷产业物联网的理念，并于当年投入到物联网技术研发中，并在此基础上，利用物联网技术、无线通信等技术，为国内外客户提供高质高效的物联网服务（BS1）。2019 年，冰山集团的服务打造出 BinGo 工业互联网云平台，加速数字化转型进程，布局全国打造行业生态圈（BS1）。为了供奥运运动员在高原上进行模拟训练，训练场需要使用绿色制冷剂制造。为此，冰山集团利用国际最尖端的 CO_2 制冰技术，达到节约能源、保护环境的目的（BS3）。冰山集团多个"冰立方"项目的研发，包括机组、压缩设备、制冰系统等，都是基于

核心构念	典型证据援引
数字业务强度	多种数字化技术的综合运用，实现冰面温度稳定精准……制冰系统还实现了物物互联，在大连即可远程观测比赛现场的冷热运行数据，进行实时大数据分析（BS3） 海尔集团。前期战略布局产生的稳定现金流将持续投资于数字化升级、人才建设以及未来创新模式（HEN）。公司在澳大利亚及新西兰实现收入 69.62 亿元，在澳大利亚主流渠道市场份额超过 18%，在新西兰的主导地位得到巩固，业务增长归因于长期投资于先进技术推动了持续产品创新（HEN）。公司在气悬浮空调，能源综合管理领域的新技术已经投入运营，将为公司在全球商用暖通解决方案提供坚实的创新储备（HEN）。2022 年 9 月初，海尔集团智家再循环互联工厂正式投产，成为中国家电行业首家再循环互联工厂（HEN）。公司积极投资于物联网等新兴数字化技术，致力于为用户提供更舒适健康、更节能环保的空气解决方案（HEN）

资料来源：笔者整理。

六、竞争强度

竞争强度刻画了企业所在产业的竞争状况，它主要受竞争对手的策略、竞争对手的数量、产品同质化程度等影响（Chen，1996），企业与其竞争对手间的模仿、学习和博弈极大地影响着企业的战略与资源分配。一般而言，处于竞争环境中的企业往往创新动力更强（Arrow，1962）。竞争强度越大，意味着外部环境的不确定性越高，企业越可能进行组织变革、战略更新、加大创新力度来应对竞争对手的威胁并适应环境。所选案例在竞争强度例证情况如表 3-13 所示。

（1）冰山集团。冰山集团所在的工业制冷压缩机市场集中度较高，竞争比较激烈，其竞争对手主要有冰轮环境和雪人股份等。因此，近年来冰山集团开始致力于深耕人工环境模拟、船用冷冻、室内冰雪工程、井下热害治理、冷链物流、新零售等细分市场，争做冷热细分市场单打冠军。2021 年，冰山集团与世界 500 强林德集团合作成立了加氢站公司，加快发展氢能源事业。同时，冰山也积极布局生物科技板块，专注生命科学，聚焦 Cell 战略，探索 CPC 细胞治疗环境、CMF 细胞制造、生物样本库智能管理云平台等新兴领域。

（2）海尔集团。大家电作为一个产品同质化较高的行业，竞争异常激烈。此外，由于技术飞速发展、行业人才匮乏、产品寿命周期缩短及易于模仿，越来越难以获益。就冰箱、洗衣机市场而言，已经呈现出存量竞争格局，人均保有量已达天花板，市场成熟。海尔集团的冰箱销售额市占率从 2015 年的 27% 提升至 2021 年的 40% 以上，洗衣机从 26% 提升至 2021 年的 43%，绝对引领行业。海尔集团的高端品牌卡萨帝已经开始持续挤压传统的高端外资品牌。2016年起占据国内高端市场多年的西门子、松下等品牌的市占率开始下滑，丢失的份额正在被以卡萨帝为代表的高端品牌抢占。在空调市场上，从2016年开始市占率10.5%，然后逐年提升，到了2021年市占率提升至16.9%，海尔集团的空调业务仍具有很强的竞争力。面对日益白热化的大家电红海竞争市场，海尔集团一直在践行差异化竞争理念，其核心思想就是构筑"全品类、全场景、全生态"竞争优势。以智慧家庭为例，在访谈中提到："目前智慧家庭是最具潜力、最能引爆物联网应用的场景，然而，制胜关键并非智能软硬件，智能家庭背后的机制与系统才是核心竞争力。……我们以爆款为中心，以链群为中心，用链群合约建立'三个零'的非线性管理机制，让小微企业在爆款基础上，自主形成链群，人人抢爆款、人人有增值分享，这成为海尔智家定制生态竞争制胜的关键，也是海尔集团的核心竞争力"。同时，海尔集团认为，市场竞争力提升的秘密隐藏在用户交互中，"没有爆款的全流程同一目标，用户交互变成了一种形式、走过场"。

表3-13 竞争强度例证

核心构念	典型证据援引
竞争强度	冰山集团。面对日益激烈的竞争形势，我们一直在努力，致力于打造更多细分市场的单打冠军，2021年，冰山集团在多晶硅领域制冷设备细分市场成为"单打冠军"（BS3）。行业竞争日益白热化，冰山的业务涵盖了工业和商业，冰山集团从2017年开始重视细分市场，不仅有食品、医药，还包括化工、工业、船用、休闲娱乐等（BS2）海尔集团。海尔集团的竞争对手只有我们自己……海尔集团致力于探索数字互联时代企业朝何处去（HE3）。过去是品牌竞争，移动互联网时代是平台竞争，数字物联时代则是生态系统竞争，只有利益相关方都能获利，生态系统才能健康运行（HE3）我们不惧怕看似越来越多的竞争者，在持续发现满足用户需求中不断自驱动、自优化、自增强的链群，是我们最大的差异化优势（HE1）

资料来源：笔者整理。

第三节 分析结果与模型构建

一、案例中核心构念逻辑关系

（一）数字化转型、数字化能力与企业绩效
数字化转型首先是一种积极拥抱数字技术的认知与导向，企业将这种技术机

会主义认知与导向提升到组织变革战略层次，重视、培养并管理转型过程的数字化能力，依靠数字化能力赋能绩效提升。Khin 和 Ho（2020）认为，致力于拥抱数字技术并提高其管理数字技术的能力的企业更有可能开发创新的数字解决方案，从而提高其组织绩效。更具体地讲，数字感知能力、数字运营能力、数字资源协同能力等均可以被视作企业在使用、管理数字技术方面进行的努力。因此，良好的数字化能力可以解释为什么一些组织可以将无处不在的数字技术转化为竞争优势（Kindermann et al.，2021）。另外，数字业务强度强调企业在进行数字化转型过程中布局并应用数字技术的程度，较高的数字业务强度表明企业数字化转型投入力度更大，也越有可能实现数字化能力的跃迁和绩效提升。两家案例企业均在企业数字化转型过程中表现出强烈拥抱数字技术的意愿，这种意愿在高数字业务强度作用下，通过不断强化数字化能力，进而激发企业开发新产品、提供新服务、创造新价值。

（1）冰山集团。冰山集团认为，数字化转型作为一种战略升级思维，要将"一切业务数据化，一切数据业务化"，要沿着所属产业以及自身发展轨迹转型，通过从产业链向价值链的转型来给顾客提供增值服务。这使冰山集团的数字感知能力重视数据要素的价值，他们一度感叹："冰山集团已有 90 多年的历史了，要是一直有数据并能保存下来，那可是一笔巨大的财富"。因此，数字感知能力要求服务流程、设备监控流程、内部交流流程都有数据留存；并且冰山集团认为数字感知能力是一种可以从小场景切入并不断培养的组织能力。冰山集团的数字运营能力强调制定数字化解决方案的能力，"整个解决方案沿着先可视、再可知最后通过数字化手段做到最优设计"。需要指出的是，这种能力以强大的线下布局为基础，正如他们提到："工业互联网平台不仅是一种线上集成与整合，更重要的往往是线下功夫"。冰山的数字资源协同能力则更多地体现在其开发的 BinGo 工业互联网平台上，通过该平台实现信息共享以及异质性资源的整合与协同。另外，冰山的数字资源协同能力还体现在确保数字资源的安全性上，例如，"非同一领域的设备等上传统云……一些重要数据和图纸等，上私有云，其他数据上公有云"。通过运用数字化能力，冰山首创业内大型制冷系统机房托管服务模式。正如他们所言："机房托管是我们的终极服务，这是我们行业的一个新的商业模式和我们的特点，用户对设备出现故障是不知道怎么处理的，但是机房外包给我，让我们的人员去接手机房，他就可以专心致志地去做自己的生产经营"。这种新的服务商业模式允许外部各方参与公司的特定活动并修改产品和服务交付流程，以应对不断增加的适应性需求，极大地增加了用户黏性，企业绩效得以改善。

（2）海尔集团。海尔集团的数字化转型依托于先前网络化战略，承袭了网络化战略阶段搭建的 IT 基础设施与 IT 能力。随着新一代数字革命到来，海尔集团又敏锐地捕捉到数字时代的企业机会。海尔集团对企业价值链的采购、精益制造、营销、研发等全流程进行数字化变革，通过数据并联与打通、数字化运营与业务变革，不断提升自身数字化能力，实现降费提效、再造体验并对外赋能。例如，海尔集团搭建了集团级数字化采购平台，通过物、商、人、机制四个上平台，提升共性能力，进而持续提升全球供应链韧性。海尔集团年报多次提到，其国内市场占有率、销售费用率、管理费用率等均受益于数字化变革与数字化工具的使用。值得注意的是，海尔集团对数字化进行了深层解构，即"人的数字化、能力的数字化以及产品的数字化"。换言之，企业数字化转型以及数字化工具之所以能发挥巨大的作用，其背后逻辑仍然是企业将数字技术嫁接组织具体业务后数字化能力得以提升，并开始赋能企业数字化成长。进入生态品牌战略阶段后，海尔集团提出数字化生态转型架构"智慧大脑＋数字化业务＋数字化研发＋数字化智造"，更加重视数字化能力建设。正如海尔集团提到，"我们着力数字化技术能力、业务数字化能力、敏捷交付能力三条数字化能力线的建设，通过两大工具体系实现对外的服务赋能：一是通过业务数字化能力提供敏捷交付能力，服务业务人员；二是通过一站式整合敏捷交付能力与数字化技术能力服务各领域 IT"。海尔集团围绕定制智慧家生活的"三翼鸟"品牌依托智家大脑、场景方案、数字化设计工具、数字门店运营、数字平台五大能力，为用户打造定制设计方案，赋能产业实现门店高效率与用户高价值。此外，海尔集团不仅自身运用数字化能力赋能，还要求利益相关方要具备一定的数字化能力。例如，海尔集团要求其供应商应具备模块化制造能力，能够满足海尔模块化的采购需求，实现模块化供货；应具备数字化能力与海尔集团的工厂保持实时交互。

据此，提出命题 1：对数字技术的深刻认知与数字化转型的稳步推进使企业重视自身数字化能力的打造，随着数字业务范围拓展与力度增大，激发企业开发新产品、提供新服务、创造新价值。

（二）数字化转型、价值共创与企业绩效

根据资源基础观，组织战略解释了绩效优势，因为组织战略塑造了组织创造和适应行为和资源的方式（Newbert，2007）。企业数字化转型战略体现了数字技术赋能组织战略变革的理念，强调了技术与业务模式的系统性融合，相应的价值创造模式也因数字技术的应用走向共创价值。正如 Barile 等（2021）认为，数字时代价值共创的逻辑首先要考虑的是新一代数字技术的直接贡献。需要指出的是，数字技术本身并不能自动为价值共创赋能，而是基于数字技术催生的数字化转型

战略对组织内外部不同主体参与价值共创产生重要影响。例如，通过数字平台与具体业务的结合，有利于不同参与主体之间的信息、资源和服务共享，新的商业生态构建，良好信任关系的形成，以提升企业价值链各个关键环节效率。另外，不同主体参与价值共创活动与竞争氛围密切相关。当竞争强度较高时，企业越有可能将顾客、供应商甚至员工等纳入价值创造过程中以应对竞争对手的挑战、弱化竞争对手的威胁。两家案例企业均在企业数字化转型过程中，面临高竞争环境，并表现出不同主体参与价值共创行为和活动（包括顾客参与、供应商参与和员工参与价值共创），并最终提升企业绩效。

（1）冰山集团。在冰山集团进行数字化转型过程中，一直强调围绕用户需求共创价值的重要作用。面对日趋白热化的竞争环境、多变的用户需求，冰山基于数字化工具通过合同定制化、产品标准化、部件模块化和零件通用化来实现个性化定制，以满足不同用户的需求。个性化定制必然要求围绕用户价值、依靠顾客和供应商等利益相关方的需求开发产品、提供服务。一方面，冰山集团强调转变"甲方、乙方"思维，将顾客、供应商等利益相关方提前介入设计生产环节，有助于精准把握市场脉搏，提供更有针对性的产品和服务来降低不确定性。另一方面，冰山集团还通过给予员工更大的权利、激发员工创意、重视员工长期职业发展、鼓励员工创新创业等措施促使一线员工的知识参与到价值共创中，从而实现企业与利益相关方共同成长。

（2）海尔集团。事实上，从互联网时代开始，海尔集团就有意识地将组织内外部不同主体纳入到价值共创来。数字化时代，随着竞争不断加剧，用户变成产消者，员工变成创业者。海尔集团将顾客、供应商、外部合作者、伙伴组织、员工甚至公众通过协作网络参与新产品和服务的创造和开发，依次建构价值生态圈并践行"人单合一"理念。换言之，海尔集团的数字化转型可以被视作通过组织内外部不同主体积极参与来为企业实现价值跃迁的过程，其底层逻辑仍然是以用户为中心，"从用户中来，到用户中去"。海尔集团创建了SAFE（体验、效率、成本、质量和安全）目标体系，该体系强调"人人都参与数字化转型，人人都专注价值创造"。一方面，海尔集团重视顾客和供应商参与价值共创。例如，顾客可以在众创汇平台通过不同形式的模块定制、众创定制和专属定制参与价值共创过程。又如，日日顺供应链在B端为客户提供覆盖全链路、多场景的供应链管理服务解决方案，在C端则围绕用户最佳体验，交互定制生活场景解决方案。另一方面，海尔集团尤其重视员工参与价值共创，一直倡导"人人都是CEO"理念，让每个员工成为自由人与创客。例如，成为型号经理的研发员工自主管理、自我驱动、自组团队，并全权把握创意变成产品的全部过程。员工在海尔集团还成为创客合伙人，他们自主寻找创业机会和创新项目、组成创业团队、引进所需资源、发起设立小微企业。因此，海尔集团与员工形成了一种市场化共创、共赢、共担的新式合伙关系。随着数字化转型进程的深入与外部环境日益复杂，除了在传统白色家电、高端品牌、智慧家庭等方面引入价值共创机制以外，近年来海尔也在不断跨界合作，拓展价值共创外延，与利益相关方实现了共赢。例如，2022年，海尔集团与四川考古研究院一同发布中国首个联合共创考古场景空气解决方案，向全行业展示了企业与用户共创场景方案的可行性，直接将实验室前置到考古现场。

据此，提出命题2：数字化转型不断催生出多主体参与价值共创行为，随着外部竞争加剧，多主体参与价值共创为转型企业带来竞争优势的同时也实现了多方共赢。

（三）数字化转型、数字化能力、价值共创与企业绩效

虽然企业数字化转型以组织亲数字技术、数字设备与组件等技术特征为基础，并以此进行战略转型、发展自身的数字化能力。更为重要的是，这些数字化能力最终服务于企业所在生态系统中的不同参与者。企业价值理论认为，企业价值链上的所有利益相关者都是价值共创的参与者，企业与其之间的深度互动为企业带来了更多的价值创造潜力（Prahalad and Ramaswamy，2004）。Barua等（2004）认为，在线信息能力（OIC）能够提高企业与合作伙伴、供应商和顾客的互动和合作程度。数字经济时代，数字化能力远远超出了在线信息能力等范畴，提供了与顾客资源、流程和结果交互的新途径，从而共同创造价值（Lenka et al.，2017）。数字化能力不仅可以提高企业对合作活动和合作目标的理解，也有利于参与者之间的互联互通，同时还有助于企业与其他主体之间资源和能力的协调。例如，数据收集和分析能力有助于帮助制造企业在与顾客互动时实现价值最大化（Opresnik and Taisch，2015），而为了使利益相关方能够充分实现焦点价值主张，企业需要参与有效的协调过程，以便解决限制价值创造进程的瓶颈，此时数字资源协同能力就起到了赋能价值共创的作用。Bresciani等（2021）认为，有效利用大数据分析能力对于协作生态系统中成功实施共同创新过程至关重要。也有一些实证研究给出了证据。Jiang等（2023）基于资源编排理论认为价值共创在数字平台能力与创新绩效的关系中具有中介作用。廖民超等（2023）研究则发现，数字平台能力可以依次通过网络能力、价值共创影响制造业服务创新绩效。结合前述分析，两家案例企业均致力于数字化能力的运用、管理与培养，均表现出不同主体从共同构思到共同设计、共同开发、共同参与价值共创，并且两家案例企业均通过数字化能力赋能价值共创，进而实现企业价值成长。

（1）冰山集团。冰山集团通过依托于各种数字化工具（如 BinGo 工业互联网平台、企业内部各种数字平台）带来的数字化能力提升，企业可以方便地获取信息，减少服务交付过程中的步骤和时间，降低交易成本，提高产品竞争力和服务质量。正如冰山集团提到，"从卖产品到卖服务，BinGo 工业互联网平台能为中小企业提供设备接入能力、基础应用框架、定制化开发服务等，加速了产品研发，他们也体验到了 BinGo 工业互联平台的价值"。随着数字化转型推进、数字化工具不断融入企业价值链核心流程以及将不同利益相关者纳入价值共创战略，企业具体业务甚至商业模式、服务模式创新已成为一个更具包容性的过程。在这一过程中，数字化能力赋能价值共创的效果也日益彰显，促进企业和不同参与主体之间建立新关系、产生新服务模式（如首创业内大型制冷系统机房托管服务模式）。这种新的服务商业模式允许不同利益相关者参与企业的特定活动并修改产品和服务交付流程，以应对不断增加的适应性需求，极大地增加了用户黏性，提升了企业绩效。2018 年，冰山共享服务平台开始为富士冰山、斯频德等多家冰山出资企业提供服务，并持续推进与该服务相关的技术开发。此外，冰山集团基于数字化能力的提升将服务逐渐从集团内服务平台拓展到冷热行业共享平台，变成全行业公共平台，进一步扩大了价值共创范围。

（2）海尔集团。在海尔集团的数字化转型过程中，数字化能力一直是赋能不同主体参与价值共创的催化剂，并持续提升企业绩效。首先，随着数据资源越来越成为海尔重要的战略资产，并且是数字感知能力建设中的重要一环，海尔集团在组织架构中设置"首席数据官"（CDO），负责评估数据驱动力、数据获取、开发、应用与保护等。基于数字化平台将市场瞬息变化、用户个性化需求的数据资源及时传递给企业，有助于海尔集团与参与主体一同根据动态的市场环境变化共同制订计划。其次，数字资源协同能力使海尔集团价值共创的不同参与主体实现了基于契约关系的深度融合，搭建链群产销协同体系以及端到端全球供应链数字化管理体系，也促使海尔有更强的动力从利益相关方的角度思考并与其一同解决问题。最后，数字运营能力赋能价值共创更多地体现在提供与优化数字化解决方案、积极拓展新的合作关系上。例如，2022 年海尔集团开始由商用暖通设备拓展至楼宇能源管理、楼宇智慧集成方案等业务，通过打造 MetaBuliding 自控系统，集成空调、电梯、照明、水、电、安防等多个子系统，为用户提供科技＋体验＋空间有机融合的绿色智慧建筑解决方案。又如，在澳大利亚和新西兰市场上不断拓宽定制智能综合解决方案的线下渠道，同时利用优质产品组合与设计建立合作伙伴关系。

据此，提出命题 3：企业在数字化转型过程中，依靠数字化能力可以赋能多主体参与价值共创行为，提升企业绩效。

二、理论模型

通过上述分析，基于案例数据所涌现出的构念关系形成理论框架模型，梳理出本书主要构念数字化转型、数字化能力（数字感知能力、数字运营能力与数字资源协同能力）、价值共创（顾客参与价值共创、员工参与价值共创、供应商参与价值共创）、数字业务强度、竞争强度和企业绩效间关系。本书认为，企业数字化转型将积极拥抱数字技术的认知与导向提升到组织变革战略层次，进而不断强化转型过程的数字化能力，通过数字感知能力、数字运营能力、数字资源协同能力才可以提升企业绩效。企业数字化转型还强调了技术与业务模式的系统性融合，相应的价值创造模式也因数字技术的应用走向多主体参与价值共创模式。同时，数字感知能力、数字运营能力、数字资源协同能力最终将服务于企业所在生态系统中的不同参与主体。此外，通过高水平的数字业务强度，企业可以在组织内外建立起网络连接、极大地拓展企业边界，并有助于推动数字化能力跃迁，保持对即将出现的威胁和机会的敏感度，争取更多的数字化红利，提升企业竞争力。竞争强度的不同也会对数字化转型作用机制产生一定影响。本书的理论框架模型如图 3-4 所示。

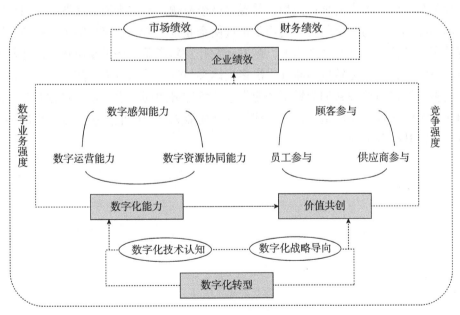

图 3-4　本书的理论框架模型

资料来源：笔者绘制。

第四节 本章小结

本章基于研究问题所涉及的具体理论，以冰山集团、海尔集团两家中国数字化转型制造企业为典型案例，运用探索式多案例研究方法进行案例分析，提炼核心构念。然后，基于理论构建起案例中所涉及的核心构念之间的逻辑关系，形成本书理论模型。具体有以下三个结论：

（1）研究设计部分，包括研究方法选择依据、案例选择原则、案例企业介绍、数据收集方法与来源、数据编码、数据结构、数据分析等内容。

（2）案例分析部分，对数据结构中的核心构念数字化转型、数字化能力（数字感知能力、数字运营能力和数字资源协同能力）、价值共创（顾客参与价值共创、供应商参与价值共创、员工参与价值共创）、企业绩效、数字业务强度、竞争强度进行一一解构。

（3）案例分析结果以理论模型方式呈现。该部分致力于构建核心构念之间的逻辑关系，形成本书的理论模型，并提出三个命题。具体来说，命题1：对数字技术的深刻认知与数字化转型的稳步推进使企业重视自身数字化能力的打造，随着数字业务范围拓展与力度增大，激发企业开发新产品、提供新服务、创造新价值。命题2：数字化转型不断催生出多主体参与价值共创行为，随着外部竞争加剧，多主体参与价值共创为转型企业带来竞争优势的同时也实现了多方共赢。命题3：企业在数字化转型过程中，依靠数字化能力可以赋能多主体参与价值共创行为，提升企业绩效。

第四章

研究假设

第一节　数字化转型与企业绩效

数字化转型是由数字技术的广泛传播引发和形成的组织变革（Hanelt et al.，2021），企业通过数字技术的引入给企业商业模式带来变化，进而导致产品、组织结构、流程自动化发生改变（Hess et al.，2016）。目前，大多数学者们基本认同数字化转型有利于企业获取竞争优势（Singh et al.，2021；易露霞等，2021）。本书认为，制造企业数字化转型能够显著提升企业绩效。具体体现在以下三个方面：

首先，数字化转型有助于企业能力升级，在转型过程中形成基于能力升级的竞争优势。研究表明，数字化转型可以对企业的动态能力产生积极影响（孟韬等，2021）。而动态能力理论认为，卓越的动态能力对于企业成长具有深远意义。换言之，数字化转型是在数字化时代下发展和培育企业自身动态能力的重要驱动力。张吉昌和龙静（2022）使用中国沪深 A 股高新技术企业数据进行实证研究，结果表明动态能力是数字化转型与企业创新绩效的中介机制。池毛毛等（2022）基于 NCA 与 SEM 的混合方法，研究发现数字化转型是创新绩效的必要条件。另外，数字化转型可以带来更高的组织敏捷性与组织韧性，进而提升企业绩效。在数字化背景下，企业数字化转型重构着企业数据管理、关系管理等各项基本流程，提升组织敏捷性（孙新波等，2019），而这种敏捷性能够为企业带来更快速的适应能力，更高效的合作伙伴管理能力，进而促进企业绩效。池仁勇等（2022）分析了组织变革敏捷性、技术嵌入适应性这两个组织情境因素对数字化转型战略与财务绩效关系的影响机理。

其次，数字化转型有利于企业拓展其网络（Nasiri et al.，2020），重塑价值创造的整个过程（Vial，2019），实现商业模式创新（Zhang et al.，2023）。为了获得持续的竞争优势，制造企业需要改变原有的生产和服务逻辑，这就需要通过利用并改善组织网络关系在战略、业务和运营等多个方面重构价值。杜勇和娄靖（2022）研究认为，数字化转型能够增强产品差异度与附加值。由于数字化转型改变了价值创造方式，因此形成更为松散耦合的价值创新网络，这意味着企业与用户间的互动更为频繁且便利，用户黏性更强，因此企业可以保有持续的需求来源，这成为提升企业绩效的重要基础。Zhang 等（2023）实证研究发现，双元数字化转型有利于促进商业模式创新，并带来企业绩效提升。

最后，企业数字化转型是企业与多主体不断交互以获取数字技术、知识等资源的过程（Teece, 2018）。从知识基础观来看，数字化转型为企业提供了管理外部知识的有效手段，企业可以较为便利地获取并管理企业外部知识与关系。这些外部关系能够帮助企业拓展知识获取和转移渠道，有利于多主体就知识共享方式、内容达成共识，改善知识转移效果（Filieri and Alguezaui, 2014），因此能够促进企业绩效。Zhao 等（2023）基于知识基础观实证检验了数字化转型通过用户参与可以带来绩效提升。

据此，提出假设：

H1 数字化转型对企业绩效具有正向影响。

第二节　数字化转型与数字化能力

成功的数字化转型要求企业培养新的组织能力求得长期生存与发展。目前，开始有一些研究探讨了数字化转型与动态能力、双元能力等组织能力的关系。孟韬等（2021）研究发现，数字化转型通过动态能力的中介作用影响企业商业模式的调整与变化。王墨林等（2022）研究发现，数字化转型提高了企业在动态环境下感知机会、获取和重构内外部资源的动态能力。而数字化能力本身就具有动态能力的属性（Annarelli et al., 2021），被视为动态能力的一种表现形式（吉峰等，2022）。具体体现在以下三个方面：

首先，数字化转型与数字化能力的发展密切相关（Kastelli et al., 2022）。以数字为导向的企业更有可能在整个组织中促进数字技术的使用，以增强现有资源和能力，或建立新的资源和能力（Kindermann et al., 2021）。Keller 等（2022）认为，复杂的能力（如动态能力或数字化能力），可能由更简单的能力组合而成，因此，现有的组织能力会影响组织利用和部署其资源的能力，这反过来又会影响数字化能力的发展。

其次，数字化转型有利于组织韧性的锻造与提升，进而提升数字化能力。胡媛媛（2021）基于 2010~2020 年沪深两市上市公司的面板数据，实证研究发现，企业数字化战略导向有利于激发企业的组织韧性。Zhang 等（2021）研究发现，数字化转型通过探索式创新和利用式创新对企业的组织韧性产生积极影响。孙国强等（2021）实证研究发现，企业的数字化转型正向调节知识搜索和组织韧性的关系。李宇和王竣鹤（2022）采用 259 家中国企业样本进行实证研究，发现组织韧性可以中介组织学习、组织忘却和数字化能力之间的正向关系。以上研究均表明数字化转型有利于提升组织韧性。而组织韧性的提高有可能为培养、强化数字化能力创造更多的条件。韧性能力越强，企业越能够洞悉数字化时代对自身能力的要求，也更有可能将资源投入到自身数字能力建设中去。

最后，更进一步地说，数字化转型对数字化能力的不同维度均可能存在积极影响。主要有以下三个：

第一，数字化转型战略将数字工具与企业战略、业务流程等紧密地结合在一起，有利于不断强化企业对数字资源的敏感性和认知水平。吉峰等（2022）将数字化能力看作动态能力的一种形式，而数字化转型与动态能力中的感知能力和学习能力的相关性很高（Matarazzo et al.，2021）。企业数字化转型可以强化企业对外部环境与需求变化的感知，借助数字化技术手段将企业的感性认识进行数据编码，将隐性知识显性化，从而达到科学决策的目的。因此，数字化转型有可能带来企业数字化感知能力的提高。

第二，随着数字化转型的推进，企业可以利用前期积累的数字资源撬动更多的外部网络创新资源，赋能企业自身的数字运营活动。数字化转型有助于企业智能化获取及高效利用海量数据，增强企业数据资本（赵婷婷等，2021），优化企业业务流程，使企业能够优化运营并获得更好的运营效率，从而实现价值共创（Taylor et al.，2020）。单标安等（2022）研究发现，数字化转型程度高的企业，借助运营能力的提升和利用式创新可以实现提高新产品开发绩效。

第三，由数字化转型推动的企业创新网络中存在不同类型的网络新元素，这些新元素需要企业运用数字资源协同能力进行重构与编排。鲁若愚等（2021）认为，数字化技术有利于企业创新网络的形成与持续演化。数字化情景的无边界性、互联性与不确定性对企业创新网络具有巨大影响（郭海和韩佳平，2019），而数字化价值提升得益于价值网络（肖静华，2020）。因此，在数字化转型过程中企业不断利用和强化其数字资源协同能力可以帮助企业实现上下游、产供销协同，打通并重构企业创新网络中的信息、知识等各类资源联系，实现数据资源"虚拟集聚"。另外，研究发现，企业数字化转型能够显著提升企业风险承担水平（黄大禹等，2022）。随着企业风险承担水平的提高，企业很有可能加强内部数字化建设力度，以期充分发挥数字化带来的正外部性，这成为企业数字化能力进一步提升的重要基石。

据此，提出假设：

H2 数字化转型对数字化能力有正向影响。

H2a 数字化转型对数字感知能力有正向影响。

H2b 数字化转型对数字运营能力有正向影响。

H2c 数字化转型对数字资源协同能力有正向影响。

第三节　数字化能力与企业绩效

数字化能力是数字经济时代企业在数字化转型中形成的核心竞争能力。为组织在竞争激烈的市场中快速开发或增强产品和服务提供了基础。Bharadwaj（2000）基于资源基础观,将 IT 资源分为 IT 基础设施、IT 人力资源和 IT 无形资产,他们在实证研究中探讨了 IT 能力对组织绩效的影响。Yu 和 Moon（2021）基于核心能力理论,通过实证分析,验证了基于数字化基础设施、数字化整合和数字化管理的数字化能力对组织绩效有积极影响。具体体现在以下四个方面:

首先,数字化能力有助于提升组织灵活度与敏捷性（赵剑波,2022；Ciampi et al.,2022）,带来更多的竞争优势以满足用户需求,提高企业绩效。数字技术为企业提供了多种数字化工具选择,使他们能够有效地应对商业或经济变化。数字化能力较强的企业可以创建新的网络来访问用户,将自己实时整合到供应链合作伙伴中,提高数字运营效率,并为用户提供现代数字服务和产品。一般而言,拥有卓越数字化能力的企业灵活度与敏捷性较强,并可以轻松地以数字方式处理其业务流程。Li 等（2022）实证研究发现,市场资本化敏捷性与运营调整敏捷性在数字化能力与企业绩效之间起到了完全中介作用。Ravichandran（2018）研究发现,IT 能力强大的企业组织敏捷较高,并且当企业同时拥有更高的创新能力时,这种效应会得到增强。他们通过实证研究发现,以灵活的基础设施为特征的数字平台,与一系列企业软件平台相结合,能够对组织敏捷性产生积极的影响,进而带来高绩效水平。

其次,数字化能力可以帮助企业做出科学决策,提高决策质量。数字化能力不仅使企业更加灵活,还可以提升企业决策质量。这是由于数字经济时代爆炸性信息往往对企业辨别有益知识成为困扰,而较强的数字化能力能够帮助企业精准的分析、吸收并利用外部互补知识,从而做出敏捷、科学决策应对多变市场。简兆权等（2022）研究发现,大数据分析能力通过决策质量（决策有效性、决策效率）正向影响新服务开发绩效。朱新球（2021）建立了大数据分析能力、供应链风险管理文化、供应链协作和供应链绩效模型,通过实证检验分析研究发现,作为供应链弹性管理的供应链协作是大数据分析能力作用于供应链绩效的重要中介机制。

再次，数字化能力可以进一步强化协同能力、整合能力、创新驱动、韧性能力、知识获取与创造等，进而提升企业绩效。任南等（2018）基于217家制造业企业的调查数据发现，大数据人力资源、大数据无形资源均通过协同创新能力对协同创新绩效产生间接影响。冯军政等（2022）提出，数字平台架构柔性设计和整合能力是企业获取竞争优势的两种关键的资源管理行为。吕潮林等（2023）实证检验了数字化能力越高的企业，双元学习对创意产生、转化与输出的正向应用越大。Annarelli和Palombi（2021）还提出，数字化能力可以提升网络韧性（组织计划和准备、响应、恢复和适应网络攻击的能力），网络韧性的提高则可能会给企业带来竞争优势。随着数字化能力的发展，企业获取和创造知识的能力也会得以提升，这意味着实现产品突破性创新成为可能，并带来竞争优势（李树文等，2021）。赵剑波（2022）认为，企业数字化能力的加强不仅有利于提高资源配置效率，还可以推动技术创新。

最后，更进一步地说，数字化能力的不同维度对企业绩效均可能存在积极影响。主要有以下三个方面：

第一，数字感知能力作为一种战略感知能力（Ghosh et al.，2022），在更高层次上有助于企业在数字时代做出前瞻性战略判断，尤其是进入未知的领域时，这种能力就越发重要。一般而言，由于基于大数据分析、云计算等手段精准把握市场需求，数字感知能力能带来更为直接的经济效益。值得注意的是，数字感知能力不仅在企业价值生成前端起作用，而是贯穿于企业整个价值创造过程中，正如Teece和Linden（2017）指出，感知发生在组织的各个层面，一线员工可以向中高层管理者提供有关外部趋势的信息和见解。因此，中高层管理者可以进行实时纠偏、规避风险。这反过来又形成一个闭环过程，有利于企业更好地做出决策，服务于绩效改善。

第二，数字运营能力本质上是将数字化手段嵌入到企业传统运营过程中，使企业价值链各环节更为智能化、更有韧性，各环节之间联系更为密切。Hallikas等（2021）研究发现，数字流程能力与供应链绩效存在显著的积极影响，与企业绩效呈正相关。Nakandala等（2023）则指出，具有良好运营韧性能力的组织能够减少甚至防止其控制范围内的中断，并更快地恢复，这极大地克服了企业在传统运营模式下无法解决的顽疾，保证了正常的运营效率。更为重要的是，在可视化操作界面、人机交互、智能生产线、无人工厂等数字化运营方式方面不仅将更多的人力资源解放了出来，去从事更需要人脑决策业务领域，节约了人力成本，也有利于员工数字素养的提升，为企业长期发展续航。

第三，数字资源协同能力有利于知识、信息与数字资源等的共享、共建和共治，建立协同优势，并且有利于实现数字创新。Mishra 等（2013）认为，数字协同能力与企业绩效相关。由于数字渠道为聚合产品需求提供了机会，因此增加了提供多样化产品和服务的可能性。数字资源协同能力不仅有利于跨部门之间的合作，也打破了组织边界，实现组织内外部协同。数字资源协同能力帮助企业通过数字工具或渠道与合作伙伴能够更有效地交流知识和想法，推出更受欢迎的产品，提高流程效率，从而建立起竞争壁垒。在此基础上，形成良好的信任关系，促进知识、信息、数字资源等的共享、共建与共治。换言之，数字化时代，企业的竞争优势深深植根于企业与合作伙伴的数字化协同过程中（Wang et al.，2017），企业与关键合作伙伴进行数字化协作活动的程度越大，制造商的绩效往往就越好（Rosenzweig，2009）。反过来讲，缺乏数字协同能力的企业，外部知识输入来源可能受到限制，从而对其潜在吸收能力产生负面影响（Li et al.，2022），这意味着增量知识的不足，不利于企业进行知识与资源交互、共享等活动，进而难以形成协同效应，对企业绩效产生消极影响。此外，数字化能力使企业业务流程中的数字创新成为可能，而许多研究发现数字创新能够提高企业绩效。例如，Nasiri 等（2020）通过实证研究检验了数字化协同能力对数字业务流程的积极作用，他们认为数字化协同能力间接地促进了数字创新。

据此，提出假设：

H3 数字化能力对企业绩效具有正向影响。

H3a 数字感知能力对企业绩效具有正向影响。

H3b 数字运营能力对企业绩效具有正向影响。

H3c 数字资源协同能力对企业绩效具有正向影响。

第四节　数字化转型与价值共创

数字化转型由于数字技术的动态性、可延展性、可编辑性、可自我参照性等物理特征，因此为组织提供了一个开放和灵活的环境（Yoo 等，2012），企业通过这种开放优势进一步打破了企业边界，并逐步形成商业生态，使价值共创成为可能。例如，马永开等（2022）认为，物联网应用的本质就在于价值共创。研究指出，数字化转型的内在机理是通过数字技术改变传统企业价值创造范式（Matt et al.，2015；赵剑波，2022），数字化转型战略可以赋能价值主张、价值网络、数字化渠道、敏捷性和双元性等（Vial，2019）。刘洋和李亮（2022）指出，制造企业的数字化主导逻辑与传统主导逻辑在价值创造上存在明显不同，也即制造企业价值创造范围（提供何种产品或服务、怎样进行流程优化与创新等）以及价值获取方式（是否纳入潜在内外部主体参与价值分配等）均会发生变化。在数字化转型过程中，用户价值创造既是数字化转型的出发点（李君等，2019），也是数字化转型重要的落脚点，并且数字化水平对价值创造与实现存在积极作用（吉祥熙和黄明，2022）。

一、数字化转型与顾客参与价值共创和供应商参与价值共创关系

第一，数字化转型可以通过基于支持顾客旅程各个阶段的多种数字化技术来促进价值创造（Matarazzo et al.，2021）。在数字化转型过程中，顾客是数字技术渠道价值共同创造过程的参与者（Payne et al.，2021）。例如，企业可以应用数字孪生等新一代数字技术通过支持决策为价值共创提供了新机会（West et al.，2021）。另外，通过数字化转型可以更好地了解用户偏好，并能够预测和应对未来趋势，这对消费者购买行为产生积极影响（Bharadwaj et al.，2013）。Xie等（2016）认为，大数据主要由顾客生成，可用于描述顾客行为并反映其价值共同创造行为。当顾客在虚拟社区中交换意见或在数字平台上设计定制产品时，他们的行为被记录为数据，并由企业收集用于分析。因此，顾客产生的大数据捕捉到了顾客和企业间重要的价值信息。

第二，企业可以借助数字化转型实现开放式网络创新（安同良和闻锐，2022），引导企业在更广泛的范围内与顾客、供应商等多主体进行交互协同（周琦玮等，2022），尤其可以建设或利用数字平台重构价值链、创新价值创造方式。Sashi（2021）认为，在商业网络中，通过供应商和顾客的相互作用与适应可以实现价值共同创造，并且数字通信促进了作为业务网络中的合作伙伴通过资源整合共同创造价值。Leone等（2021）认为，在当前的数字范式中，只有通过管理涉及多个行业利益相关者广泛的多层次互动，才能实现价值共同创造。企业利用数字化转型激发的网络效应，提升了供需端互动水平、也打破了物理空间限制、降低了互动参与成本。也有研究发现，数字平台通过平台嵌入、平台拓展、平台优化来履行社会责任并实现价值共创（邢小强等，2021）。朱勤等（2019）研究发现，平台赋能对价值共创（共同制订计划、共同解决问题、灵活做出调整）有显著的正向影响。

二、数字化转型与员工参与价值共创关系

数字化转型作为工业 4.0 背景下企业组织进行变革的组织行为，其实施过程离不开合格的人力参与因素（Karadayi-Usta，2020）。Vereycken 等（2021）研究了工业 4.0、员工参与、工作设计和技能发展之间的相关性，他们认为工业 4.0 和员工参与之间存在强有力的积极关系。同时，数字化转型作为一种全新的工作和思维方式（Siebel，2019），随着员工参与程度的提高和持续改进，技术、产品和服务改进的实现将会更加有效（Pereira and Liker，2021）。

第一，数字化工具可以确保员工参与实施（Backstrom and Lindberg，2019）。得益于新兴数字技术和平台，利用新兴的数字化方式（例如，虚拟办公、线上沟通互动、员工社区、在线员工激励等）围绕员工职业周期各个场景不断提升改善，可以使员工在工作中感受更多的企业关怀。研究表明，富有关怀和同情心的工作场所可以促进员工参与可能会改善组织可持续性的活动（Carmeli et al.，2017）。

第二，数字化转型有利于制造企业改进精益生产，而实施精益生产的企业更乐于员工参与（Signoretti，2020）。精益制造原则强调科学、标准化和持续改进，而通过合作解决问题小组可以激励员工参与（Tortorella et al.，2015）。Neirotti（2021）认为，工厂层面的精益生产实施成熟度是员工参与的促进条件。进一步地，数字化转型能够大幅度提升 TQM 管理水平，TQM 管理实践理念强调赋权、参与、培训和团队（Prajogo and Cooper，2017），其中员工参与是核心质量管理实践的关键决定因素（Bakotic and Rogosic，2017）。

第三，数字化转型使得产品和服务更新速度更快，市场更加细分，由于员工处在与顾客接触的第一线，因此公司鼓励员工参与决策、下放权力的动机就会增强。数字化转型要求企业组织进行前瞻性战略扫描活动，以提高其与外部环境的契合度。Strobel 等（2017）认为，前瞻性战略扫描有助于让员工参与组织范围的战略流程。刘政等（2020）研究表明，企业数字化可以削弱高管权力、增强基层权力、诱使组织向下赋权。此外，数字化转型能够提供员工更多的学习机会、促进组织内知识分享，增加对公司的归属感，参与程度可能会更高。

据此，提出假设：

H4 数字化转型对价值共创具有正向影响。

H4a 数字化转型对顾客参与价值共创具有正向影响。

H4b 数字化转型对员工参与价值共创具有正向影响。

H4c 数字化转型对供应商参与价值共创具有正向影响。

第五节 价值共创与企业绩效

从组织生态理论来看，企业通过价值共创行为本质上也是获取生态优势的过程（张宝建等，2021）。在社会生态网络中，参与价值共创的社会行动者嵌入到价值网络中的不同位置，行动者通过价值网络进行产品和服务价值交互能够形成良性协作机制，从而对企业绩效产生积极影响。另外，参与主体在价值共创演进过程中，能够基于共识制定合作目标，通过联合行动，及时跟进市场需求变化做出应变，也能够更好地利用互补性资源，发挥各行动主体的比较优势，提升绩效水平。具体体现在以下三个方面：

首先，顾客参与价值创造可使顾客受益于认知、社会整合、个人整合以及情感利益（Nambisan and Baron，2009）。认知利益涉及信息获取及对外部环境的深入理解，可能确保过程效率和结果有效性，增强对所需服务的感知控制。社会整合利益来自与他人之前的联系，个人整合利益与增强自信心、地位和信心有关。情感利益与加强审美或愉悦体验有关，如自我表达、自豪感和利他主义（Pires et al.，2015）。顾客易于将这种基于认知、社会整合、个人整合和情感利益转化为积极的个体行为，如增加购买意愿、提升满意感等，因此有助于企业绩效水平提升。

其次，价值共创可以提升企业双元创新能力、即兴能力等，进而提升企业绩效。顾客参与价值共创也可以被视为从市场获取知识的过程，作为一种外部整合机制，可为企业更深入挖掘顾客需求、激发创意、分享知识提供有效途径。这种基于现有知识或者新知识的知识摄入过程，对于促进企业突破式创新与渐进式创新都具有积极意义（田虹等，2022）。不少研究结果已经证明，企业双元创新能力的提高可以帮助企业提升业绩表现。另外，从资源依赖视角来看，价值共创是一个资源交互的过程，即兴能力则表现为控制资源的能力，两者共同点都是对资源的整合。因此，也有学者将组织即兴看作由价值共创导致资源重新整合以打破资源依赖带来的结果。基于资源依赖理论，王琳和陈志军（2020）从打破资源依赖结构视角研究了价值共创过程怎样导致即兴能力。一般而言，由价值共创带来的即兴能力能够打破企业的资源束缚或困境，强化企业对资源获取与整合的能力，使企业更容易对外部不确定环境做出反应，从而提升自身竞争力。

最后，顾客、员工、供应商参与价值共创能够提高多主体参与价值共创的满意度，建构起参与者间的长期合作关系，从而提升企业绩效。社会互动理论认为价值共创产生于员工与顾客、企业等群体的社会交互、对话活动之中。研究发现，共创价值（包括经济价值、享乐价值与关系价值）对于顾客满意度、员工满意度、顾客忠诚度与绩效都有积极的促进作用（谭国威和马钦海，2017）。同时，顾客、员工、供应商价值共创可以影响组织承诺，有利于建立起良好的企业内外部关系。杨伟和王康（2020）认为，供应商作为价值促进者，他们在价值共创活动中为顾客提供了丰富的异质性资源，这对于减少不确定性、化解冲突、提高声誉并保持稳定的合作关系至关重要。Kim 等（2020）认为，对于小企业来说，参与价值共创是将自己从从属角色提升为价值创造平等创新合作者的一种手段。他们研究发现价值共创为韩国中小型制造供应商提供了诸如关系承诺、可见性、灵活性和公平性等战略优势，从而提高了绩效。

据此，提出假设：

H5 价值共创对企业绩效具有正向影响。

H5a 顾客参与价值共创对企业绩效具有正向影响。

H5b 员工参与价值共创对企业绩效具有正向影响。

H5c 供应商参与价值共创对企业绩效具有正向影响。

第六节 数字化能力的中介作用

制造业企业数字化转型的关键在于数字化能力（田震和陈寒松，2023；张华和顾新，2023）。数字化能力是企业有效使用各种数字技术来获取竞争优势以应对环境变化的一种动态能力（吉峰等，2022），其开发和利用对组织来说非常重要（Hanelt et al.，2020）。研究发现，数字化转型对动态能力的不同维度感知能力、获取能力和重构能力；创新能力、吸收能力和适应能力都具有促进作用（孟韬等，2021；张吉昌和龙静，2022）。数字化能力有助于通过准确的市场预测成功开发新产品，从而增强企业推出新产品和服务的能力，并通过更高水平的数字化能力更大限度地使用它们。与此同时，日益数字化的外部环境也要求企业发展新的数字化能力。由此，企业在数字化转型过程中可能自然激发数字化能力提升，或者自觉致力于企业数字化能力建设，并通过数字化能力来提升企业绩效。Zhu等（2022）使用中国 234 家数字化企业样本考察了数字技术和创业扶持政策对中国数字化新创企业竞争优势的影响，他们实证检验了数字化能力的中介作用，以及战略灵活性的调节作用。具体体现在以下三个方面：

首先，信息技术在帮助组织感知机会方面发挥着重要作用（Sambamurthy and Grover，2003），同时组织也需要感知能力来预测快节奏环境中的最新数字化趋势，并不断完善数字化转型战略（Warner and Waeger，2019）。较高的数字感知能力在一定程度上降低了人为干预因素，强化了企业决策能力，因此可以避免一定的市场风险。另外，数字化感知能力强调对组织变革与技术变革的感知、管理与战略规划，这对于一些制造企业尤其重要，它们必须具备变更管理和数字化战略规划能力，以达到一定程度的数字化成熟度（Ghobakhloo and Iranmanesh，2021），从而提升自身绩效水平。

其次，数字化转型为数字运营能力建设指明了方向。数字运营能力的着力点大多围绕企业价值链各环节进行，与企业拥有或利用的数字平台息息相关。数字化转型作为一种企业数字化发展的顶层战略设计，要求在企业内部构建起一套企业IT硬件、集成和扩展的企业系统软件和各种数字平台相结合的数字基础设施。这也是数字化战略与企业内部多种业务相互融合的支撑与关键，在此基础上，企业能够拓展更多的业务、获取更多的资源。研究指出，数字平台能力对网络能力有显著的促进影响（Cenamor et al.，2019）。因此，数字运营能力的提高不仅实现了企业在运营过程中能力的升级，还增强了企业利用外部网络资源的能力。另外，数字化运营能力的提高带来了更为智能化、精细化的数字运营方式，决策效率更高，出错率更低，同时也能降低人力成本。因此，数字化转型可以通过数字运营能力提高带来绩效提升。

最后，数字化转型有利于企业对网络资源进行高效整合与协同，促进知识、信息、资源的共享与交互，从而提升绩效。数字化转型使企业能够更多地获取外部资源，扩大了资源可使用的范围。而研究发现协同能力在外部技术资源与营销资源获取和服务创新绩效间发挥着重要作用（綦良群和王曦研，2022）。Wang等（2017）研究发现，企业间合作的数字平台能力是协同创新能力的促成因素，协同创新能力扮演了将数字平台能力转化为竞争绩效的中介角色。数字协同能力作为企业价值的重要来源（Chi et al.，2018），有助于帮助企业扩大网络效应（管运芳等，2022），强化企业的吸收能力（Li et al.，2022），提升知识共享水平，帮助企业获得更多的差异化优势。胡青和徐梦周（2021）从协同能力视角切入，对浙江省四个中小企业数字化转型项目进行了质性研究，他们的研究结果表明企业与专业服务机构间的高效协同可以降低知识距离对转型绩效的负向影响。王小娟和万映红（2015）对服务企业的案例分析发现协同能力（包括吸收能力、协调能力、关系能力）较好的企业往往可以从利益相关方中快速地获取、吸收新知识并对新知识的理解达成共识，更有效地应用于企业管理实践中，从而改善服务产品开发绩效。

据此，提出假设：

H6　数字化能力在数字化转型与企业绩效间存在中介效应。

H6a　数字感知能力在数字化转型与企业绩效间存在中介效应。

H6b　数字运营能力在数字化转型与企业绩效间存在中介效应。

H6c　数字资源协同能力在数字化转型与企业绩效间存在中介效应。

第七节　价值共创的中介作用

数字化使用户成为其价值形成中更活跃的主体（Lahteenmaki et al.，2022），这意味着数字化转型为深入推进价值共创研究提供了诸多机会，例如，企业间合作、产生新服务、大规模定制服务和产品、与顾客建立起长期关系以及提高服务绩效等（Bonamigo and Frech，2021）。值得注意的是，在这种数字化转型背景下对价值共创的探讨涉及的并非简单的顾客与供应商二元关系上，价值共创互动可以发生在所有利益相关者参与的协作关系中（Bonamigo and Frech，2021）。换言之，价值共创的成功取决于利益相关者的参与活动，特别是他们愿意分享自身的需求、期望、目标和业务等信息（Breidbach and Maglio，2016），而数字化转型有利于促进这种参与价值共创活动，从而提升企业竞争力。具体体现在以下两个方面：

首先，数字化转型可以为多主体参与价值共创提供数字技术和工具等硬件基础支持。数字化转型过程伴随数字技术的多层次、多维度应用，这些数字技术可以显著促进价值共同创造（Li and Found，2017）。例如，人工智能技术（AI）已经深刻导致基于技能的技术变化和价值共同创造逻辑的变化（Piciocchi et al.，2017），远程监控技术（RMT）则有助于实现供应商和顾客的价值共同创造过程。Barile 等（2021）从信息多样性模型角度提出新的 VSA 智能增强（IA）概念，他们认为这种"IA 效应"可以在复杂的决策环境中增强价值共创。张宝建等（2021）验证了价值共创行为对企业创新绩效的积极显著影响。

其次，数字化转型作为一种基于数字技术对企业内部流程、业务模块等开展的全方位变革，企业在变革中不断调整自身的商业模式与价值主张，必然导致价值创造方式发生变化，企业绩效有可能因此而提高。主要表现在以下两个方面：

就顾客参与价值共创与供应商参与价值共创而言。一方面，随着信息和通信技术的发展，消费者正变得更加知情、互联、赋权和活跃，他们希望共同创造价值（Prahalad and Ramaswamy，2004）。另一方面，顾客与供应商之间、顾客和企业之间、企业与供应商之间均存在不同程度的知识和信息不对称，顾客对其自身拥有的资源可用性往往缺乏安全感，甚至缺失相关能力将其自身知识与外部结合，而数字化转型有利于克服这种对价值共创的障碍。由于顾客、供应商往往比企业更了解复杂多变的市场需求，企业将作为其重要外部用户的顾客与供应商嵌入价值创造过程中，进而建立起共生共荣关系，本质上也是获取生态优势的过程（张宝建等，2021）。例如，在生产制造阶段，顾客可以基于他们的知识和市场经验与供应商的技术资源和能力相结合，共同生产产品，实现价值共创。Leone 等（2021）认为，在当前的数字范式中，只有通过管理涉及多个行业利益相关者广泛的多层次互动，才能实现价值共同创造。因此，企业在数字化转型过程中，充分利用新一代数字技术降低信息不对称来克服价值共创的障碍，通过多维度高频次的交流互动与外部顾客、供应商共同设计满足他们的价值主张；同时不断迭代产品构想，才能尽可能降低设计偏差，适应多变市场需求并带来业绩提升。

就员工参与价值共创而言。由于数字化转型可以加速信息更畅通交互和分享，减少信息不对称程度，因此有利于提高员工参与价值共创活动的质量。陈同扬等（2009）实证研究发现，员工参与对先进制造技术导入和正式实施都存在显著的相关关系。张涛和于志凌（2010）指出，员工作为产品和服务执行者，员工的参与活动会直接影响产品和服务质量。他们还指出，员工参与活动包括基于经验改进、明晰企业战略、具有责任心、主动学习等。王海花和杜梅（2021）基于诱因—贡献理论和资源基础观，以 2008~2018 年上市制造业企业为研究对象，探究了数字技术、员工参与、网络中心度与企业创新绩效的关系，结果表明员工参与是数字技术正向影响企业创新绩效的一个重要中介。

据此，提出假设：

H7 价值共创在数字化转型与企业绩效间存在中介效应。

H7a 顾客参与价值共创在数字化转型与企业绩效间存在中介效应。

H7b 员工参与价值共创在数字化转型与企业绩效间存在中介效应。

H7c 供应商参与价值共创在数字化转型与企业绩效间存在中介效应。

第八节　数字化能力与价值共创的链式中介作用

结合前文数字化转型、数字化能力与企业绩效；数字化转型、价值共创与企业绩效关系的推理。本书认为，数字化能力与价值共创是企业数字化转型机制的核心，成功的数字化转型离不开数字化能力（Gurbaxani and Dunkle，2019），以帮助企业进行价值共创活动（胡海波和卢海涛，2018；Annarelli et al.，2021），进而提升企业绩效。数字化转型通过数字技术与企业经营战略业务的结合，有助于形成并发展数字化能力。同时，数字化转型由于数字技术动态性、可延展性、可编辑性、可自我参照性等物理特征为组织提供了一个开放和灵活的环境（Yoo et al.，2012），进而打破企业边界，逐步形成商业生态，为价值共创提供条件。通过丰富价值共创方式作用于与供应商关系、与顾客关系、产品和服务交付和销售等各环节，引导企业在更广泛的范围内与顾客等主体交互协同，满足顾客不断变化的需求（周琦玮等，2022）。Vial（2019）曾指出，数字化转型战略可以赋能企业价值创造（如价值主张、价值网络、数字化渠道、敏捷性和双元性）。换言之，数字化转型改变了企业运营模式，推动价值创造过程和模式逐渐向价值共创变革（李小青和李秉廉，2022）。姚小涛等（2022）也指出，企业数字化转型侧重于利用数字技术发展数字化能力，寻找价值创造新路径。

更为重要的是，数字化能力是价值共创得以实现的重要条件和保证（Lenka et al.，2017）。由于新兴数字化技术不断强化了企业数字化能力，同时这些新技术为参与者提供了从其他互动参与者获取资源的途径，有助于将异质性资源的经济、技术和社会特征整合到新资源的创造中（Abbate et al.，2019），推动开放式创新（张华和顾新，2023）。张洪等（2021）在价值共创的综述文章中将动态能力作为价值共创重要的驱动因素之一，动态能力的提升能够促进价值共创目标的实现（姚梅芳等，2022）。这意味着作为特殊动态能力的数字化能力也会对价值共创产生一定程度的积极影响。更进一步地说，数字化能力各维度与价值共创各维度间也存在积极影响，并可以为企业带来竞争优势。主要体现在以下三个方面：

首先，由于价值共创涉及多主体参与价值活动，因此对于感知能力的要求较高，不同参与主体对同一事物的主观认知可能存在差异，而数字感知能力强调基于数字资源的客观评判，有利于达成认知一致性，减少价值共创中的信息失真、信息冲突与信息过载。Lozada等（2019）基于112家哥伦比亚公司的数据研究了大数据分析能力与共同创新之间关系，他们发现，使大数据分析能力与更好、更敏捷的产品和服务共同创造流程以及与公司内外利益相关者的更强大合作网络存在积极关系。刘启雷等（2022）提出的装备制造企业价值链重构路径遵循从广泛参与到精准匹配再到价值共创过程机制，而数据价值超强感知能力是启动这一过程的首要步骤。Lenka等（2017）以四家制造企业为例解释了数字化能力通过感知机制和响应机制两种机制作用于顾客价值共创，但是他们仅仅提出了概念模型，并未进行实证检验。

其次，良好的数字运营能力可以赋能企业在价值链各环节更具有柔性能力，更好地服务于价值共创过程。数字运营能力有利于企业降低资产专用性，使资源结构化过程减少（管运芳等，2022），并且使价值共创参与主体更容易共享资源、提高资源利用效率。数字运营能力考验企业价值链各环节的连接程度是否紧密。从数字化研发设计到生产、制造再到营销、运维等，每个环节或多或少地需要供应商、顾客或者员工进行参与价值共创。例如，研发设计端可以提前引入顾客诉求信息，进行定制化研发；生产制造端可以引入供应商、员工参与以提高生产效率，降低产品差错率等。换言之，数字运营能力与多主体参与价值共创使企业价值生成过程更加柔性化，有利于企业提升自身竞争力。

最后，数字资源协同能力强调对多主体参与价值共创的异质性资源运用和整合能力，而如何协调不同价值共创参与者具有的异质性资源对于企业绩效至关重要。数字资源协同能力可以将异质性资源进行数字化处理，通过资源数据化和数据资源化等活动形成数据资源，便于企业数字化管理和输出利用。利用具备可存储、可编程、可交流属性的数字化技术，企业可以通过数字资源获取、分配、整合和重构来实现产品、服务和商业模式的创新（谢卫红等，2020）。杨路明等（2020）实证研究发现，平台能力的三个维度价值链整合能力、组织核心能力和技术创新能力都能对价值共创产生积极影响。綦良群和王曦研（2022）研究发现，协同能力在外部技术资源与营销资源获取和服务创新绩效间发挥着重要作用。胡青等（2021）实证研究发现，良好的协同能力可以减少知识距离对数字化转型绩效的消极作用。杨瑾（2015）实证研究发现，不同维度的供应链协同能力，包括同步决策、产品交付及时可靠、激励联盟都能改善运营和财务绩效。

据此，提出假设：

H8 数字化能力和价值共创在数字化转型与企业绩效间存在链式中介效应。

H8a1 数字感知能力与顾客参与价值共创在数字化转型与企业绩效间存在链式中介效应。

H8a2 数字运营能力与顾客参与价值共创在数字化转型与企业绩效间存在链式中介效应。

H8a3 数字资源协同能力与顾客参与价值共创在数字化转型与企业绩效间存在链式中介效应。

H8b1 数字感知能力与员工参与价值共创在数字化转型与企业绩效间存在链式中介效应。

H8b2 数字运营能力与员工参与价值共创在数字化转型与企业绩效间存在链式中介效应。

H8b3　数字资源协同能力与员工参与价值共创在数字化转型与企业绩效间存在链式中介效应。

H8c1　数字感知能力与供应商参与价值共创在数字化转型与企业绩效间存在链式中介效应。

H8c2　数字运营能力与供应商参与价值共创在数字化转型与企业绩效间存在链式中介效应。

H8c3　数字资源协同能力与供应商参与价值共创在数字化转型与企业绩效间存在链式中介效应。

第九节　数字业务强度的调节作用

数字业务强度是企业在分析、大数据、云、社交媒体和移动平台等新兴数字技术方面的战略投资水平，以构建其 IT 投资组合（Nwankpa and Datta，2017）。随着越来越多的制造企业开始实施数字化转型战略，数字业务强度不足很有可能会影响组织制定和设计适当的数字化商业战略和创新的能力。

本书认为，数字业务强度的提高可以明显改善企业数字化转型对数字化能力的积极影响。原因在于：数字化转型只有与持续的数字业务强度形成合力才有可能建立起数字化能力。由于数字化转型的跨度时间较长，一开始企业数字化业务程度可能较低，但是随着时间发展，不断投入数字化资源带来的数字化业务程度提高可以保证企业数字化能力进化。在数字化转型投资上看到显著投资回报的高管更有可能具备根据信息采取行动并完成 PDP（物理—数字—物理）环路的能力，确保数字化转型顺畅，增加那些尚未起步的企业被甩在身后的风险（德勤，2019）。更为重要的是，通过高水平的数字业务强度，企业可以在组织内外建立起连接、形成网络，极大地拓展了企业边界，并实现数字化能力跃迁。

另外，由于 IT 业务存在广泛的潜在好处，例如，强化组织灵活性、降低成本、改进质量等（Melville et al.，2004）。这些潜在好处使企业更能认识到数字化时代下数字业务的重要性，也即重新定位其数字业务投资，因而更有可能进行自身数字化能力的培养。得益于数字技术的强渗透能力，企业可以将其融入到企业运营过程的各个环节，通过高效投资、部署、整合与利用数字技术资源可以打造自身差异化的数字化能力。根据 Schaarschmidt 和 Bertram（2020）的研究，数字业务强度带来的高数字领导力能更好地指导企业数字化能力建设，有的放矢地稳步推进企业数字化能力发展。由于数字业务强度提高可能带来员工高工作满意度，他们更有可能对企业数字化转型充满信心，减少对数字化转型不确定性的抵制，降低组织惰性，并保持组织在转型战略认知上的一致性，而这很可能在最大程度上激发企业数字化能力的自生长性。Schaarschmidt 和 Bertram（2020）的研究还发现，数字业务强度与感知到的组织外部声誉正相关。由于数字业务流程的潜在复杂性，很难确定最佳的数字化水平，来自外部同行的信号可以作为行动参考。这意味着组织外部利益相关方对企业数字化的积极评价，可能使企业数字化转型的推进可能更为顺畅，对于企业数字化能力塑造可能产生激励作用。因此，当企业数字业务强度较低时，数字化转型对数字化能力可能产生的影响较小，而当企业数字业务强度较高时，数字化转型对数字化能力的影响可能更大。

据此，提出假设：

H9 数字业务强度正向调节数字化转型与数字化能力关系。

本书认为，数字业务强度的提升有可能会强化数字化能力对企业绩效的积极影响。原因在于：

首先，数字业务强度有利于企业对即将出现的威胁和机会保持敏感度，并迅速采取行动。Nwankpa 和 Roumani（2018）研究发现，数字业务强度较高的企业能够更好地利用新兴的数字技术，并发展卓越的组织正念。由于正念组织对惊喜、持续学习和意外保持开放态度，更容易吸收数字化创新与数字化能力。因此，数字化能力与数字业务强度所激发的组织正念能够形成合力，强化数字化能力对绩效的影响。

其次，数字业务强度可以促进价值链中活动的网络外部性（Bharadwaj et al.，2013）。数字业务强度高的企业可以创建并有效利用无处不在的数字化连接，并在价值链中的业务伙伴之间进行沟通，从而创造重要的数字机会（Nwankpa et al.，2022）。更为重要的是，这种基于数字技术的协作网络可以为参与者带来交易成本优势和协调成本优势，以节约交易费用（Nwankpa and Datta，2017；Wang et al.，2022），这可以鼓励网络参与者进行更好的协作。因此，善于将数字业务强度与其数字化能力整合的企业更能够实现卓越的绩效。

最后，数字业务强度可以改善知识管理，因为对技术的投资增加了关于技术和能力的知识。研究发现，数字业务强度通过提高知识管理提高企业的流程创新（Nwankpa et al.，2022）。通过对数字技术的投资，组织能够建立和培养内部知识管理能力，并进一步促进流程创新。数字业务强度作为一种获取相关技术知识和技能的机制，这反过来又改进和扩展了知识管理。德勤（2019）的调查发现，随着企业越来越多地参与数字化转型和能力建设，它们更有可能意识到数字化转型和能力建设的好处，并继续投资以进一步发展他们的专业知识。因此，有理由推断依靠持续的数字技术方面的战略投资可以改善企业知识管理水平，提高数字化能力，加速企业创新，并提升企业绩效。

此外，根据《2022 埃森哲中国企业数字化转型指数》报告显示，通过分析样本中国上市企业 2016~2021 年的财务表现和股票表现，领军企业从数字化投资中获得稳健绩效。石川等（2013）实证研究发现，IT 投资对企业市场价值存在积极作用。Ghobakhloo 和 Fathi（2021）案例研究认为，IT 投资和制造数字化对于更高水平的精益制造实施及其持续改进至关重要，案例企业绩效的提高主要是由于公司的 IT 投资战略与核心精益制造实践实现了有机的结合。Nwankpa 和 Datta（2017）实证研究发现，虽然 IT 能力、数字业务强度对组织绩效具有积极影响，但是数字业务强度的差异导致了两者关系间强度不同。王东清和罗新星（2010）指出，IT 投资是否提升绩效，并非仅限于企业是否进行了 IT 投资，IT 投资转变成绩效是企业核心能力与 IT 能力匹配过程。杨杰等（2022）研究发现，IT 能力通过创业机会识别与开发对创业绩效的影响在高数字业务强度情况下更为明显。Wairimu 等（2022）利用 151 家中小型企业的数据，实证研究发现数字业务强度通过增加创业导向正向影响组织绩效。因此，当企业数字业务强度较低时，数字化能力对企业绩效可能产生的影响较小；而当企业数字业务强度较高时，数字化转型对企业绩效的影响可能更大。

据此，提出假设：

H10 数字业务强度正向调节数字化能力与企业绩效关系。

第十节　竞争强度的调节作用

竞争强度通常被认为是企业在其市场中面临竞争的程度（Ang，2008）。研究认为竞争强度有助于企业促进外部知识整合（Lyu et al.，2022），进而推动价值共创。由于高竞争强度通常意味着市场中存在众多竞争者，因此企业也更有机会从其他企业和利益相关者处获得知识补充（Wang et al.，2018），进而增加了企业整合外部知识的可能性（Eslami et al.，2018）。此外，同一产品市场的竞争对手往往比非竞争对手拥有更多的兼容知识（Chiambaretto et al.，2020），这可能会减少获取外部知识的障碍，并加快知识整合。这种知识整合无论是对企业外部的顾客参与和供应商参与价值共创，还是员工参与价值共创都具有重要意义，也即只有将外部知识进行整合才有可能发挥价值共创的作用。狄蓉等（2020）运用247份调研数据进行模型验证，研究结果显示，价值共识对实现服务创新价值共赢有正向的影响作用，知识整合在服务创新价值共识和价值共赢之间发挥中介作用。姚梅芳等（2022）基于中国334家创新型企业样本数据的实证结果表明提高知识能力（包括获取、创造与整合能力）可以更好地服务于价值共创目标达成。

数字化转型受竞争环境变化的影响（Holopainen et al.，2023）。高竞争强度迫使企业不断寻找新方法进行数字化转型实践，积极纳入不同的用户群体共同参与到企业价值创造活动中，以期将自己与竞争对手区分开来。当竞争强度较强时，企业数字化转型战略涉及的范围与实施难度可能会加大，更需要对组织内外部多主体参与价值共创带来异质性知识进行整合来缓解竞争压力。当竞争强度较弱时，企业数字化转型战略可能并非那么紧迫，企业可以从内部某一业务环节切入，因此对外部用户异质性知识的摄入与整合程度可能没有很高要求，对多主体参与价值共创的要求与影响可能也并不明显。研究发现，行业竞争程度越高、市场化程度越低，数字化转型对企业创新效率的促进作用越明显（杨水利等，2022）。

据此，提出假设：

H11 竞争强度正向调节数字化转型与价值共创关系。

在高度竞争的市场中，价值共创更有可能促进多主体参与以提高企业绩效。主要原因在于：

首先，高竞争强度意味着企业意识到竞争压力陡增，这种认知导致企业开始转向向用户学习、吸收用户知识、关注用户需求，通过更好地了解用户来弥补企业现有知识来达到提升业绩的目的。

其次，高竞争强度意味着企业的顾客与供应商可能随时转向竞争对手，而顾客与供应商深度参与价值共创可以强化用户黏性、锁定用户，进而建立起更密切的关系形成利益共同体，提高企业绩效水平。Chan等（2012）认为，在竞争激烈的市场中，企业需要对竞争对手的侵略行为做出更大的市场反应，因此，那些促进顾客协作以识别和满足用户需求的企业，相比较少竞争的情况下，预计表现会更好。

最后，顾客、供应商、员工等利益相关方参与企业价值共创可以提高企业的参与能力、联合创新能力等组织能力，而这些能力的提升在高竞争环境下可能为企业带来更多的竞争优势。Anning-Dorson和Nyamekye（2020）实证检验了竞争强度对顾客参与能力对服务企业绩效的正向调节作用。这表明顾客参与价值共创可以作为企业在高竞争环境下建立或增加竞争优势的工具。Ndubisi等（2020）研究发现，联合创新能力在知识互补性与服务创新之间存在中介效应，竞争强度和需求不确定性在联合创新能力和服务创新之间存在正向调节作用，也即当竞争强度较高时，联合创新能力对服务创新的影响更强。

据此，提出假设：

H12 竞争强度正向调节价值共创与企业绩效关系。

综上所述，总结出本书的研究假设，如图 4-1、表 4-1 所示。

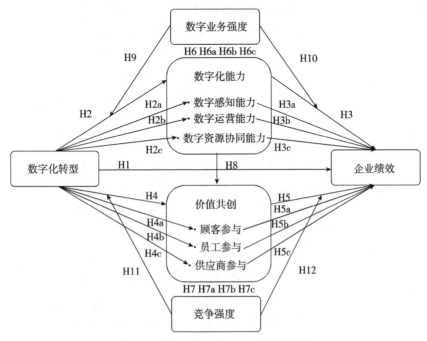

图 4-1 基于理论模型的研究假设路径

资料来源：笔者绘制。

表 4-1 研究假设小结

序号	假设
H1	数字化转型对企业绩效具有正向影响
H2	数字化转型对数字化能力有正向影响
H2a	数字化转型对数字感知能力有正向影响
H2b	数字化转型对数字运营能力有正向影响
H2c	数字化转型对数字资源协同能力有正向影响
H3	数字化能力对企业绩效具有正向影响
H3a	数字感知能力对企业绩效具有正向影响

序号	假设
H3b	数字运营能力对企业绩效具有正向影响
H3c	数字资源协同能力对企业绩效具有正向影响
H4	数字化转型对价值共创具有正向影响
H4a	数字化转型对顾客参与价值共创具有正向影响
H4b	数字化转型对员工参与价值共创具有正向影响
H4c	数字化转型对供应商参与价值共创具有正向影响
H5	价值共创对企业绩效具有正向影响
H5a	顾客参与价值共创对企业绩效具有正向影响
H5b	员工参与价值共创对企业绩效具有正向影响
H5c	供应商参与价值共创对企业绩效具有正向影响
H6	数字化能力在数字化转型与企业绩效间存在中介效应
H6a	数字感知能力在数字化转型与企业绩效间存在中介效应
H6b	数字运营能力在数字化转型与企业绩效间存在中介效应
H6c	数字资源协同能力在数字化转型与企业绩效间存在中介效应
H7	价值共创在数字化转型与企业绩效间存在中介效应
H7a	顾客参与价值共创在数字化转型与企业绩效间存在中介效应
H7b	员工参与价值共创在数字化转型与企业绩效间存在中介效应
H7c	供应商参与价值共创在数字化转型与企业绩效间存在中介效应
H8	数字化能力和价值共创在数字化转型与企业绩效间存在链式中介效应
H8a1	数字感知能力与顾客参与价值共创在数字化转型与企业绩效间存在链式中介效应
H8a2	数字运营能力与顾客参与价值共创在数字化转型与企业绩效间存在链式中介效应
H8a3	数字资源协同能力与顾客参与价值共创在数字化转型与企业绩效间存在链式中介效应
H8b1	数字感知能力与员工参与价值共创在数字化转型与企业绩效间存在链式中介效应
H8b2	数字运营能力与员工参与价值共创在数字化转型与企业绩效间存在链式中介效应
H8b3	数字资源协同能力与员工参与价值共创在数字化转型与企业绩效间存在链式中介效应
H8c1	数字感知能力与供应商参与价值共创在数字化转型与企业绩效间存在链式中介效应
H8c2	数字运营能力与供应商参与价值共创在数字化转型与企业绩效间存在链式中介效应
H8c3	数字资源协同能力与供应商参与价值共创在数字化转型与企业绩效间存在链式中介效应
H9	数字业务强度正向调节数字化转型与数字化能力关系
H10	数字业务强度正向调节数字化能力与企业绩效关系

序号	假设
H11	竞争强度正向调节数字化转型与价值共创关系
H12	竞争强度正向调节价值共创与企业绩效关系

资料来源：笔者整理。

第十一节　本章小结

本章致力于探讨数字化转型如何通过数字化能力（数字感知能力、数字运营能力和数字资源协同能力）、价值共创（顾客参与价值共创、供应商参与价值共创和员工参与价值共创）影响企业绩效，并将数字业务强度与竞争强度作为调节变量，进一步分析主效应的边界条件。通过对变量间逻辑关系和作用机制进行严密推理，形成 12 条主要研究假设。具体来说：①探讨数字化转型与企业绩效之间的关系。②探讨数字化转型与数字化能力各维度之间的关系。③探讨数字化能力各维度与企业绩效之间的关系。④探讨数字化转型与价值共创各维度之间的关系。⑤探讨价值共创各维度与企业绩效之间的关系。⑥探讨数字化能力在数字化转型与企业绩效之间的中介作用。⑦探讨价值共创在数字化转型与企业绩效之间的中介作用。⑧探讨数字化能力、价值共创在数字化转型与企业绩效之间的链式中介作用。⑨探讨数字业务强度在数字化转型与数字化能力之间的调节作用。⑩探讨数字业务强度在数字化能力与企业绩效之间的调节作用。⑪探讨竞争强度在数字化转型与价值共创之间的调节作用。⑫探讨竞争强度在价值共创与企业绩效之间的调节作用。

第五章

研究设计与预调研

第一节　问卷设计与变量测度

本书中使用的问卷均参考较为成熟的量表，并根据研究需要进行了部分调整。具体来说：数字化转型参考 Nasiri 等（2020）、Zhao 等（2023）、Nwankpa 和 Roumani（2016）、池毛毛等（2023）等的研究。数字化能力参考 Annarelli 等（2021）、Warner 和 Waeger（2019）、易加斌等（2022）、管运芳等（2022）的研究。价值共创中的顾客价值共创和供应商价值共创参考 Feng 等（2010）的研究，员工参与价值共创参考 Rangus 等（2016）、Rangus 和 Slavec（2017）的研究。企业绩效参考 Hogan 等（2014）、Moorman 和 Rust（1999）、Ramaswami 等（2009）的研究。竞争强度参考 Jaworski 和 Kohli（1993）、Olabode 等（2022）、Lyu 等（2022）的研究来评估企业面临竞争的程度。数字业务强度参考 Nwankpa 和 Datta（2017）、Schaarschmidt 和 Bertram（2020）、Wang 等（2022）的研究。变量测度方式上运用李克特七点计分法进行测量，其中"1"="完全不符合"，"7"="完全符合"，要求被调查者根据自身企业的实际情况对相应题项进行选择作答。控制变量选取行业类型、企业年龄、企业规模。具体如表5-1所示。

表5-1　各构念及维度参考量

构念及维度		参考量表
数字化转型		Nasiri 等（2020）；Zhao 等（2023）；Nwankpa 和 Roumani（2016）；池毛毛等（2023）
数字化能力	数字感知能力	Annarelli 等（2021）；Warner 和 Waeger（2019）；易加斌等（2022）；管运芳等（2022）
	数字运营能力	
	数字资源协同能力	
价值共创	顾客参与价值共创	Feng 等（2010）
	供应商参与价值共创	
	员工参与价值共创	Rangus 等（2016）；Rangus 和 Slavec（2017）
企业绩效		Hogan 等（2014）；Moorman 和 Rust（1999）；Ramaswami 等（2009）
竞争强度		Jaworski 和 Kohli（1993）；Olabode 等（2022）；Lyu 等（2022）
数字业务强度		Nwankpa 和 Datta（2017）；Schaarschmidt 和 Bertram（2020）；Wang 等（2022）

资料来源：笔者整理。

第二节　小样本预调研测试

一、预调研数据收集与样本特征

在开始正式发放问卷前，研究者邀请了组织变革、数字化转型、创新管理等多个企业组织研究领域专家对初始设计的问卷进行细致评估，以确保其不存在理解上的偏误与歧义。研究者根据专家建议进一步对初始设计的问卷予以完善。在内容效度上，研究者还吸收两位制造业数字化转型企业中高层管理者的建议，确保问卷整体一致性。此后，研究者将问卷发放给山东、辽宁等省制造业企业中高层管理者开展小样本预调研。基于小样本测试结果与反馈意见，调整问卷的部分内容，以确保所有题项都言简意赅且便于阅读和理解，并形成最终问卷。预调研共收集样本150份，最终收回有效问卷120份，分别从行业类型、企业年龄、企业规模等基本情况进行描述分析，具体见表5-2所示。

表5-2　基本信息描述分析

变量	选项	频数（次）	百分比（%）
行业类型	基础化工	26	21.6
	机械制造	43	35.6
	医药	19	15.8
	电力设备及新能源	19	16.1
	计算机	10	8.0
	其他	3	2.9
企业年龄	1~5年	36	29.8
	6~10年	41	34.2
	11~15年	23	18
	16~20年	14	13
	20年以上	6	4.9
企业规模	大型	54	44.6
	中型	46	38.5
	小型	20	16.9

资料来源：笔者整理。

二、量表测试检验结果

（一）数字化转型的题项净化与 EFA

从表5-3可知，数字化转型变量的 Cronbach's α 系数>0.70，数字化转型各题项 CITC 值均>0.50，因此，数字化转型量表中的五个题项均予以保留。对数字化转型进行 EFA，由表5-4可知，数字化转型的 KMO 值为 0.893>0.50，且通过 Bartlett 球形检验（p<0.001）。进行主成分分析，各题项因子载荷均>0.50。综上所述，数字化转型量表的结构效度较佳。

表5-3　数字化转型的 CITC 与信度分析

变量	题项	校正项总计相关性（CITC 系数）	项已删除后的 Cronbach's α 系数	Cronbach's α 系数
数字化转型	DT1	0.712	0.901	初始 α 系数 =0.906 最终 α 系数 =0.906
	DT2	0.789	0.883	
	DT3	0.750	0.889	
	DT4	0.980	0.879	
	DT5	0.802	0.878	

资料来源：笔者整理。

表5-4　预调研探索性因子分析结果（数字化转型）

变量	题项	因子载荷
数字化转型	DT1	0.813
	DT2	0.871
	DT3	0.844
	DT4	0.878
	DT5	0.880

特征值 =3.677

累计方差解释率 =73.530%

KMO=0.893

Bartlett 球形检验：卡方 =627.865 (p=0.000)

资料来源：笔者整理。

（二）数字化能力的题项净化与 EFA

由表5-5可知，数字化能力各维度的 Cronbach's α 系数均>0.70，大部分题项 CITC 系数均>0.50，只有 XT6 的 CITC 值<0.50，依据量表修正标准，考虑将其删除。删除该题项后，数字资源协同能力 Cronbach's α 系数由 0.814 升至 0.861，

信度有所提升。因此，可以将 XT6 题项删除。对数字化能力进行 EFA，数字化能力的 KMO 值为 0.895>0.50，且通过 Bartlett's 球形检验（p<0.001）。进行主成分分析，从数字化能力量表中提出三个因子，各题项因子载荷均>0.70（见表 5-5）。综上所述，数字化能力量表的结构效度较佳。

表 5-5　数字化能力的 CITC 与信度分析

变量	题项	校正项总计相关性（CITC）系数	删除该题目后的 Cronbach's α 值	Cronbach's α 系数
数字感知能力	GZ1	0.669	0.825	初始 α 系数 =0.855 最终 α 系数 =0.855
	GZ2	0.622	0.836	
	GZ3	0.631	0.835	
	GZ4	0.733	0.808	
	GZ5	0.702	0.819	
数字运营能力	YY1	0.762	0.880	初始 α 系数 =0.910 最终 α 系数 =0.910
	YY2	0.777	0.873	
	YY3	0.783	0.885	
	YY4	0.803	0.879	
	YY5	0.741	0.987	
数字资源协同能力	XT1	0.626	0.775	初始 α 系数 =0.814 最终 α 系数 =0.861
	XT2	0.751	0.747	
	XT3	0.580	0.784	
	XT6	0.256（删除）	—	
	XT4	0.629	0.774	
	XT5	0.718	0.755	

资料来源：笔者整理。

表 5-6　预调研探索性因子分析结果（数字化能力）

变量	题项代码	因子 1	因子 2	因子 3
数字运营能力	YY1	0.823		
	YY2	0.841		
	YY3	0.824		
	YY4	0.835		
	YY5	0.768		

变量	题项代码	因子 1	因子 2	因子 3
数字资源协同能力	XT1		0.762	
	XT2		0.838	
	XT3		0.674	
	XT4		0.765	
	XT5		0.807	
数字感知能力	GZ1			0.766
	GZ2			0.710
	GZ3			0.754
	GZ4			0.804
	GZ5			0.821

资料来源：笔者整理。

（三）价值共创的题项净化与 EFA

从表 5-7 可知，价值共创变量各维度的 Cronbach's α 系数均>0.70，大部分题项 CITC 系数均>0.50，只有 CP4 和 SI3 的 CITC 值<0.50，依据量表修正标准，考虑将其删除。删除后，顾客参与价值共创 Cronbach's α 系数由 0.864 升至 0.886，供应商参与价值共创 Cronbach's α 系数由 0.808 升至 0.864，信度有所提升。因此，可以将 CP4 和 SI3 题项删除。删除后，对价值共创进行 EFA，价值共创的 KMO 值为 0.892>0.50，且通过 Bartlett's 球形检验（P<0.001）。进行主成分分析，从价值共创量表中提出三个因子，各题项因子载荷均>0.70（见表 5-7）。综上所述，价值共创量表的结构效度较佳。

表 5-7 价值共创的 CITC 与信度分析

变量	题项	CITC 系数	删除该题目后的 Cronbach's α 值	Cronbach's α 系数
顾客参与价值共创	CP1	0.665	0.840	初始 α 系数 =0.864 最终 α 系数 =0.886
	CP2	0.749	0.828	
	CP3	0.661	0.841	
	CP4	0.257（删除）	—	
	CP5	0.746	0.828	
	CP6	0.661	0.841	
	CP7	0.689	0.838	

续表

变量	题项	CITC 系数	删除该题目后的 Cronbach's α 值	Cronbach's α 系数
员工参与 价值共创	EI1	0.655	0.848	初始 α 系数 =0.868 最终 α 系数 =0.868
	EI2	0.661	0.847	
	EI3	0.685	0.843	
	EI4	0.675	0.845	
	EI5	0.732	0.834	
	EI6	0.593	0.858	
供应商参与 价值共创	SI1	0.652	0.752	初始 α 系数 =0.808 最终 α 系数 =0.864
	SI2	0.695	0.740	
	SI3	0.262（删除）	—	
	SI4	0.667	0.748	
	SI5	0.746	0.727	

资料来源：笔者整理。

表 5-8　预调研探索性因子分析结果（价值共创）

变量	题项代码	因子 1	因子 2	因子 3
顾客参与 价值共创	CP7	0.832		
	CP2	0.832		
	CP6	0.802		
	CP1	0.761		
	CP3	0.748		
	CP5	0.699		
员工参与 价值共创	EI5		0.786	
	EI4		0.786	
	EI2		0.775	
	EI3		0.758	
	EI1		0.751	
	EI6		0.705	
供应商参与 价值共创	SI2			0.834
	SI4			0.815
	SI1			0.811
	SI5			0.793

资料来源：笔者整理。

（四）企业绩效的题项净化与 EFA

由表 5-9 可知，企业绩效的 Cronbach's α 系数>0.70，企业绩效所有题项 CITC 值均>0.50，因此，企业绩效量表中的六个题项均予以保留。对企业绩效进行 EFA，由表 5-10 可知，企业绩效的 KMO 值为 0.878>0.50，且通过 Bartlett 球形检验（p<0.001）。进行主成分分析，各题项因子载荷均>0.50。综上所述，企业绩效量表的结构效度较佳。

表 5-9　企业绩效的 CITC 与信度分析

变量	题项	校正项总计相关性 （CITC 系数）	项已删除后的 Cronbach's α 系数	Cronbach's α 系数
企业绩效	JX1	0.610	0.833	初始 α 系数 =0.852 最终 α 系数 =0.852
	JX2	0.632	0.829	
	JX3	0.711	0.814	
	JX4	0.646	0.826	
	JX5	0.678	0.820	
	JX6	0.550	0.843	

资料来源：笔者整理。

表 5-10　预调研探索性因子分析结果（企业绩效）

题项		因子载荷
企业绩效	JX1	0.735
	JX2	0.754
	JX3	0.818
	JX4	0.766
	JX5	0.794
	JX6	0.679

特征值 =3.457

累计方差解释率 =57.623%

KMO=0.878

Bartlett 球形检验：卡方 =441.902 (p=0.000)

资料来源：笔者整理。

（五）数字业务强度的题项净化与 EFA

从表 5-11 可知，数字业务强度的 Cronbach's α 系数>0.70，所有题项 CITC

值均>0.50，因此，数字业务强度量表中的四个题项均予以保留。对数字业务强度进行 EFA，从表 5-12 可知，数字业务强度的 KMO 值为 0.821>0.50，且通过 Bartlett 球形检验（p<0.001）。进行主成分分析，各题项因子载荷均>0.50。综上所述，数字业务强度量表的结构效度较佳。

表 5-11　数字业务强度的 CITC 与信度分析

变量	题项	校正项总计相关性（CITC 系数）	项已删除后的 Cronbach's α 系数	Cronbach's α 系数
数字业务强度	DBI1	0.736	0.824	初始 α 系数 =0.866 最终 α 系数 =0.866
	DBI2	0.673	0.846	
	DBI3	0.722	0.827	
	DBI4	0.741	0.818	

资料来源：笔者整理。

表 5-12　预调研探索性因子分析结果（数字业务强度）

变量	题项	因子载荷
数字业务强度	DBI1	0.862
	DBI2	0.858
	DBI3	0.851
	DBI4	0.812

特征值 =2.863

累计方差解释率 =71.578%

KMO=0.821

Bartlett 球形检验：卡方 =374.177 (p=0.000)

资料来源：笔者整理。

（六）竞争强度的题项净化与 EFA

由表 5-13 可知，竞争强度的 Cronbach's α 系数>0.70，所有题项 CITC 值均>0.50，因此，竞争强度量表中的五个题项均予以保留。对竞争强度进行 EFA，由表 5-14 可知，竞争强度的 KMO 值为 0.872>0.50，且通过 Bartlett 球形检验（p<0.001）。进行主成分分析，各题项因子载荷均>0.50。综上所述，竞争强度量表的结构效度较佳。

表5-13　竞争强度的 CITC 与信度分析

变量	题项	校正项总计相关性（CITC 系数）	项已删除后的 Cronbach's α 系数	Cronbach's α 系数
竞争强度	CI1	0.715	0.842	初始 α 系数 =0.873 最终 α 系数 =0.873
	CI2	0.699	0.846	
	CI3	0.618	0.865	
	CI4	0.689	0.848	
	CI5	0.780	0.825	

资料来源：笔者整理。

表5-14　预调研探索性因子分析结果（竞争强度）

变量	题项	因子载荷
竞争强度	CI1	0.872
	CI2	0.826
	CI3	0.814
	CI4	0.808
	CI5	0.748

特征值 =3.318

累计方差解释率 =66.352%

KMO=0.872

Bartlett 球形检验：卡方 =463.362 (p=0.000)

资料来源：笔者整理。

第三节　本章小结

　　根据第三章案例研究构建的理论模型、第四章提出的研究假设，本章展开问卷设计与预调研测试。根据研究问题、模型、变量、前人成熟量表等，设计适用于本书的预调研问卷。研究者邀请了企业组织相关研究领域专家对预调研问卷进行评估、研讨与修改，进一步对预调研问卷予以完善。将预调研问卷发放给山东、辽宁等地制造业企业中高层管理者开展小样本预调研。基于小样本测试结果与反馈意见，调整问卷的部分内容，形成包含 51 个题项的正式调查问卷。最终形成的正式调查问卷，可以为后续实证分析提供坚实的基础。

第六章

实证检验与分析

第一节　数据收集与样本特征

本书选择近年来实施数字化转型战略的企业进行问卷调查。调查样本主要分布在山东、辽宁、浙江、江苏、广东等中国代表性地区。问卷以问卷星、微信、电子邮件和现场发放等形式发放。问卷调查对象为已实施数字化转型战略企业的中高层决策者、部门负责人和高级骨干员工。为了提高问卷回收率，问卷主要以匿名形式进行发放。为提高调查结果的客观性，受访者应对本组织的数字化转型战略有较深的理解。为避免语言歧义，本书将英文问卷转译后与数字化转型及相关领域多名专家进行反复修正以减少测量偏误。

本书共发放问卷 800 份，回收问卷 744 份，剔除明显乱答、漏答、前后不一致等问题问卷，最终获得 687 份有效问卷。从行业类型来看，"基础化工"企业占比 22.7%，"机械制造"企业占比 34.1%，"医药"企业占比 16.4%，"电力设备及新能源"占比 16.9%，"计算机"占比 7.1%，"其他"占比 2.8%。从企业年龄来看，1~5 年企业占比 29.8%，6~10 年企业占比 34.2%，11~15 年企业占比 18%，16~20 年企业占比 13%，20 年以上企业占比 4.9%。从企业规模来看，"大型"企业占比 40.3%，"中型"企业占比 32.6%，"小型"企业占比 27.1%。从总体上来看，本书的样本总体上较为平衡，具有良好的代表性。具体如表 6-1 所示。

表 6-1　基本信息描述分析

变量	选项	频数	百分比 (%)
行业类型	基础化工	156	22.7
	机械制造	234	34.1
	医药	113	16.4
	电力设备及新能源	116	16.9
	计算机	49	7.1
	其他	19	2.8
企业年龄	1~5 年	205	29.8
	6~10 年	235	34.2
	11~15 年	124	18
	16~20 年	89	13
	20 年以上	34	4.9

变量	选项	频数	百分比 (%)
	大型	277	40.3
企业规模	中型	224	32.6
	小型	186	27.1

资料来源：笔者整理。

第二节　共同方法偏差检验

本书采用程序控制和统计控制两种方法对可能的共同方法偏差进行避免和检测（Podsakoff et al.，2003）。在程序控制方面：①研究的目的被隐藏在问卷调查中，以控制被调查者可能产生的社会期望效应。②问卷问题是随机安排的，以避免因同一维度项目的相似性而产生的填写偏差。③在问卷说明中承诺匿名调查，以保护被调查者的隐私。在统计控制方面，本书采用 Harman 单因素检验方法，结果表明第一个未旋转因子的解释方差为 29.79%，不高于 40%。因此，本书中的共同方法偏差问题不严重。

第三节　信度、效度检验

一、信度检验

信度是对一个变量的多个测量之间一致性程度的评估，反映了研究结果的稳定性问题。常用的可靠性衡量方法是内部一致性，它适用于量表中变量之间的一致性。内部一致性的基本原理是，量表的各个项目或指标都应该测量相同的结构，因此高度相互关联。其诊断指标是信度系数，用于评估整个量表的一致性，其中 Cronbach's α 是使用最广泛的指标。一般认为 Cronbach's α 下限是 0.70，在一些探索性研究中 Cronbach's α 下限为 0.60 也可接受，CITC 系数不宜低于 0.50。Cronbach's α 系数越高，说明内部一致性越好，信度越佳。本书使用 Cronbach's α 系数和 CITC 系数评估量表内部一致性和可靠性，并使用 SPSS

26.0 软件对其检验，结果见表 6-2 所示。

表 6-2　信度分析

变量名称	题项	校正项总计相关性（CITC 系数）	项已删除后的 Cronbach's α 系数	Cronbach's α 系数
数字化转型	DT1	0.735	0.914	0.919
	DT2	0.819	0.895	
	DT3	0.783	0.902	
	DT4	0.806	0.897	
	DT5	0.824	0.893	
数字感知能力	GZ1	0.738	0.859	0.886
	GZ2	0.717	0.864	
	GZ3	0.701	0.868	
	GZ4	0.748	0.856	
	GZ5	0.727	0.862	
数字运营能力	YY1	0.792	0.91	0.925
	YY2	0.824	0.904	
	YY3	0.793	0.91	
	YY4	0.823	0.904	
	YY5	0.79	0.911	
数字资源协同能力	XT1	0.718	0.879	0.896
	XT2	0.797	0.861	
	XT3	0.694	0.887	
	XT4	0.738	0.874	
	XT5	0.785	0.864	
顾客参与价值共创	CP1	0.674	0.872	0.887
	CP2	0.766	0.857	
	CP3	0.672	0.872	
	CP5	0.757	0.858	
	CP6	0.672	0.873	
	CP7	0.677	0.871	

变量名称	题项	校正项总计相关性（CITC 系数）	项已删除后的 Cronbach's α 系数	Cronbach's α 系数
员工参与价值共创	EI1	0.673	0.862	0.88
	EI2	0.702	0.857	
	EI3	0.718	0.855	
	EI4	0.688	0.86	
	EI5	0.72	0.854	
	EI6	0.634	0.868	
供应商参与价值共创	SI1	0.68	0.811	0.848
	SI2	0.696	0.802	
	SI4	0.688	0.806	
	SI5	0.688	0.809	
数字业务强度	DBI1	0.73	0.834	0.87
	DBI2	0.667	0.856	
	DBI3	0.744	0.825	
	DBI4	0.76	0.818	
竞争强度	CI1	0.734	0.852	0.882
	CI2	0.719	0.856	
	CI3	0.672	0.867	
	CI4	0.696	0.861	
	CI5	0.761	0.846	
企业绩效	JX1	0.664	0.86	0.878
	JX2	0.702	0.854	
	JX3	0.71	0.853	
	JX4	0.701	0.855	
	JX5	0.715	0.852	
	JX6	0.615	0.868	

资料来源：笔者整理。

从表 6-2 可以看出，本书中的数字化转型、数字感知能力、数字运营能力、数字资源协同能力、顾客参与价值共创、员工参与价值共创、供应商参与价值共创、数字业务强度、竞争强度与企业绩效变量的 Cronbach's α 系数均>0.70，CITC 值均>0.60，项已删除的 Cronbach's α 系数均小于对应变量的 Cronbach's α 系数，因此，数据信度较高，题项全部予以保留。

二、效度检验

效度是指一个量表或一套测量方法准确地代表概念的程度，反映了研究结果的准确性问题。衡量效度的证据主要包括内容效度、收敛效度、区分效度、内部结构效度等。内容效度是指对构念的测量内容是否能够真正反映此构念含义，并且问卷中题项设置是否合适以及符合被调查者的文化背景与习惯等。收敛效度是指使用不同方法测量同一构念时，得到的结果应高度相关以反映同一构念。区分效度是指使用不同方法测量不同构念时，得到的结果应加以区别。内部结构效度是指构念间同条关系推论的可信程度。

本书已邀请数字化转型及相关领域研究学者与专家对量表结构及相关题项进行了多次深入讨论，并达成一致形成正式问卷，因此基本可以满足内容效度要求。本书通过验证性因子分析来保证收敛效度与区分效度。具体而言，一般要求标准化因子载荷大于 0.7，T 值显著（Hair，2006）。但是，由于社会科学中存在外在干扰、测量误差等因素，也有学者认为标准化因子载荷大于 0.55 即可，而不必绝对坚守标准化因子载荷大于 0.7 的原则。Henson（2001）建议组合信度（CR）应大于 0.7 以上，也有学者如 Raine-Eudy（2000）研究认为，组合信度达到 0.5 以上时，即可获得基本的稳定性。本书通过标准化因子载荷计算组合信度（CR）来评估量表的内在质量高低。除了关注组合信度外，根据 Fornell 和 Larcker（1981）、Hair（2006）的建议，平均方差抽取率（AVE）应大于 0.5，说明潜在变量的收敛能力较为理想。

（一）数字化转型的收敛效度分析

使用 AMOS 26.0 软件对数字化转型变量进行验证性因子分析。由表 6-3 可以看出，数字化转型的各个测量题项的因子载荷均>0.60；组合信度值（CR）为 0.701>0.6；平均方差提取率（AVE）为 0.921>0.5。表明数字化转型的各个测量题项可以收敛于共同因子，收敛效度佳。

表 6-3　数字化转型的验证因子分析结果

变量	题项	标准化因子载荷	AVE	CR
数字化转型	DT1	0.768	0.921	0.701
	DT2	0.859		
	DT3	0.823		
	DT4	0.857		
	DT5	0.874		

资料来源：笔者整理。

由表 6-4 可知，数字化转型的 CMIN/DF 为 2.881，小于 3；GFI、AGFI、NFI、TLI、IFI、CFI 分别为 0.992、0.975、0.994、0.996、0.992、0.996，均达到 0.9 以上的标准；SRMR 为 0.012，小于 0.08；RMSEA 为 0.052，小于 0.08。数字化转型各拟合指标均符合通常评估标准，因此模型配适度良好。

表 6-4　数字化转型的验证性因子分析拟合指标

模型拟合指标	最优标准值	统计值	拟合情况
CMIN	—	14.404	—
DF	—	5	—
CMIN/DF	<3	2.881	好
SRMR	<0.08	0.012	好
GFI	>0.9	0.992	好
AGFI	>0.9	0.975	好
NFI	>0.9	0.994	好
TLI	>0.9	0.996	好
IFI	>0.9	0.992	好
CFI	>0.9	0.996	好
RMSEA	<0.08	0.052	好

资料来源：笔者整理。

（二）数字化能力的收敛效度分析

对数字化能力进行验证性因子分析。由表 6-5 可以看出，数字化能力的各维度（数字感知能力、数字运营能力、数字资源协同能力）的各个测量题项的因子载荷均大于 0.60；组合信度值（CR）分别为 0.612、0.712、0.64，均大于 0.6；

平均方差提取率（AVE）分别为 0.887、0.925、0.899，均大于 0.5。表明数字化能力各个维度的测量题项可以收敛于共同因子，收敛效度佳。

表6-5 数字化能力的验证因子分析结果

变量	题项	标准化因子载荷	AVE	CR
数字感知能力	GZ1	0.79	0.887	0.612
	GZ2	0.775		
	GZ3	0.749		
	GZ4	0.814		
	GZ5	0.781		
数字运营能力	YY1	0.83	0.925	0.712
	YY2	0.863		
	YY3	0.832		
	YY4	0.865		
	YY5	0.829		
数字资源协同能力	XT1	0.763	0.899	0.64
	XT2	0.85		
	XT3	0.74		
	XT4	0.796		
	XT5	0.845		

资料来源：笔者整理。

由表 6-6 可知，数字化能力的 CMIN/DF 为 1.887，小于 3；GFI、AGFI、NFI、TLI、IFI、CFI 分别为 0.968、0.956、0.975、0.988、0.986、0.988，均达到 0.9 以上的标准；SRMR 为 0.025，小于 0.08；RMSEA 为 0.036，小于 0.08。数字化能力各拟合指标均符合通常评估标准，因此模型配适度良好。

表6-6 数字化能力的验证性因子分析拟合指标

模型拟合指标	最优标准值	统计值	拟合情况
CMIN	—	164.165	—
DF	—	87	—
CMIN/DF	<3	1.887	好
SRMR	<0.08	0.025	好

模型拟合指标	最优标准值	统计值	拟合情况
GFI	>0.9	0.968	好
AGFI	>0.9	0.956	好
NFI	>0.9	0.975	好
TLI	>0.9	0.988	好
IFI	>0.9	0.986	好
CFI	>0.9	0.988	好
RMSEA	<0.08	0.036	好

资料来源：笔者整理。

（三）价值共创的收敛效度分析

对价值共创进行验证性因子分析。由表6-7可以看出，价值共创的各维度（顾客参与价值共创、员工参与价值共创、供应商参与价值共创）的各个测量题项的因子载荷均大于0.60；组合信度值（CR）分别为0.572、0.552、0.585，均大于0.5；平均方差提取率（AVE）分别为0.889、0.881、0.85，均大于0.5。表明价值共创各个维度的测量题项可以收敛于共同因子，收敛效度佳。

表6-7　价值共创的验证因子分析结果

变量	题项	标准化因子载荷	AVE	CR
顾客参与价值共创	CP1	0.715	0.889	0.572
	CP2	0.824		
	CP3	0.716		
	CP5	0.819		
	CP6	0.725		
	CP7	0.73		
员工参与价值共创	EI1	0.725	0.881	0.552
	EI2	0.75		
	EI3	0.778		
	EI4	0.735		
	EI5	0.786		
	EI6	0.68		

变量	题项	标准化因子载荷	AVE	CR
供应商参与价值共创	SI1	0.75	0.85	0.585
	SI2	0.769		
	SI5	0.771		
	SI4	0.77		

资料来源：笔者整理。

由表 6-8 可知，价值共创的 CMIN/DF 为 1.380，小于 3；GFI、AGFI、NFI、TLI、IFI、CFI 分别为 0.976、0.967、0.975、0.993、0.992、0.993，均达到 0.9 以上的标准；SRMR 为 0.027，小于 0.08，RMSEA 为 0.024，小于 0.08。价值共创各拟合指标均符合通常评估标准，因此模型配适度良好。

表6-8 价值共创的验证性因子分析拟合指标

模型拟合指标	最优标准值	统计值	拟合情况
CMIN	—	139.392	—
DF	—	101	—
CMIN/DF	<3	1.380	好
SRMR	<0.08	0.027	好
GFI	>0.9	0.976	好
AGFI	>0.9	0.967	好
NFI	>0.9	0.975	好
TLI	>0.9	0.993	好
IFI	>0.9	0.992	好
CFI	>0.9	0.993	好
RMSEA	<0.08	0.024	好

资料来源：笔者整理。

（四）企业绩效的收敛效度分析

对企业绩效进行验证性因子分析。由表 6-9 可以看出，企业绩效的各个测量题项的因子载荷均大于 0.60；组合信度值（CR）为 0.548，大于 0.5；平均方差提取率（AVE）为 0.879，大于 0.5。表明企业绩效的各个测量题项可以收敛于共同因子，收敛效度佳。

表6-9　企业绩效的验证因子分析结果

变量	题项	标准化因子载荷	AVE	CR
企业绩效	JX1	0.715	0.879	0.548
	JX2	0.758		
	JX3	0.768		
	JX4	0.756		
	JX5	0.778		
	JX6	0.658		

资料来源：笔者整理。

由表6-10可知，企业绩效的CMIN/DF为1.613，小于3；GFI、AGFI、NFI、TLI、IFI、CFI分别为0.993、0.984、0.992、0.997、0.995、0.997，均达到0.9以上的标准；SRMR为0.014，小于0.08；RMSEA为0.030，小于0.08。企业绩效各拟合指标均符合通常评估标准，因此模型配适度良好。

表6-10　企业绩效的验证性因子分析拟合指标

模型拟合指标	最优标准值	统计值	拟合情况
CMIN	—	14.521	—
DF	—	9	—
CMIN/DF	<3	1.613	好
SRMR	<0.08	0.014	好
GFI	>0.9	0.993	好
AGFI	>0.9	0.984	好
NFI	>0.9	0.992	好
TLI	>0.9	0.997	好
IFI	>0.9	0.995	好
CFI	>0.9	0.997	好
RMSEA	<0.08	0.030	好

资料来源：笔者整理。

（五）数字业务强度与竞争强度的收敛效度分析

对数字业务强度、竞争强度进行验证性因子分析。由表6-11可以看出，数字业务强度、竞争强度各个测量指标的因子载荷均大于0.60；组合信度值（CR）

分别为 0.632、0.601，大于 0.5；平均方差提取率（AVE）分别为 0.872、0.883，大于 0.5。表明数字业务强度、竞争强度的收敛效度佳。

表6-11　数字业务强度、竞争强度的验证因子分析结果

变量	题项	标准化因子载荷	AVE	CR
数字业务强度	DBI1	0.802	0.872	0.632
	DBI2	0.719		
	DBI3	0.826		
	DBI4	0.827		
竞争强度	CI1	0.793	0.883	0.601
	CI2	0.777		
	CI3	0.725		
	CI4	0.750		
	CI5	0.827		

资料来源：笔者整理。

由表 6-12 可知，CMIN/DF 为 2.052，小于 3；GFI、AGFI、NFI、TLI、IFI、CFI 分别为 0.983、0.971、0.983、0.991、0.988、0.991，均达到 0.9 以上的标准；SRMR 为 0.022，小于 0.08；RMSEA 为 0.039，小于 0.08。数字业务强度、竞争强度各拟合指标均符合通常评估标准，因此模型配适度良好。

表6-12　数字业务强度、竞争强度的验证性因子分析拟合指标

模型拟合指标	最优标准值	统计值	拟合情况
CMIN	—	53.359	—
DF	—	26	—
CMIN/DF	<3	2.052	好
SRMR	<0.08	0.022	好
GFI	>0.9	0.983	好
AGFI	>0.9	0.971	好
NFI	>0.9	0.983	好
TLI	>0.9	0.991	好
IFI	>0.9	0.988	好
CFI	>0.9	0.991	好
RMSEA	<0.08	0.039	好

资料来源：笔者整理。

　　区别效度是指不同构念或变量之间必须能够有效分离（Hair，2006）。本书采用 Fornell 和 Larcker（1981）建议的更严谨的 AVE 法对区别效度进行评估。该方法要求各变量的 AVE 开根号值必须大于各成对变量的相关系数，以表明各变量之间具有区别效度。由表可知，数字化转型、数字感知能力、数字运营能力、数字资源协同能力、顾客参与价值共创、员工参与价值共创、供应商参与价值共创、数字业务强度、竞争强度、企业绩效各变量 AVE 开根号均大于各成对变量的相关系数，因此满足区别效度判别条件，说明本书各变量区别效度良好。各变量间的相关系数与区别效度如表 6-13 所示。

表 6-13　各变量间的相关系数与区别效度

变量	数字化转型	数字感知能力	数字运营能力	数字资源协同能力	顾客参与	员工参与	供应商参与	数字业务强度	竞争强度	企业绩效
数字化转型	0.837									
数字感知能力	0.522**	0.782								
数字运营能力	0.409**	0.321**	0.844							
数字资源协同能力	0.479**	0.434**	0.404**	0.800						
顾客参与价值共创	0.429**	0.439**	0.416**	0.419**	0.756					
员工参与价值共创	0.437**	0.421**	0.378**	0.454**	0.419**	0.743				
供应商参与价值共创	0.484**	0.468**	0.430**	0.450**	0.504**	0.423**	0.765			
数字业务强度	0.309**	0.165**	0.156**	0.256**	0.283**	0.188**	0.361**	0.795		
竞争强度	0.208**	0.168**	0.146**	0.230**	0.371**	0.248**	0.379**	0.353**	0.775	
企业绩效	0.668**	0.615**	0.606**	0.660**	0.660**	0.634**	0.704**	0.359**	0.397**	0.740

资料来源：笔者整理，* 表示 $p<0.05$；** 表示 $p<0.01$；*** 表示 $p<0.001$。

第四节　结构方程模型分析

一、整体模型拟合分析

　　利用 AMOS26.0 执行计算，使用最大似然法对数字化转型、数字化能力、价值共创与企业绩效关系进行估计，结果如图 6-1 所示。

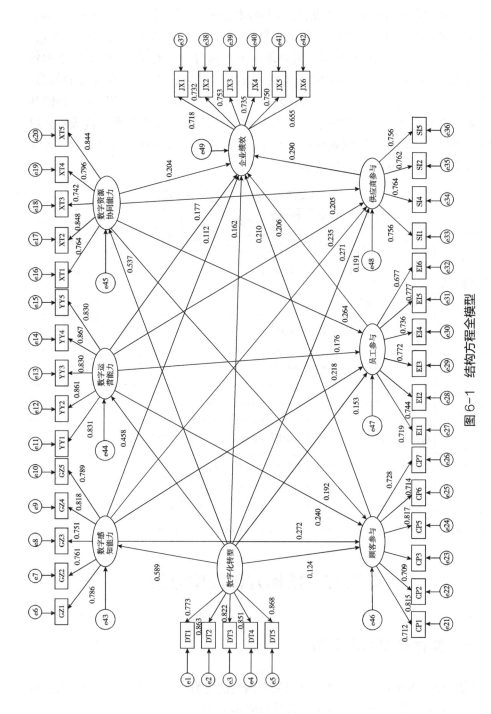

图6-1 结构方程全模型

资料来源：笔者绘制。

由表 6-14 可知，整体模型 CMIN/DF 为 1.365，小于 3；GFI、AGFI、NFI、TLI、IFI、CFI 分别为 0.930、0.921、0.943、0.984、0.983、0.984，均达到 0.9 以上的标准；SRMR 为 0.051，小于 0.08；RMSEA 为 0.023，小于 0.08。结构方程模型各主要拟合指标均符合通常的评估标准，因此可以认为该模型整体配适度良好。

表 6-14　结构方程模型拟合度

模型拟合指标	最优标准值	统计值	拟合情况
CMIN	—	1088.073	—
DF	—	797	—
CMIN/DF	<3	1.365	好
SRMR	<0.08	0.051	好
GFI	>0.9	0.930	好
AGFI	>0.9	0.921	好
NFI	>0.9	0.943	好
TLI	>0.9	0.984	好
IFI	>0.9	0.983	好
CFI	>0.9	0.984	好
RMSEA	<0.08	0.023	好

资料来源：笔者整理。

二、路径系数分析

表 6-15 显示了各变量之间的路径系数。根据各个变量间主要路径系数的 p 值可以得出以下五点：

（1）数字化转型对企业绩效存在显著正向影响（β =0.162，$p<0.001$），假设 H1 成立。

（2）数字化转型对数字化能力的三个维度包括数字感知能力、数字运营能力、数字资源协同能力均存在显著正向影响（β =0.589，$p<0.001$；β =0.458，$p<0.001$；β =0.537，$p<0.001$），假设 H2a、H2b、H2c 得证。

（3）数字化能力的三个维度包括数字感知能力、数字运营能力、数字资源协同能力对企业绩效均存在显著正向影响（β =0.112，$p<0.001$；β =0.177，$p<0.001$；β =0.204，$p<0.001$），假设 H3a、H3b、H3c 得证。

（4）数字化转型对价值共创的三个维度包括顾客参与价值共创、员工参与价值共创、供应商参与价值共创均存在显著正向影响（β=0.124，p<0.05；β=0.153，p<0.01；β=0.191，p<0.001），假设 H4a、H4b、H4c 得证。

（5）价值共创的三个维度包括顾客参与价值共创、员工参与价值共创、供应商参与价值共创对企业绩效均存在显著正向影响（β=0.21，p<0.001；β=0.206，p<0.001；β=0.29，p<0.001），假设 H5a、H5b、H5c 得证。

表6-15　路径系数

路径			标准化系数	非标准化系数	S.E.	C.R.	p
数字感知能力	←	数字化转型	0.589	0.49	0.036	13.534	***
数字运营能力	←	数字化转型	0.458	0.411	0.037	11.04	***
数字资源协同能力	←	数字化转型	0.537	0.427	0.035	12.354	***
顾客参与价值共创	←	数字化转型	0.124	0.118	0.054	2.195	0.028
顾客参与价值共创	←	数字感知能力	0.272	0.311	0.055	5.661	***
顾客参与价值共创	←	数字运营能力	0.24	0.255	0.044	5.796	***
顾客参与价值共创	←	数字资源协同能力	0.192	0.229	0.053	4.328	***
员工参与价值共创	←	数字化转型	0.153	0.113	0.042	2.661	0.008
员工参与价值共创	←	数字感知能力	0.218	0.193	0.043	4.537	***
员工参与价值共创	←	数字运营能力	0.176	0.145	0.034	4.255	***
员工参与价值共创	←	数字资源协同能力	0.264	0.244	0.042	5.762	***
供应商参与价值共创	←	数字化转型	0.191	0.202	0.059	3.406	***
供应商参与价值共创	←	数字感知能力	0.271	0.344	0.06	5.731	***
供应商参与价值共创	←	数字运营能力	0.235	0.276	0.048	5.755	***
供应商参与价值共创	←	数字资源协同能力	0.205	0.272	0.058	4.673	***
企业绩效	←	数字化转型	0.162	0.12	0.024	5.065	***
企业绩效	←	数字感知能力	0.112	0.099	0.026	3.896	***
企业绩效	←	数字运营能力	0.177	0.146	0.021	6.995	***
企业绩效	←	数字资源协同能力	0.204	0.19	0.026	7.387	***
企业绩效	←	顾客参与价值共创	0.21	0.163	0.021	7.68	***
企业绩效	←	员工参与价值共创	0.206	0.207	0.027	7.572	***
企业绩效	←	供应商参与价值共创	0.29	0.204	0.022	9.11	***

资料来源：笔者整理，*** 表示 p<0.001。

三、数字化能力的中介效应检验

本书采用 Bootstrapping 方法对数字化能力在数字化转型与企业绩效间的中介效应进行检验。Bootstrapping 次数设置为 5000 次，置信区间设置为 95%，得出 Bias-Corrected 与 Percentile 在 95% 的置信水平下的数值，根据置信区间是否包含 0 判断中介效应是否显著。

如表 6-16 所示，"数字化转型—企业绩效"的总效应值为 0.79，在 Bias-Corrected 与 Percentile95% 的置信区间之内均不包含 0，表明总效应存在。"数字化转型—企业绩效"的直接效应值为 0.162，在 Bias-Corrected 与 Percentile95% 的置信区间之内均不包含 0，表明直接效应存在。进一步验证了 H1 成立。

"数字化转型—数字感知能力—企业绩效"的间接效应值为 0.066，在 Bias-Corrected 与 Percentile95% 置信区间之内均不包含 0，表明间接效应存在，H6a 得证。"数字化转型—数字运营能力—企业绩效"的间接效应值为 0.081，在 Bias-Corrected 与 Percentile95% 置信区间之内均不包含 0，表明间接效应存在，H6b 得证。"数字化转型—数字资源协同能力—企业绩效"的间接效应值为 0.109，在 Bias-Corrected 与 Percentile95% 置信区间之内均不包含 0，表明间接效应存在，H6c 得证。值得注意的是，根据标准化效应值大小可知，数字资源协同能力的中介作用相对较大，数字感知能力的中介作用偏弱，而数字运营能力的中介作用居中。

表 6-16　数字化能力的中介效应检验

路径	标准化效应值	Bias-Corrected 95%CI		Percentile 95%CI	
		Lower	Upper	Lower	Upper
总效应					
数字化转型—企业绩效	0.79	0.729	0.839	0.731	0.84
间接效应					
数字化转型—数字感知能力—企业绩效	0.066	0.029	0.102	0.029	0.101
数字化转型—数字运营能力—企业绩效	0.081	0.057	0.107	0.056	0.107
数字化转型—数字资源协同能力—企业绩效	0.109	0.084	0.14	0.083	0.139
直接效应					
数字化转型—企业绩效	0.162	0.103	0.22	0.103	0.22

资料来源：笔者整理。

四、价值共创的中介效应检验

同理，如表 6-17 所示，"数字化转型—顾客参与价值共创—企业绩效"的间接效应值为 0.026，在 Bias-Corrected 与 Percentile95% 的置信区间之内均不包含 0，表明间接效应存在，H7a 得证。"数字化转型—员工参与价值共创—企业绩效"的间接效应值为 0.031，在 Bias-Corrected 与 Percentile95% 的置信区间之内均不包含 0，表明间接效应存在，H7b 得证；"数字化转型—供应商参与价值共创—企业绩效"的间接效应值为 0.056，在 Bias-Corrected 与 Percentile95% 的置信区间之内均不包含 0，表明间接效应存在，H7c 得证。值得注意的是，根据标准化效应值大小可知，供应商参与价值共创的中介作用相对较大，顾客参与价值共创的中介作用偏弱，而员工参与价值共创的中介作用居中。

表6-17　价值共创的中介效应检验

路径	标准化效应值	Bias-Corrected 95%CI		Percentile 95%CI	
		Lower	Upper	Lower	Upper
总效应					
数字化转型—企业绩效	0.79	0.729	0.839	0.731	0.84
间接效应					
数字化转型—顾客参与价值共创—企业绩效	0.026	0.003	0.052	0.003	0.052
数字化转型—员工参与价值共创—企业绩效	0.031	0.009	0.057	0.009	0.056
数字化转型—供应商参与价值共创—企业绩效	0.056	0.023	0.091	0.023	0.091
直接效应					
数字化转型—企业绩效	0.162	0.103	0.22	0.103	0.22

资料来源：笔者整理。

五、数字化能力与价值共创的链式中介效应检验

同理，如表 6-18 所示，"数字化转型—数字感知能力—顾客参与价值共创—企业绩效"的间接效应值为 0.034，在 Bias-Corrected 与 Percentile95% 的置信区间之内均不包含 0，表明数字感知能力与顾客参与价值共创在数字化转型与企业绩效之间具有间接作用，链式中介效应存在。"数字化转型—数字运营能力—顾客参与价值共创—企业绩效"的间接效应值为 0.023，在 Bias-Corrected 与 Percentile95% 的置信区

间之内均不包含 0，表明数字运营能力与顾客参与价值共创在数字化转型与企业绩效之间具有间接作用，链式中介效应存在。"数字化转型—数字资源协同能力—顾客参与价值共创—企业绩效"的间接效应值为 0.022，在 Bias-Corrected 与 Percentile95% 的置信区间之内均不包含 0，表明数字资源协同能力与顾客参与价值共创在数字化转型与企业绩效之间具有间接作用，链式中介效应存在。"数字化转型—数字感知能力—员工参与价值共创—企业绩效"的间接效应值为 0.026，在 Bias-Corrected 与 Percentile95% 的置信区间之内均不包含 0，表明数字感知能力与员工参与价值共创在数字化转型与企业绩效之间具有间接作用，链式中介效应存在。"数字化转型—数字运营能力—员工参与价值共创—企业绩效"的间接效应值为 0.017，在 Bias-Corrected 与 Percentile95% 的置信区间之内均不包含 0，表明数字运营能力与员工参与价值共创在数字化转型与企业绩效之间具有间接作用，链式中介效应存在。"数字化转型—数字资源协同能力—员工参与价值共创—企业绩效"的间接效应值为 0.029，在 Bias-Corrected 与 Percentile95% 的置信区间之内均不包含 0，表明数字资源协同能力与员工参与价值共创在数字化转型与企业绩效之间具有间接作用，链式中介效应存在。"数字化转型—数字感知能力—供应商参与价值共创—企业绩效"的间接效应值为 0.046，在 Bias-Corrected 与 Percentile95% 的置信区间之内均不包含 0，表明数字感知能力与供应商参与价值共创在数字化转型与企业绩效之间具有间接作用，链式中介效应存在。"数字化转型—数字运营能力—供应商参与价值共创—企业绩效"的间接效应值为 0.031，在 Bias-Corrected 与 Percentile95% 的置信区间之内均不包含 0，表明数字运营能力与供应商参与价值共创在数字化转型与企业绩效之间具有间接作用，链式中介效应存在。"数字化转型—数字资源协同能力—供应商参与价值共创—企业绩效"的间接效应值为 0.032，在 Bias-Corrected 与 Percentile95% 的置信区间之内均不包含 0，表明数字资源协同能力与供应商参与价值共创在数字化转型与企业绩效之间具有间接作用，链式中介效应存在。

因此，假设 H8a1、H8a2、H8a3；假设 H8b1、H8b2、H8b3；假设 H8c1、H8c2、H8c3 分别得证。

表 6-18　数字化能力与价值共创的链式中介效应检验

路径	标准化效应值	Bias-Corrected 95%CI		Percentile 95%CI	
		Lower	Upper	Lower	Upper
总效应					
数字化转型—企业绩效	0.79	0.729	0.839	0.731	0.84

路径	标准化效应值	Bias-Corrected 95%CI		Percentile 95%CI	
		Lower	Upper	Lower	Upper
间接效应					
数字化转型—数字感知能力—顾客参与价值共创—企业绩效	0.034	0.02	0.051	0.019	0.051
数字化转型—数字运营能力—顾客参与价值共创—企业绩效	0.023	0.014	0.037	0.013	0.035
数字化转型—数字资源协同能力—顾客参与价值共创—企业绩效	0.022	0.012	0.035	0.011	0.034
数字化转型—数字感知能力—员工参与价值共创—企业绩效	0.026	0.014	0.042	0.013	0.041
数字化转型—数字运营能力—员工参与价值共创—企业绩效	0.017	0.008	0.029	0.008	0.027
数字化转型—数字资源协同能力—员工参与价值共创—企业绩效	0.029	0.018	0.044	0.018	0.043
数字化转型—数字感知能力—供应商参与价值共创—企业绩效	0.046	0.029	0.068	0.028	0.067
数字化转型—数字运营能力—供应商参与价值共创—企业绩效	0.031	0.019	0.048	0.018	0.047
数字化转型—数字资源协同能力—供应商参与价值共创—企业绩效	0.032	0.017	0.051	0.016	0.049
直接效应					
数字化转型—企业绩效	0.162	0.103	0.220	0.103	0.220

资料来源：笔者整理。

六、数字业务强度的调节效应检验

（一）数字业务强度在数字化转型与数字化能力之间的调节作用

本书使用层次回归法来检验数字业务强度在数字化转型与数字化能力之间调节作用。首先将行业类型、企业年龄、企业规模作为控制变量，数字化能力作为因变量构建 M1 进行回归分析。其次依次将数字化转型、数字业务强度放入 M2、M3 进行回归分析。最后构建数字化转型与数字业务强度的交乘项放入 M4 进行回归分析。由表 6-19 中 M4 可知，数字化转型与数字业务强度的交乘项对数字化能力具有显著正向影响（ β =0.141，p<0.001）。同时，绘制数字业务强度对数

字化转型与数字化能力的调节效应图，如图6-2所示。这表明数字业务强度在数字化转型与数字化能力之间存在正向调节作用，H9得证。

表6-19 数字业务强度在数字化转型与数字化能力之间的调节作用

变量	数字化能力			
	M1	M2	M3	M4
行业类型	0.007	−0.015	−0.012	−0.006
企业年龄	0.008	0.004	0.007	0.015
企业规模	−0.148***	−0.095**	−0.094**	−0.098**
数字化转型		0.6***	0.578***	0.545***
数字业务强度			0.069*	0.097**
数字化转型 × 数字业务强度				0.141***
R^2	0.022	0.378	0.383	0.401
R^2 变化	0.022	0.356	0.004	0.018
F	5.151**	103.762***	84.388***	75.883***

资料来源：笔者整理，* 表示 $p<0.05$；** 表示 $p<0.01$；*** 表示 $p<0.001$。

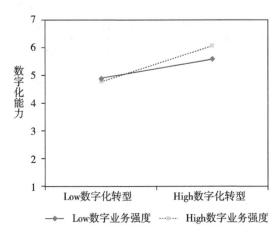

图6-2 数字业务强度对数字化转型与数字化能力的调节效应

资料来源：笔者绘制。

（二）数字业务强度在数字化能力与企业绩效之间的调节作用

同理，首先将行业类型、企业年龄、企业规模作为控制变量，企业绩效作为因变量构建M5进行回归分析。其次将数字化能力、数字业务强度放入M6、M7

进行回归分析。最后构建数字化能力与数字业务强度的交乘项放入 M8 进行回归分析。由表 6-20 中 M8 可知，数字化能力与数字业务强度的交乘项对企业绩效具有显著正向影响（β=0.061，p<0.01）。同时，绘制数字业务强度对数字化能力与企业绩效的调节效应图，如图 6-3 所示。这表明数字业务强度在数字化能力与企业绩效之间存在正向调节作用，H10 得证。

表6-20　数字业务强度在数字化能力与企业绩效之间的调节作用

变量	企业绩效			
	M5	M6	M7	M8
行业类型	0.015	0.009	0.015	0.017
企业年龄	0.013	0.007	0.013	0.015
企业规模	−0.13**	−0.009	−0.009	−0.011
数字化能力		0.814***	0.772***	0.755***
数字业务强度			0.166***	0.175***
数字化能力 × 数字业务强度				0.061**
R^2	0.017	0.665	0.69	0.694
R^2 变化	0.017	0.647	0.026	0.003
F	4.022**	337.932***	303.638***	256.806***

资料来源：笔者整理，* 表示 p<0.05；** 表示 p<0.01；*** 表示 p<0.001。

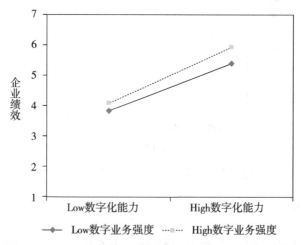

图 6-3　数字业务强度对数字化能力与企业绩效的调节效应

资料来源：笔者绘制。

七、竞争强度的调节效应检验

（一）竞争强度在数字化转型与价值共创之间的调节作用

使用层次回归法来检验竞争强度在数字化转型与价值共创之间调节作用。首先将行业类型、企业年龄、企业规模作为控制变量，价值共创作为因变量构建M9进行回归分析。其次依次将数字化转型、竞争强度放入M10、M11进行回归分析。最后构建数字化转型与竞争强度的交乘项放入M12进行回归分析。由表6-21中M12可知，数字化转型与竞争强度的交乘项对价值共创不具有显著影响（β=0.047，p>0.05）。这表明竞争强度在数字化转型与价值共创之间不存在正向调节作用，H11未得证。

表6-21　竞争强度在数字化转型与价值共创之间的调节作用

变量	价值共创			
	M9	M10	M11	M12
行业类型	0.009	−0.012	−0.007	−0.006
企业年龄	−0.035	−0.038	−0.029	−0.028
企业规模	−0.109**	−0.059	−0.045	−0.043
数字化转型		0.56***	0.495***	0.499***
竞争强度			0.318***	0.321***
数字化转型 × 竞争强度				0.047
R^2	0.013	0.324	0.421	0.423
R^2 变化	0.013	0.311	0.097	0.002
F	3.01*	81.791***	98.963***	83.09***

资料来源：笔者整理，* 表示 p<0.05；** 表示 p<0.01；*** 表示 p<0.001。

（二）竞争强度在价值共创与企业绩效之间调节作用

同理，首先将行业类型、企业年龄、企业规模作为控制变量，企业绩效作为因变量构建M13进行回归分析。其次依次将价值共创、竞争强度放入M14、M15进行回归分析。最后构建价值共创与竞争强度的交乘项放入M16进行回归分析。由表6-22中M16可知，价值共创与竞争强度的交乘项对企业绩效具有显著正向影响（β=0.063，p<0.01）。同时，绘制竞争强度对价值共创与企业绩效的调节效应图，如图6-4所示。这表明竞争强度在价值共创与企业绩效之间存在正向调节作用，H12得证。

表 6-22　竞争强度在价值共创与企业绩效之间的调节作用

变量	企业绩效			
	M13	M14	M15	M16
行业类型	0.015	0.008	0.008	0.006
企业年龄	0.013	0.042*	0.043*	0.038
企业规模	−0.13**	−0.039	−0.038	−0.04
价值共创		0.834***	0.813***	0.817***
竞争强度			0.051*	0.073**
价值共创 × 竞争强度				0.063**
R^2	0.017	0.704	0.707	0.71
R^2 变化	0.017	0.687	0.002	0.003
F	4.022**	406.456***	327.995***	277.352***

资料来源：笔者整理，* 表示 $p<0.05$；** 表示 $p<0.01$；*** 表示 $p<0.001$。

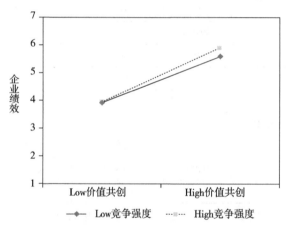

图 6-4　竞争强度对价值共创与企业绩效的调节效应

资料来源：笔者绘制。

第五节　结果讨论

本书构建中国制造企业数字化转型、数字化能力、不同主体参与价值共创、数字业务强度、竞争强度和企业绩效之间的理论模型，并对各变量之间的关系进行深入研究。本书首先对两家中国数字化转型制造企业冰山集团与海尔集团进行案例分析和讨论，梳理出核心构念间的逻辑关系，提出 3 个主要命题并构建理论模型。结合过往文献，通过逻辑推理提出 12 个主要研究假设。根据所收集的687 份有效样本，运用 SPSS 26.0 和 AMOS 26.0 软件对数据进行共同方法偏差检验、信度与效度检验、相关性分析、整体模型拟合分析、路径系数分析、层次回归分析等。研究假设检验结果汇总如表 6-23 所示。研究结果表明，在所提出的12 个主要假设中，有 1 个假设未得证。为进一步阐明各变量之间的关系，本书基于实证分析结果进行讨论与分析，进一步阐释得证假设背后的理论逻辑，并探讨未得证假设背后的原因所在。

表6-23　研究假设检验结果汇总

序号	假设	结果
H1	数字化转型对企业绩效具有正向影响	成立
H2	数字化转型对数字化能力有正向影响	
H2a	数字化转型对数字感知能力有正向影响	成立
H2b	数字化转型对数字运营能力有正向影响	成立
H2c	数字化转型对数字资源协同能力有正向影响	成立
H3	数字化能力对企业绩效具有正向影响	
H3a	数字感知能力对企业绩效具有正向影响	成立
H3b	数字运营能力对企业绩效具有正向影响	成立
H3c	数字资源协同能力对企业绩效具有正向影响	成立
H4	数字化转型对价值共创具有正向影响	
H4a	数字化转型对顾客参与价值共创具有正向影响	成立
H4b	数字化转型对员工参与价值共创具有正向影响	成立
H4c	数字化转型对供应商参与价值共创具有正向影响	成立
H5	价值共创对企业绩效具有正向影响	
H5a	顾客参与价值共创对企业绩效具有正向影响	成立
H5b	员工参与价值共创对企业绩效具有正向影响	成立
H5c	供应商参与价值共创对企业绩效具有正向影响	成立
H6	数字化能力在数字化转型与企业绩效间存在中介效应	
H6a	数字感知能力在数字化转型与企业绩效间存在中介效应	成立
H6b	数字运营能力在数字化转型与企业绩效间存在中介效应	成立

续表

序号	假设	结果
H6c	数字资源协同能力在数字化转型与企业绩效间存在中介效应	成立
H7	价值共创在数字化转型与企业绩效间存在中介效应	
H7a	顾客参与价值共创在数字化转型与企业绩效间存在中介效应	成立
H7b	员工参与价值共创在数字化转型与企业绩效间存在中介效应	成立
H7c	供应商参与价值共创在数字化转型与企业绩效间存在中介效应	成立
H8	数字化能力和价值共创在数字化转型与企业绩效间存在链式中介效应	
H8a1	数字感知能力与顾客参与价值共创在数字化转型与企业绩效间存在链式中介效应	成立
H8a2	数字运营能力与顾客参与价值共创在数字化转型与企业绩效间存在链式中介效应	成立
H8a3	数字资源协同能力与顾客参与价值共创在数字化转型与企业绩效间存在链式中介效应	成立
H8b1	数字感知能力与员工参与价值共创在数字化转型与企业绩效间存在链式中介效应	成立
H8b2	数字运营能力与员工参与价值共创在数字化转型与企业绩效间存在链式中介效应	成立
H8b3	数字资源协同能力与员工参与价值共创在数字化转型与企业绩效间存在链式中介效应	成立
H8c1	数字感知能力与供应商参与价值共创在数字化转型与企业绩效间存在链式中介效应	成立
H8c2	数字运营能力与供应商参与价值共创在数字化转型与企业绩效间存在链式中介效应	成立
H8c3	数字资源协同能力与供应商参与价值共创在数字化转型与企业绩效间存在链式中介效应	成立
H9	数字业务强度正向调节数字化转型与数字化能力关系	成立
H10	数字业务强度正向调节数字化能力与企业绩效关系	成立
H11	竞争强度正向调节数字化转型与价值共创关系	不成立
H12	竞争强度正向调节价值共创与企业绩效关系	成立

资料来源：笔者整理。

一、数字化转型对企业绩效的影响关系讨论

本书基于数字化转型理论、组织变革理论、数字化能力理论、价值共创理论等，从能力和价值创造模式两个角度深入探析了中国制造企业数字化转型对企业绩效的作用机理与影响路径。实证研究结果表明，企业数字化转型对企业绩效有积极作用。假设 H1 得证。一方面，数字化转型对于组织形成并不断提升自身的数字化能力具有重要价值，进而帮助企业更好地推进数字化变革、创新商业模式，赋能企业数字化成长。另一方面，数字化转型由于数字技术的动态性、可延展性、可编辑性、可自我参照性等物理特征，为组织提供一个开放和灵活的环境

（Yoo et al., 2012），企业边界得以拓展，帮助企业构建起强大的网络关系（Nasiri et al., 2020），改变制造企业价值创造范围以及价值获取方式（Matt et al., 2015；刘洋和李亮，2022；赵剑波，2022），多主体参与价值共创逐渐成为数字化转型企业价值创造主流范式，这为企业寻求新的价值增长点提供了更多可能性，从而提升了企业绩效。

此外，数字化转型对企业绩效的积极作用在案例企业中也有所体现。例如，冰山集团认为，数字化转型为企业数字化能力与价值生态建设指明了方向，进而衍生出新型服务商业模式，更好地优化了用户体验，提升了用户满意度。海尔集团则在年报中多次提到，其国内市场占有率、销售费用率、管理费用率等均受益于数字化变革。

二、数字化能力的中介效应讨论

本书以正在经历企业数字化转型的中国制造企业为研究对象，探讨了数字化能力（数字感知能力、数字运营能力和数字资源协同能力）在数字化转型与企业绩效间关系中的中介效应。本书将数字化能力界定为企业在数字化转型过程中形成和发展的一种组织能力，企业通过数字技术、资源、信息与具体业务活动的结合促进价值创造，并确保持续的竞争优势，并将其划分为数字感知能力、数字运营能力与数字资源协同能力三个维度，较为全面地揭示了数字化能力的内涵。实证研究结果表明，数字化转型对数字化能力各维度具有积极作用，数字化能力各维度对企业绩效具有积极作用，数字化能力各维度在数字化转型与企业绩效间发挥了中介效应，假设 H2a、H2b、H2c；假设 H3a、H3b、H3c；假设 H6a、H6b、H6c 分别得证。

企业数字化转型能够帮助企业建立起新的资源和能力。在这些新资源和新能力中，数字化能力作为数字经济时代企业的核心能力对企业保持并获得竞争优势存在诸多益处，例如，改善决策质量（简兆权等，2022）、促进知识获取与创造能力（李树文等，2021）、提升组织敏捷性（Ciampi et al., 2022）、推动资源拼凑（刘念等（2021）、推动技术创新（赵剑波，2022）等。具体来说：数字化转型通过数字感知能力强化企业对数据要素资源的深刻认知，提高基于场景需求的敏感性；通过数字运营能力提升决策的科学性，优化数字化解决方案通过数字资源协同能力实现对组织内外部资源的整合与协同。研究发现，数字化转型通过数字感知能力、数字运营能力和数字资源协同能力提升了企业绩效。根据本书实证结果，在数字化能力的三个维度中，存在能力效应差异，也即数字资源协同能力的中介作用相对较大，数字感知能力的中介作用偏弱，而数字运营能力的中介作用居中。一个可能的解释是，数字感知能力一般被认为是隐含的嵌入在数字化能力的最表层，这种作用已经逐渐达成共识，以至于企业在数字化转型过程中越来越侧重其他能力的开发。在其他类似研究中也得出较为一致的结论（孟韬等，2021）。随着企业数字化转型进程以及企业边界拓展，数字资源协同能力的作用越来越凸显出来，这意味着利用数字技术建立更紧密的联系、更协同的机制成为转型企业当务之急。

此外，数字化能力的中介作用在案例企业中也有所体现。例如，冰山集团通过 BinGo 工业互联网平台，实现信息共享以及异质性资源的整合与协同。海尔集团提供的基于不同场景的智慧家庭数字解决方案中依托全屋感知系统迭代，实现多端数据统一采集，构建全屋感知服务模型，形成新式立体交互形态，最终提升了用户体验与市场占有率。

三、价值共创的中介效应讨论

本书以正在经历企业数字化转型的中国制造企业为研究对象，探讨了价值共创（顾客参与价值共创、供应商参与价值共创和员工参与价值共创）在数字化转型与企业绩效间关系中的中介效应。实证研究结果表明，数字化转型对不同主体参与价值共创具有积极作用，不同主体参与价值共创对企业绩效具有积极作用，不同主体参与价值共创在数字化转型与企业绩效间发挥了中介效应，假设 H4a、H4b、H4c；假设 H5a、H5b、H5c；假设 H7a、H7b、H7c 分别得证。

数字化转型不仅可以为不同主体参与价值共创提供基础性支持，也进一步使价值网络、价值主张等价值创造方式发生变化（Vial，2019），促进价值共创（Li and Found，2017）。而将顾客、供应商、员工等利益相关方纳入价值创造中能够利用其知识与资源，并通过联合行动不断拓展企业生态圈，进而强化组织内外部链接、形成更为稳固的信任关系、强化组织承诺，最终提升企业绩效。从这个意义上来讲，价值共创行为也被视作获取生态优势的过程（张宝建等，2021）。

根据本书实证结果，在不同主体参与价值共创的三个维度中，存在效应差异，也即供应商参与价值共创的中介作用相对较大，顾客参与价值共创的中介作用偏弱，而员工参与价值共创的中介作用居中。一个可能的解释是，虽然顾客决定市场，但供应商与企业基于契约关系降低了交易费用，并且往往供应商更容易从具体的可操作性角度给出产品建议，反过来讲，企业往往也不一定完全能够领会顾客较为模糊的意图。另外，文献指出，价值主张可以由供应商单独创建，或者供应商可以由顾客协助共同创建（Lusch and Vargo，2008）。由于供应商控制生产和协商阶段，结合起来创造了价值主张（Pires et al.，2015），这在一定程度上可能表明数字经济背景下供应商在价值共创的作用可能越来越重要。当然，这并不意味着顾客参与价值共创的重要性有所降低，这也恰恰表明数字化转型企业持更加开放的心态、积极向价值链上游寻求知识，以更好地服务用户做出了卓越努力。

需要指出的是，数字感知能力、数字运营能力与数字资源协同能力的中介作用都较不同主体参与价值共创的中介作用强。产生这种结果的原因可能在于，大多数制造企业的数字化转型往往先聚焦于自身的数字化能力的培养与提升，也即"修炼内功"，然后逐步产生能力的"外溢效应"，再将更多的利益相关方纳入价值共创考量范畴。

此外，价值共创的中介作用在案例企业中也有所体现。例如，冰山集团的数字化转型围绕用户需求，并淡化"甲方乙方"思维，价值共创使顾客、供应商比之前更主动，更关注过程，也更愿意提前介入到设计前端并进行持续改进。海尔集团强调"人人都参与数字化转型，人人都专注价值创造"。张瑞敏曾指出，在搭建完创客平台后，每位创客都能基于此增加产品价值。另外，海尔集团还通过向社会开放供应链资源，使得供应商、用户都能参与到用户全流程价值创造中来。

四、数字化能力与价值共创的链式中介效应讨论

本书以正在经历企业数字化转型的中国制造企业为研究对象，探讨了数字化能力（数字感知能力、数字运营能力和数字资源协同能力）、价值共创（顾客参与价值共创、供应商参与价值共创和员工参与价值共创）在数字化转型与企业绩效间的链式中介效应。实证研究结果表明，数字化转型依次通过数字化能力各维度以及不同主体参与价值共创对企业绩效具有积极作用，数字化能力和价值共创在数字化转型与企业绩效间发挥了链式中介效应，假设 H8a1、H8a2、H8a3；假设 H8b1、H8b2、H8b3；假设 H8c1、H8c2、H8c3 分别得证。

企业数字化转型机制的核心是数字化能力与价值创造能力（王强等，2020）。一方面，企业数字化转型能够促使企业形成并发展数字化能力，赋能企业价值创造（如价值主张、价值网络、数字化渠道、敏捷性和双元性）（Vial，2019），而价值创造是数据赋能实现的具体体现（张培和董珂隽，2023）。另一方面，数字化能力是高质量价值共创得以实现的重要条件和保证（Lenka et al.，2017）。数字化能力可以促进企业与顾客、供应商或用户等利益相关者之间的互动（Karimi and Walter，2015），优化利益相关者网络（Pagoropoulos et al.，2017），提升体验价值共创（Pranita，2020）等。因此，数字化转型通过数字化能力与价值共创的

链式中介作用能够提升企业绩效。

此外，数字化能力与价值共创的链式中介作用在案例企业中也有所体现。例如，冰山集团的数字化转型基于 BinGo 工业互联网平台不断开发其数字化能力，并为中小企业提供设备接入能力、定制化开发服务等，机房托管等新型服务模式逐渐从集团内部拓展到集团外部，进一步延伸了价值共创，进而改善了用户体验与企业绩效。海尔则通过"三翼鸟与智家"APP 双平台融合，强化了其数字化能力，实现用户全生命周期运营，更好地服务于用户参与价值共创，极大地提升了场景方案交易转化率。通过搭建跨区域、跨行业的全球协同共享的数字化采购平台，实现降本价值共享等。

五、数字业务强度的调节效应讨论

本书引入数字业务强度，以探讨其在数字化转型与数字化能力、数字化能力与企业绩效之间的调节效应。实证研究结果表明，数字业务强度在数字化转型与数字化能力之间的关系中发挥了调节效应，假设 H9 得证。数字业务强度在数字化能力与企业绩效之间的关系中发挥了调节效应，假设 H10 得证。

一方面，数字业务强度真正将企业对数字化导向和认知落到实处，使企业数字化转型不仅仅流于一种"口号"或"信号"，是引导、提升企业数字化能力跃迁的关键。另一方面，数字业务强度有助于企业更好地发展卓越的组织正念（Nwankpa and Roumani，2018）、激发网络外部性（Bharadwaj et al.，2013）、优化知识管理带来流程创新（Nwankpa et al.，2022）等。这些诸多益处能够进一步放大数字化能力对企业绩效的积极影响。本书与 Nwankpa 和 Datta（2017）的研究结论并不完全一致，他们认为，虽然数字业务强度可以提升组织绩效，并且可以中介 IT 能力对绩效的积极影响，但是高数字业务强度削弱了 IT 能力对组织绩效的积极影响。需要指出的是，本书更为强调数字化转型的组织变革属性（黄丽华等，2021；Hanelt et al.，2021），并且数字化能力与 IT 能力在概念上存在差异；研究情境的不同也可能导致结论的不一致。

此外，数字业务强度的调节作用在案例企业中也有所体现。例如，早在2012 年，冰山嘉德就提出国内制冷行业物联网系统理念，同年即投入到物联网系统的技术储备工作，经过几年的技术积累和储备，大大增强了其数字化能力，也为后来开发 BinGo 工业互联网平台打下了基础。正是凭借数字化能力的提升向国内外用户提供优质快速的服务，提高客户满意度。海尔集团则不断将前期战略布局产生的稳定现金流持续投资于数字化升级、人才建设以及未来创新模式。

此外，海尔集团还根据典型场景对数字业务先试点、再推广。海尔集团认为，这种做法"可以节省前期成本，当形成一定规模后，平均成本自然就降低了"。

六、竞争强度的调节效应讨论

本书引入竞争强度，以探讨其在数字化转型与价值共创、价值共创与企业绩效之间的调节效应。实证研究结果表明，竞争强度在数字化转型与价值共创之间的关系中并未发挥调节效应，假设 H11 未得证。竞争强度在价值共创与企业绩效之间的关系中发挥了调节效应，假设 H12 得证。

一方面，虽然竞争强度有助于企业从其他企业和利益相关者处获得知识补充（Wang et al.，2018），增加企业整合外部知识的可能性（Eslami et al.，2018），但是本书并未发现竞争强度在数字化转型与价值共创之间的调节作用。可能的原因有三点：①竞争强度较高时，企业可能在短时间内无法处理异质性知识的互补与协调问题，难以辨别真正对企业有用的知识，或者企业本身吸收能力不强，因此高竞争强度无法强化数字化转型对价值共创的积极影响。②当竞争强度较高时，企业维持与现有参与主体的交易费用、关系成本等可能高，开拓新市场获取新用户也需要花费更多的努力。这意味着企业可能只在有限范围内、一定程度上进行价值共创活动，并且价值共创的质量和效果难以保证。③由于数字化转型是一项系统性工程，当竞争强度较高时，企业对现阶段数字化转型可能持较为谨慎的态度，危机管理此时可能成为企业首要解决的重要议题，从而对数字化转型驱动价值共创产生影响。另一方面，高竞争强度意味着企业的利益相关方可能随时转向竞争对手，而不同主体深度参与价值共创可以强化用户黏性、锁定用户，进而建立起更密切的关系形成利益共同体，提高企业绩效水平。

此外，竞争强度对价值共创与企业绩效的调节作用在案例企业中也有所体现。面对激烈的市场竞争环境，冰山集团与海尔集团都致力于不断跨界合作，拓展价值共创领域，提升自身绩效。

第六节　本章小结

本章基于前文构建的理论模型与研究假设，运用问卷调查方法开展实证研究。首先，对成熟量表进行修正和完善形成初始问卷，将问卷发放给山东、辽宁等省制造业企业中高层管理者开展小样本预调研。根据预调研结果，再次对量表进行修改使之具有良好的结构效度，并保证其严谨性、易读性，最终形成正式调查问卷。其次，将正式问卷发放给山东、辽宁、浙江、江苏、广东等省制造业企业中高层管理者收集数据，得到有效问卷 687 份。再次，利用 SPSS 26.0 和 AMOS26.0 软件对有效问卷数据进行数据分析，包含样本特征分析、共同方法偏差检验、信度与效度检验、相关性分析、整体模型拟合分析、路径系数分析、层次回归分析等，实证检验第四章提出的研究假设。最后，对所得结论进行深入讨论。研究结果表明，所提出的 12 个主要假设中，有 1 个假设未得证。具体有六个结论：

（1）数字化转型对企业绩效具有正向促进作用。

（2）数字化能力在数字化转型与企业绩效之间具有中介作用。

（3）价值共创在数字化转型与企业绩效之间具有中介作用。

（4）数字化转型通过数字化能力、价值共创链式中介作用正向影响企业绩效。

（5）数字业务强度分别在数字化转型与数字化能力、数字化能力与企业绩效之间具有调节作用。

（6）竞争强度在价值共创与企业绩效之间具有调节作用。但是，并未发现竞争强度在数字化转型与价值共创之间具有调节作用。进一步地，本书对未得证假设做出理论阐释与原因探讨。

第七章

研究结论、建议与展望

本书聚焦于中国数字化转型情境，以中国制造业数字化转型企业为研究对象，深入探析了数字化转型对企业绩效的影响路径，刻画了数字化能力（数字感知能力、数字运营能力和数字资源协同能力）、价值共创（顾客参与价值共创、供应商参与价值共创和员工参与价值共创）、数字业务强度和竞争强度在数字化转型与企业绩效之间的作用机制。在前文实证分析与结果讨论的基础上，本章对数字化转型、数字化能力（数字感知能力、数字运营能力和数字资源协同能力）、价值共创（顾客参与价值共创、供应商参与价值共创和员工参与价值共创）、数字业务强度和竞争强度之间的关系进行系统性回顾与总结，基于理论与既有文献，阐释本书的理论贡献，并提出相应的管理建议、研究局限及未来研究方向。

第一节　研究结论与理论贡献

一、研究结论

本书从中国制造企业数字化转型现状与问题入手，基于数字化转型、组织变革、数字化能力及价值共创等理论，通过对冰山集团与海尔集团两家中国制造业数字化转型企业案例研究，构建企业数字化转型中数字化能力与价值共创作用机制模型，并提出3个命题。具体包括以下三个命题：命题1：对数字技术的深刻认知与数字化转型的稳步推进使企业重视自身数字化能力的打造，随着数字业务范围拓展与力度增大，激发企业开发新产品、提供新服务、创造新价值。命题2：数字化转型不断催生出多主体参与价值共创行为，随着外部竞争加剧，多主体参与价值共创为转型企业带来竞争优势的同时也实现了多方共赢。命题3：企业在数字化转型过程中，依靠数字化能力可以赋能多主体参与价值共创行为，提升企业绩效。

通过基于案例研究涌现的构念与构建的模型，引入数字化转型、数字化能力、价值共创、数字业务强度和竞争强度变量，提出研究假设。进而深刻揭示出数字化能力（数字感知能力、数字运营能力和数字资源协同能力）、价值共创（顾客参与价值共创、供应商参与价值共创和员工参与价值共创）在数字化转型与企业绩效之间发挥的中介及链式中介作用。同时，通过引入数字业务强度、竞争强度，探析数字化转型影响企业绩效的边界条件。

本书进一步采用问卷调查方法，以问卷星、微信、电子邮件和现场发放等形式发放问卷。发放地区包括山东、辽宁、浙江、江苏、广东等中国制造业数字化转型代表性区域，剔除明显乱答、漏答、前后不一致等问题问卷，最终获得 687份有效问卷。运用 SPSS 26.0 和 AMOS26.0 软件，对有效样本数据进行共同方法偏差检验、信度与效度检验、验证性因子分析、相关性分析、层次回归分析等检验。对所提假设进行验证，实证结果表明，所提出的 12 个主要假设中，有 1 个假设未得证。研究发现以下六点：①数字化转型对企业绩效具有正向促进作用。②数字化能力在数字化转型与企业绩效之间具有中介作用。③价值共创在数字化转型与企业绩效之间具有中介作用。④数字化转型通过数字化能力、价值共创链式中介作用正向影响企业绩效。⑤数字业务强度分别在数字化转型与数字化能力、数字化能力与企业绩效之间具有调节作用。⑥竞争强度在价值共创与企业绩效之间具有调节作用。但是，并未发现竞争强度在数字化转型与价值共创之间具有调节作用。

二、理论贡献

本书的结论与发现具有较高的理论贡献。基于数字化转型、数字化能力、组织变革及价值共创等相关理论，借鉴数字化转型、数字化能力、价值共创、企业绩效、数字业务强度和竞争强度等相关研究，构建企业数字化转型中数字化能力与价值共创作用机制模型，继而提出并检验所提假设，进一步解答数字化能力与价值共创究竟如何影响数字化转型与企业绩效间关系，在制造企业数字化转型过程中，数字业务强度、竞争强度作为边界条件又是如何发挥作用的等问题。基于此，本书的理论贡献主要有以下四点：

第一，响应对数字化能力应给予足够关注的学术倡议，将数字化能力纳入中国制造企业数字化转型机制研究中，并将其划分为三个维度，拓展了数字化能力理论应用的外延。近年来，学界提出"数字化能力的开发和利用"是实现数字化转型创新机制五种重要要素之一（Hanelt et al.，2021），制造业企业数字化转型的关键在于数字化能力（田震和陈寒松，2023）。虽然不乏有学者指出数字化能力在数字化转型中的重要作用，但对其进行的深入研究还很有限（Wielgos et al.，2021；Jedynak et al.，2021）。因此，数字化能力的理论建构和实证研究亟须深入探讨（Annarelli et al.，2021；张华和顾新，2023）。目前，有些研究将数字化能力作为数字化导向的一个维度（Kindermann et al.，2021），或者把数字化能力纳入数字化转型认知范畴（姚小涛等，2022）等。本书认为，数字化能力作为数字时代企业的一种核心组织能力，与数字化导向、数字化转型认知等概念均存在差异，因此将数字化能力纳入战略导向、认知范畴并不合适，本书也在一定程度上试图突破此局限性。

本书认为，由于数字技术的深度应用，数字化转型制造企业较之于传统制造企业边界更为模糊、组织结构更为扁平、组织更为开放、与外部联系更加紧密，因此数字化能力不能仅仅停留在对数字化基础设施能力、技术支撑能力、数字平台能力、创新能力等维度的考察。数字化能力不仅具有动态能力的属性（Annarelli et al.，2021），从价值共创的角度来说，数字化能力的核心在于智能能力、连接能力与分析能力（Lenka et al.，2017）。但 Lenka 等（2017）提出的连接能力（将信号和数据无线传输到云端；通过互连资产实现联网功能）与分析能力（通过数据逻辑化处理预测客户；通过场景模拟实现价值可视化）大多停留在数字技术应用层面，只有智能能力（嵌入智能组件提升智能功用；感知和获取使用和操作数据）

强调了对数字感知与获取方面。而从数字整合能力与数字重构能力维度对数字化能力的考量（张华和顾新，2023）又大多由数字平台能力衍生而来（Cenamor et al.，2019），对其界定也略显宽泛。因此，基于 Annarelli 等（2021）、Warner 和 Waeger（2019）、易加斌等（2022）、管运芳等（2022）的研究将数字化能力划分为数字感知能力、数字运营能力与数字资源协同能力更好地揭示数字化转型中数字化能力的内涵。与此同时，本书认为，数字化能力的上述三个维度不仅适用于互联网企业商业模式创新情境（易加斌等，2022）或是公司创业领域（管运芳等，2022），同样适用于中国制造企业数字化转型机制研究中，因此拓展了数字化能力应用的外延。

第二，本书得出的三条作用路径弥补了企业数字化转型中数字化能力与价值共创研究相对割裂的现状。本书认为，数字化转型基于数字技术的数字孪生、无限收敛、自我迭代等特性（陈冬梅等，2020），使企业得以不断突破组织边界并具备开放优势，在转型过程中实现企业数字化能力跃迁，进而赋能利益相关者参与价值共创，形成商业生态，最终带来绩效提升。主要体现在以下三个方面：

（1）基于中国情境实证检验了中国制造企业数字化转型中数字化能力不同维度的中介效应，揭示出企业数字化转型中不同维度的数字化能力作用。通常认为制造企业数字化转型可以形成数字化转型能力（钱晶晶和何筠，2021），而对数字化转型能否形成并促进数字化能力的关注不足。Annarelli 等（2021）从理论上将数字化能力作为数字化转型的结果，但他们未开展实证检验。虽然也有研究探讨了数字化能力与企业绩效的关系，但这些研究大多以数字平台能力或大数据分析能力作为数字化能力的代理变量（李树文等，2021），基于多个维度探讨数字化能力与绩效的相关研究不足且结论不一（Heredia et al.，2022；侯翠梅和苏杭，2023；侯光文和高晨曦，2022）。本书将数字化转型与企业绩效作为数字化能力的重要前因与结果进行理论分析与实证检验，建立起"数字化转型—数字化能力—企业绩效"路径。

（2）基于中国情境实证检验了中国制造企业数字化转型中价值共创不同维度的中介效应，揭示出企业数字化转型中多主体参与价值共创的作用。研究认为基于数字化新技术环境研究价值共创的机制问题值得进一步挖掘（张洪等，2021）。探索和分析技术驱动的价值共创过程中的经济行为者、实践和资源的作用，可以提供新的见解（Breidbach and Maglio，2016）。数字化转型由于数字技术的诸多物理特征，为组织提供了一个开放和灵活的环境（Yoo et al.，2012），借助这种开放优势企业边界得以不断拓展，进而形成价值网络与生态，改变价值创造来源、范围与方式，使价值共创成为数字化转型情境主流价值创造范式。数字化转型作为新一代数字技术与企业具体业务相结合的组织层面战略设计，是顾客参与价值主张创造的重要动机，而了解顾客和供应商等利益相关方参与的原因和方式是理解价值创造以有助于竞争优势的关键因素（Pires et al.，2015）。本书将价值共创理论引入数字化转型机制中进行理论推导与实证检验，建立起"数字化转型—价值共创—企业绩效"路径。

（3）基于中国情境实证检验了中国制造企业数字化转型中数字化能力与价值共创的链式中介效应，将数字化能力作为价值共创的一个重要前因，贡献于价值共创前因研究。Alves等（2016）指出"企业应如何组织自己以实现价值共创，需要什么资源来促进价值共创以及企业应实施什么机制实现价值共创过程"值得进一步探讨。在数字化转型背景下，尽管数字化能力与数字技术联系紧密，但是数字化能力并非仅仅是一种技术能力，它还关系到人力资源使用数字技术进行的协作和革新（Saputra et al.，2022），这意味着数字化使用户成为其价值形成中更活跃的主体（Lahteenmaki et al.，2022）。虽然现有文献对价值共创的模式等开展了深入探讨，然而仅有少量文献考察了数字化能力对价值共创的影响，对数字环境中有助于创造价值的能力建设的探索还十分有限（Warner and Waeger，2019）。Sebastian等（2017）研究发现，数字化战略存在两条路径可循，也即数字化解决方案战略或顾客参与战略，其中数字化解决方案战略侧重于通过整合产品、服务和数据来重新设定企业的价值主张，顾客参与战略则侧重通过顾客体验建立顾客信任、忠诚与黏性。本书认为，事实上，数字化解决方案战略的底层逻辑是以数字化能力为技术底座，而顾客参与战略只是多主体参与价值共创的一种形式，多主体参与价值共创同样需要以数字化能力为支撑。综上，本书认为价值创造是数据赋能实现的具体体现（张培和董珂隽，2023），数字化能力是实现价值共创的重要支撑（Lenka et al.，2017；Annarelli et al.，2021）。结合理论分析与现有研究，本书实证检验了数字化转型依次通过数字化能力与价值共创，进而提升企业绩效的作用机制，建立起"数字化转型—数字化能力—价值共创—企业绩效"路径。

第三，将数字化转型背景下的员工参与价值共创作为企业内部重要利益相关方的价值创造行为纳入到价值共创理论版图，贡献于价值共创理论。Ramaswamy（2011）认为，价值共同创造是一种合作实践，涉及顾客、供应商和其他利益相关者开发系统、产品或服务。在研究价值协同创造时，除了考虑顾客和供应商外，还应考虑涉及其他利益相关者（Galvagno and Dalli，2014）。企业数字化转型改变了价值创造主体、价值创造主体关系、价值创造主体融入程度等方面（孙新波等，2021），其对管理模式的影响已然变为了以数据、用户、生态链和员工为中心（钱晶晶和何筠，2021）。换言之，数字化转型背景下的价值共创研究缺少对员工参与这一组织内部重要要素的考量。因此，本书将员工这一企业组织内部重要主体纳入价值共创中，强调员工参与价值共创也是数字化转型背景下价值共创理论版图中不可或缺的一角，贡献于价值共创理论。

第四，丰富了企业数字化转型中数字化能力与价值共创作用机制的边界条件研究。数字化转型对企业绩效的影响受到企业内外部因素的共同作用（姚小涛等，2022），但是现有文献在一定程度上忽视了将组织内外部因素一同纳入企业数字化转型成效来研究（胡青，2020）。一方面，Cha 等（2015）认为，成功实现 IT 支持的组织变革的企业相对于不太成功的企业更有可能投资于特定的转型资源和能力。基于此观点，本书将数字业务强度作为"数字化转型—数字化能力—企业绩效"路径的调节变量。另一方面，Verhoef 等（2021）指出，未来应该探索哪些企业和市场变量调节了数字化转型和绩效之间的关系。基于此观点，本书将竞争强度作为"数字化转型—价值共创—企业绩效"路径的调节变量。因此，本书将组织内部的数字业务强度和组织外部的竞争强度引入数字化转型对企业绩效的作用机制，丰富了实现该作用机制的边界条件研究。

第二节　管理建议

本书通过构建数字化转型、数字化能力、价值共创、企业绩效、数字业务强度和竞争强度之间关系的理论模型，为中国数字化转型制造企业如何提升企业绩效提供理论指导，为制造企业更好地推进数字化转型进程提供可供参考的经验以优化数字化变革实践。主要提出以下四项建议：

第一，在制造企业数字化转型过程中，应充分重视数字化能力的培育、开发、运用与强化。一方面，数字化能力不仅是一种技术能力，且并非一蹴而就，需要制造企业深刻认知到持续的数字化能力建设之于企业数字化转型的重要意义。换言之，企业数字化能力的匮乏解释了缘何许多企业在一定程度上实现了数字化改造，但其成效并不理想。正如 Rupeika-Apoga 等（2022）所言："虽然许多行业都到该实现数字化的时候了，但内部发展必要的能力可能需要数年时间"。另一方面，由于数字化能力是一个多维度构念，企业在进行该能力开发与利用的整体规划时不能将数字化能力局限在某一具体层面，而应将其作为一个紧密协调的整体，纳入企业数字化成长的一部分。当然，由于数字化能力的多维性、多样性取决于企业和部门的具体需求，这也并不否认企业可以根据数字化转型进程有所侧重地开发数字化能力的某一方面。只有这样，企业才能充分受益于不同层面数字化能力的互补潜力，为企业与利益相关方创造新价值（Wielgos et al.，2021）。此外，企业可以围绕价值链不同环节进行数字化能力建设。例如，围绕生产管理和控制建设数字化能力，以促进准时生产、精益生产等先进生产模式；围绕供应链管理建设数字化能力，以加强企业内部产供销一体化，通过产业链上下游主体之间的资源共享和业务协同来实现供应链协同（Li 等，2022）。

第二，在制造企业数字化转型过程中，应重视不同主体参与价值共创的作用。

一方面，由于数字化转型价值获取系统是一种开放式价值生态系统（Zhang et al.，2023），在企业进行数字化转型时，应将更多或潜在的利益相关者纳入价值创造系统，践行价值共创理念。另一方面，企业必须能够管理其业务中涉及的多个参与者之间的关系，例如供应商、员工等（Bharadwaj et al.，2013）。由于有效的价值共创活动可能面临诸如联合行动成本、参与成本、协调成本等问题，因此，在形成价值共创或合作伙伴关系前，企业需要尽可能评估不同主体参与价值共创的成本和收益，以及企业与不同参与主体之间存在多大程度的协同作用，以成功执行提议的价值共创计划（Saha et al.，2022）。

第三，在制造企业数字化转型过程中，应正确认识到数字化能力对多主体参与价值共创的赋能作用，以更加开放的心态利用数字化能力的提升推动多主体参与价值共创的深度与广度。企业应更好地基于数字化技术和能力与利益相关方加强深度对话、合作与交流，建立紧密联系与信任机制，提升联合行动质量，共同提高风险承担水平，持续优化并完善企业数字生态系统建设。

第四，在制造企业数字化转型过程中，应系统规划并精准定位企业数字业务、时刻关注外部竞争环境变化。企业应对数字业务强度具有全局观念，遵循先在小范围试点、再进行逐步布局的原则。先对目前急需解决的关键业务进行数字化改造与投资，并对自身的数字化能力水平保持清晰认知。与此同时，企业要对竞争环境动态变化保持一定的敏感性，动态调整价值共创参与者的结构配置，以期发挥不同主体参与价值共创取得最大效力。

第三节　研究局限与展望

基于数字化转型理论、数字化能力理论、组织变革理论及价值共创理论等相关理论，本书揭示了数字化能力、价值共创在数字化转型与企业绩效间的中介以及链式中介作用，并分析了数字业务强度和竞争强度的调节作用，做出了较高的理论贡献，给出了具体的管理建议。但是，本书仍然存在四点不足之处，并期待后续研究作出补充。

第一，本书仅探讨了中国制造业数字化转型企业在特定阶段的表现。由于数字化转型是一个系统性工程，数字化能力的培养、运用和提升也是一个长期过程，并且价值共创活动可能更为复杂，因此，企业在数字化转型不同阶段的作用机制可能存在差异。这就要求后续研究应围绕数字化转型与数字化能力、价值共创之间更为动态且细致的组合、匹配等问题进行深入探究。

第二，由于数字化能力具有多维度和层次性，其维度划分可能并不一致，就制造企业而言，可能还存在其他划分方式，亟待后续研究推进以提高普适性（吉峰等，2022）。数字化能力的提升是一个相对缓慢的过程，其不同维度间可能还存在某种内在联系或作用关系，本书对此没有展开详细讨论，后续研究可以基于此进行深入研究。此外，由于数字化能力可能受制于企业的其他能力，本书并未探讨企业数字化转型过程中数字化能力与其他组织能力之间的关系，而纳入组织中其他类型能力和资源（如劳动和社会关系、营销能力等）的相互作用（Almeida et al.，2020），有助于深化对相关问题的理解。在数字化转型过程中究竟应该如何开发数字化能力也是未来一个重要的研究议题（Favoretto et al.，2022）。

第三，本书并未进一步细化某一主体参与价值共创的子维度，对其他利益相关方如竞争对手等参与价值共创等问题也存在不足。就单一参与主体的价值共创而言，具有不同表现形式，例如，顾客参与存在信息提供、顾企互动、共同开发、用户创新等多个子维度（孙建鑫等，2022），因此，未来可以进一步展开更为细致的研究。另外，与竞争对手、科研院所等其他利益主体形成战略联盟参与价值共创，进而实现更为广泛的生态圈以应对复杂环境的变化未来也可以进行深入讨论。虽然数字化转型的结果大多是正面的，但数字化转型既有积极影响，也有消极影响。由于价值共创是生态系统参与者之间吸收、应用和转化资源的动态复杂过程（Senyo et al.，2019），但如果过度消耗和转化资源，可能会产生价值共毁（Plé et al.，2010）。这意味着未来将数字化转型与价值共毁联系起来可能会深化我们对数字化转型结果的理解。

第四，本书基于案例研究和问卷调查研究方法，通过案例分析构建理论框架，继而提出研究假设并进行检验，但是由于数据收集范围有限、研究对象聚焦于中国制造企业，因此，研究结论的普适性需要进一步考察。未来可以继续扩大研究对象范围以提高结论普适性，也可以结合二手数据、实验研究和仿真研究等多种研究方法，克服上述局限性。

参考文献

［1］ Abbate T, Codini A P, Aquilani B.Knowledge Co-creation in Open Innovation Digital Platforms: Processes, Tools and Services[J]. Journal of Business & Industrial Marketing, 2019, 34 (7): 1434–1447.

［2］ Abbate T, Codini A, Aquilani B, et al.From Knowledge Ecosystems to Capabilities Ecosystems: When Open Innovation Digital Platforms Lead to Value Co-creation[J]. Journal of the Knowledge Economy, 2022, 13 (1): 290–304.

［3］ Agarwal R, Helfat C E.Strategic Renewal of Organizations[J]. Organization Science, 2009, 20 (2): 281–293.

［4］ Agrawal A K, Rahman Z.Roles and Resource Contributions of Customers in Value Co-creation[J]. International Strategic Management Review, 2015, 3 (1): 144–160.

［5］ Al-Haddad S, Kotnour T.Integrating the Organizational Change Literature: A Model for Successful Change[J]. Journal of Organizational Change Management, 2015, 28 (2): 234–262.

［6］ Almeida F , Santos J D , Monteiro J A . The Challenges and Opportunities in the Digitalization of Companies in a Post-COVID-19 World[J]. IEEE Engineering Management Review, 2020, 48 (3):97–103.

［7］ Almulhim A F.Smart Supply Chain and Firm Performance: the Role of Digital Technologies[J]. Business Process Management Journal, 2021, 27 (5): 1353–1372.

［8］ Alves H, Fernandes C, Raposo M.Value Co-creation: Concept and Contexts of Application and Study[J]. Journal of Business Research, 2016, 69 (5): 1626–1633.

［9］ Andal-Ancion A, Cartwright P, Yip G.Digital Transformation of Traditional Businesses[J]. MIT Sloan Management Review, 2003 (44): 34–41.

［10］ Ang S H.Competitive Intensity and Collaboration: Impact on Firm Growth Across Technological Environments[J]. Strategic Management Journal, 2008, 29 (10): 1057–1075.

［11］ Annarelli A, Battistella C, Nonino F, et al.Literature Review on Digitalization Capabilities: Co-citation Analysis of Antecedents, Conceptualization and Consequences[J]. Technological Forecasting and Social Change, 2021 (166):120635.

［12］ Annarelli A, Palombi G.Digitalization Capabilities for Sustainable Cyber Resilience: A Conceptual Framework[J]. Sustainability, 2021, 13 (23):13065.

［13］ Anning-Dorson T, Nyamekye M B.Engagement Capability, Innovation Intensity and Firm Performance: The Role of Competitive Intensity[J]. Journal of African Business, 2020, 21 (4): 493–508.

［14］ Arrow, K.J. Economic Welfare and the Allocation of Resources for Invention[A]// In: Nelson, R.R., Ed., The Rate and Direction of Inventive Activity[M]. Princeton University Press, Princeton, 1962:609–626.

［15］ Backstrom I, Lindberg M.Varying Involvement in Digitally Enhanced Employee–driven Innovation[J]. European Journal of Innovation Management, 2019, 22 (3): 524–540.

［16］ Bakotic D, Rogosic A.Employee Involvement as A Key Determinant of Core Quality Management Practices[J]. Total Quality Management & Business Excellence, 2017, 28 (11–12): 1209–1226.

［17］ Barile S, Bassano C, Piciocchi P, et al.Empowering Value Co–creation in the Digital Age[J]. Journal of Business & Industrial Marketing, 2021.

［18］ Barrett M, Davidson E, Prabhu J, et al.Service Innovation in the Digital Age: Key Contributions and Future Directions[J]. MIS Quarterly, 2015 (39): 135–154.

［19］ Barua A, Konana P, Whinston A, et al.An Empirical Investigation of Net–Enabled Business Value[J]. MIS Quarterly, 2004 (28): 585–620.

［20］ Beraldin A R, Danese P, Romano P.Employee Involvement for Continuous Improvement and Production Repetitiveness: A Contingency Perspective for Achieving Organisational Outcomes[J]. Production Planning & Control, 2020, 33 (4): 323–339.

［21］ Berghaus S , Back A . Disentangling the Fuzzy Front End of Digital Transformation: Activities and Approaches[C]. International Conference on Information Systems(ICIS), Seoul, Korea, 2017.

［22］ Bettiga D, Ciccullo F.Co–creation with Customers and Suppliers: an Exploratory Study[J]. Business Process Management Journal, 2019, 25 (2): 250–270.

［23］ Bharadwaj A S. A Resource–Based Perspective on Information Technology Capability and Firm Performance: An Empirical Investigation[J]. MIS Quarterly, 2000, 24 (1): 169–196.

［24］ Bharadwaj A, El Sawy O A, Pavlou P A, et al.Digital business Strategy: Toward A Next Generation of Insights[J]. Mis Quarterly, 2013, 37 (2): 471–482.

［25］ Bharadwaj S, Bharadwaj A, Bendoly E.The Performance Effects of Complementarities between Information Systems, Marketing, Manufacturing, and Supply Chain Processes[J]. Information Systems Research, 2007, 18 (4): 437–453.

［26］ Bonamigo A, Dettmann B, Frech C G, et al.Facilitators and Inhibitors of Value Co–creation in the Industrial Services Environment[J]. Journal of Service Theory and Practice, 2020, 30 (6): 609–642.

［27］ Bonamigo A, Frech C G.Industry 4.0 in Services: Challenges and Opportunities for Value Co–creation[J]. Journal of Services Marketing, 2021, 35 (4): 412–427.

［28］ Breidbach C F, Maglio P P.Technology–enabled Value Co–creation: An empirical Analysis of Actors, Resources, and Practices[J]. Industrial Marketing Management, 2016 (56): 73–85.

［29］ Bresciani S, Ciampi F, Meli F, et al.Using Big Data for Co–innovation Processes: Mapping the Field of Data–driven Innovation, Proposing Theoretical Developments and Providing A Research Agenda[J]. International Journal of Information Management, 2021 (60): 102347.

［30］ Carmeli A, Brammer S, Gomes E, et al.An Organizational Ethic of Care and Employee Involvement in Sustainability–related Behaviors: A Social Identity perspective[J]. Journal of

Organizational Behavior, 2017, 38 (9): 1380–1395.

[31] Ceccagnoli M, Forman C, Huang P, et al.Co–Creation of Value in a Platform Ecosystem: The Case of Enterprise Software[J]. MIS Quarterly, 2012, 36 (1): 263–290.

[32] Cenamor J, Parida V, Wincent J. How Entrepreneurial SMEs Compete through Digital Platforms: The Roles of Digital Platform Capability, Network Capability and Ambidexterity[J]. Journal of Business Research, 2019 (100): 196–206.

[33] Cenamor J, Sjodin D R, Parida V.Adopting A Platform Approach in Servitization: Leveraging the Value of Digitalization[J]. International Journal of Production Economics, 2017 (192): 54–65.

[34] Cha K J, Hwang T, Gregor S.An Integrative Model of IT–enabled Organizational Transformation A Multiple Case Study[J]. Management Decision, 2015, 53 (8): 1755–1770.

[35] Chan R Y K, He H, Chan H K, et al.Environmental Orientation and Corporate Performance: The Mediation Mechanism of Green Supply Chain Management and Moderating Effect of Competitive Intensity[J]. Industrial Marketing Management, 2012, 41 (4): 621–630.

[36] Chen M J.Competitor Analysis and Interfirm Rivalry:Toward a Theoretical Integration[J]. Academy of Management Review, 1996, 21 (1):100–134.

[37] Chi M M, Wang W J, Lu X Y, et al.Antecedents and outcomes of collaborative Innovation Capabilities on the Platform Collaboration Environment[J]. International Journal of Information Management, 2018 (43): 273–283.

[38] Chiambaretto P, Bengtsson M, Fernandez A–S, et al.Small and Large Firms' Trade–off between Benefits and Risks when Choosing A Coopetitor for Innovation[J]. Long Range Planning, 2020, 53 (1): 101876.

[39] Cho J, Destefano T, Kim H, et al.What's Driving the Diffusion of Next–generation Digital Technologies?[J]. Technovation, 2022 (119): 102477.

[40] Ciampi F, Faraoni M, Ballerini J, et al.The Co–evolutionary Relationship between Digitalization and organizational Agility: Ongoing Debates, Theoretical Developments and Future Research Perspectives[J]. Technological Forecasting and Social Change, 2022 (176): 121383.

[41] Corley K, Gioia D.Identity Ambiguity and Change in the Wake of a Corporate Spin–Off[J]. Administrative Science Quarterly, 2004, 49 (2): 173–208.

[42] Corsaro D.Capturing the Broader Picture of Value Co–creation Management[J]. European Management Journal, 2019, 37 (1): 99–116.

[43] Cova B, Salle R.Marketing Solutions in Accordance with the S–D logic: Co–creating Value with Customer Network Actors[J]. Industrial Marketing Management, 2008, 37 (3): 270–277.

[44] Da Silva Freitas Junior J C, Maçada A C G, Goh J M. Information Visualization and Responsiveness as Digital Capabilities to Improve Digital Business Performance[C]. HCI in Business, Government and Organizations, 2018: 699–714.

[45] Dąbrowska J, Almpanopoulou A, Brem A, et al.Digital Transformation, for Better or Worse: A Critical Multi–level Research Agenda[J]. R&D Management, 2022, 52 (5): 930–954.

[46] De La Calle A, Freije I, Ugarte J, et al.Measuring the Impact of Digital capabilities on Product–service Innovation in Spanish Industries[J]. International Journal of Business

Environment, 2020 (11): 254.

［47］ Demartini M, Evans S, Tonelli F.Digitalization Technologies for Industrial Sustainability[J]. Procedia Manufacturing, 2019 (33): 264–271.

［48］ Du W, Pan S L, Huang J.How A Latecomer Company Used IT to Redeploy Slack Resources[J]. MIS Quarterly Executive, 2016, 15 (3): 195–213.

［49］ Dubey R, Gunasekaran A, Childe S J, et al.Big Data and Predictive Analytics and Manufacturing Performance: Integrating Institutional Theory, Resource–Based View and Big Data Culture[J]. British Journal of Management, 2019, 30 (2): 341–361.

［50］ Edu A, Agoyi M, Agozie D.Integrating Digital Innovation Capabilities Towards Value Creation: A Conceptual View[J]. International Journal of Intelligent Information Technologies, 2020, 16 (4): 37–50.

［51］ Eisenhardt K M . Building Theories from Case Study Research[J]. Academy of Management Review, 1989, 14 (4):532–550.

［52］ Eisenhardt K M.Better Stories and Better Constructs:The Case for Rigor and Comparative Logic[J]. Academy of Management Review, 1991, 16 (3):620–627.

［53］ Eisenhardt K, Graebner M.Theory Building From Cases: Opportunities And Challenges[J]. The Academy of Management Journal, 2007 (50): 25–32.

［54］ Ennew C, Binks M.Impact of Participative Service Relationships on Quality, Satisfaction and Retention: An Exploratory Study[J]. Journal of Business Research, 1999 (46): 121–132.

［55］ Eslami M H, Lakemond N, Brusoni S.The Dynamics of Knowledge Integration in Collaborative Product Development: Evidence from the Capital Goods Industry[J]. Industrial Marketing Management, 2018 (75): 146–159.

［56］ Fang E.Customer Participation and the Trade–off between New Product Innovativeness and Speed to Market[J]. Journal of Marketing, 2008, 72 (4): 90–104.

［57］ Favoretto C, Mendes G H D S, Filho M G, et al.Digital Transformation of business Model in Manufacturing Companies: Challenges and Research Agenda[J]. Journal of Business & Industrial Marketing, 2022, 37 (4): 748–767.

［58］ Feng T W, Sun L Y, Zhang Y.The Effects of Customer and Supplier Involvement on Competitive Advantage An Empirical Study in China[J]. Industrial Marketing Management, 2010, 39 (8): 1384–1394.

［59］ Filieri R, Alguezaui S.Structural Social Capital and Innovation: Is Knowledge Transfer the Missing Link?[J]. Journal of Knowledge Management, 2014, 18 (4): 728–757.

［60］ Firk S, Hanelt A, Oehmichen J, et al.Chief Digital Officers: An Analysis of the Presence of A Centralized Digital Transformation Role[J]. Journal of Management Studies, 2021, 58 (7):1800–1831.

［61］ Fletcher G, Griffiths M.Digital Transformation During A Lockdown[J]. International Journal of Information Management, 2020 (55): 102185.

［62］ Fornell C., Larcker D.F.Evaluating Structural Equation Models with Unobservable Variables and Measurement Error[J]. Journal of Marketing Research, 1981, 18 (1):39–50.

［63］ Foss N J, Saebi T.Fifteen Years of Research on Business Model Innovation: How Far Have We Come, and Where Should We Go?[J]. Journal of Management, 2017, 43 (1): 200–227.

[64] Frank A G, Mendes G H S, Ayala N F, et al.Servitization and Industry 4.0 Convergence in the Digital Transformation of Product Firms: A business Model Innovation Perspective[J]. Technological Forecasting and Social Change, 2019 (141): 341–351.

[65] Fu X R, Luan R, Wu H H, et al.Ambidextrous Balance and Channel Innovation Ability in Chinese business Circles: The Mediating effect of Knowledge Inertia and Guanxi Inertia[J]. Industrial Marketing Management, 2021 (93): 63–75.

[66] Galvagno M, Dalli D.Theory of Value Co–creation: A Systematic Literature Review[J]. Managing Service Quality, 2014, 24 (6): 643–683.

[67] Gao S Y, Ma X H, Zhao X.Entrepreneurship, Digital Capabilities, and Sustainable Business Model Innovation: A Case Study[J]. Mobile Information Systems, 2022:5822423.

[68] Gersick C.Revolutionary Change Theories: A Multilevel Exploration of the Punctuated Equilibrium Paradigm[J]. Academy of Management Review, 1991, 16 (1):10–36.

[69] Ghobakhloo M, Fathi M.Corporate Survival in Industry 4.0 Era: The Enabling Role of Lean-digitized Manufacturing[J]. Journal of Manufacturing Technology Management, 2020, 31 (1): 1–30.

[70] Ghobakhloo M, Iranmanesh M.Digital Transformation Success Under Industry 4.0: A Strategic Guideline for Manufacturing SMEs[J]. Journal of Manufacturing Technology Management, 2021, 32 (8): 1533–1556.

[71] Ghosh S, Hughes M, Hodgkinson I, et al.Digital Transformation of Industrial businesses: A Dynamic Capability Approach[J]. Technovation, 2022 (113): 102414.

[72] Gioia D A, Corley K G, Hamilton A L.Seeking Qualitative Rigor in Inductive Research: Notes on the Gioia Methodology[J]. Organizational Research Methods, 2013, 16 (1): 15–31.

[73] Goyal S, Ahuja M, Kankanhalli A.Does the Source of External Knowledge Matter? Examining the Role of Customer Co–creation and Partner Sourcing in Knowledge Creation and Innovation[J]. Information & Management, 2020, 57 (6): 103325.

[74] Gronroos C, Helle P.Adopting A Service Logic in Manufacturing Conceptual Foundation and Metrics for Mutual Value Creation[J]. Journal of Service Management, 2010, 21 (5): 564–590.

[75] Gronroos C, Voima P.Critical Service Logic: Making Sense of Value Creation and Co-creation[J]. Journal of the Academy of Marketing Science, 2013, 41 (2): 133–150.

[76] Guo Y L, Zhu Y, Chen J B.Business Model Innovation of IT–Enabled Customer Participating in Value Co–Creation Based on the Affordance Theory: A Case Study[J]. Sustainability, 2021, 13 (10):5753.

[77] Gurbaxani V , Dunkle D . Gearing Up For Successful Digital Transformation[J]. MIS Quarterly Executive, 2019, 18 (3):209–220.

[78] Haffke I, Kalgovas B, Benlian A. The Role of the CIO and the CDO in an Organization's Digital Transformation[C]. International Conference on Information Systems(ICIS), 2016.

[79] Hair J F, Tatham R L, Anderson R E, Black W.Multivariate Data Analysis[M]. Pearson Prentice Hall Upper Saddle River, NJ, 2006.

[80] Hallikas J, Immonen M, Brax S.Digitalizing Procurement: The Impact of Data Analytics on Supply chain Performance[J]. Supply Chain Management–an International Journal, 2021, 26 (5): 629–646.

［81］ Hanelt A, Bohnsack R, Marz D, et al.A Systematic Review of the Literature on Digital Transformation: Insights and Implications for Strategy and Organizational Change[J]. Journal of Management Studies, 2021, 58 (5): 1159–1197.

［82］ Hein A, Weking J, Schreieck M, et al.Value Co–creation Practices in business–to–business Platform Ecosystems[J]. Electronic Markets, 2019, 29 (3): 503–518.

［83］ Henson R K. Understanding Internal Consistency Reliability Estimates:A Conceptual Primer on Coefficient Alpha[J]. Measurement and Evaluation in Counseling and Development, 2001, 34 (3):177–189.

［84］ Heredia J, Castillo–Vergara M, Geldes C, et al.How Do Digital Capabilities Affect Firm Performance? The Mediating Role of Technological Capabilities in the "New Normal" [J]. Journal of Innovation & Knowledge, 2022, 7 (2): 100171.

［85］ Hess T, Matt C, Benlian A, et al. Options for Formulating A digital Transformation Strategy[J]. MIS Quarterly Executive, 2016, 15 (2): 123–139.

［86］ Hinings B, Gegenhuber T, Greenwood R.Digital Innovation and Transformation: An Institutional Perspective[J]. Information and Organization, 2018, 28 (1): 52–61.

［87］ Hogan S J, Coote L V.Organizational Culture, Innovation, and Performance: A Test of Schein's Model[J]. Journal of Business Research, 2014, 67 (8): 1609–1621.

［88］ Holopainen M, Saunila M, Ukko J.Value Creation paths of Organizations Undergoing Digital Transformation[J]. Knowledge and Process Management, 2023, 30 (2): 125–136.

［89］ Hoyer W D, Chandy R, Dorotic M, et al.Consumer Cocreation in New Product Development[J]. Journal of Service Research, 2010, 13 (3): 283–296.

［90］ Hussain S T, Lei S, Akram T, et al.Kurt Lewin's Change Model: A Critical Review of the Role of Leadership and Employee Involvement in Organizational Change[J]. Journal of Innovation & Knowledge, 2018, 3 (3): 123–127.

［91］ Iansiti M, Lakhani K.Digital Ubiquity: How Connections, Sensors, and Data Are Revolutionizing Business[J]. Harvard business Review, 2014, 92 (11):91–99.

［92］ Jacobs G, Van Witteloostuijn A, Christe-Zeyse J.A Theoretical Framework of Organizational Change[J]. Journal of Organizational Change Management, 2013, 26 (5): 772–792.

［93］ Jago A S.Algorithms and Authenticity[J]. Academy of Management Discoveries, 2019, 5 (1): 38–56.

［94］ Jarvi H, Kahkonen A K, Torvinen H.When Value Co–creation Fails: Reasons That Lead to Value Co–destruction[J]. Scandinavian Journal of Management, 2018, 34 (1): 63–77.

［95］ Javidroozi V, Shah H, Feldman G.A Framework for Addressing the Challenges of business Process Change During Enterprise Systems Integration[J]. Business Process Management Journal, 2020, 26 (2): 463–488.

［96］ Jaworski B, Kohli A.Market Orientation: Antecedents and Consequences[J]. Journal of Marketing, 1993 (57): 53–71.

［97］ Jedynak M, Czakon W, Kuzniarska A, et al.Digital Transformation of Organizations: What Do We Know and Where to Go Next?[J]. Journal of Organizational Change Management, 2021, 34 (3): 629–652.

［98］ Jiang H, Yang J X, Gai J L.How Digital Platform Capability Affects the Innovation

Performance of SMEs–Evidence from China[J]. Technology in Society, 2023 (72):102187.

［99］ Jick T D. Mixing Qualitative and Quantitative Methods: Triangulation in Action[J]. Administrative Science Quarterly, 1979, 24 (4):602–611.

［100］ Jing R T, Van De Ven A H.A Yin–Yang Model of Organizational Change: The Case of Chengdu Bus Group[J]. Management and Organization Review, 2014, 10 (1): 29–54.

［101］ Jones M D, Hutcheson S, Camba J D.Past, Present, and Future Barriers to Digital Transformation in Manufacturing: A Review[J]. Journal of Manufacturing Systems, 2021 (60): 936–948.

［102］ Judson A S . Changing Behavior in Organizations: Minimizing Resistance to Change[M]. Cambridge, MA:Basil Blackwell, 1991.

［103］ Karadayi–Usta S.An Interpretive Structural Analysis for Industry 4.0 Adoption Challenges[J]. Ieee Transactions on Engineering Management, 2020, 67 (3): 973–978.

［104］ Karimi J, Walter Z.The Role of Dynamic Capabilities in Responding to Digital Disruption: A Factor–Based Study of the Newspaper Industry[J]. Journal of Management Information Systems, 2015, 32 (1): 39–81.

［105］ Kastelli I, Dimas P, Stamopoulos D, et al.Linking Digital Capacity to Innovation Performance: The Mediating Role of Absorptive Capacity[J]. Journal of the Knowledge Economy, 2022 DOI:10.1007/s/3132–022–01092–w.

［106］ Keller R, Ollig P, Rovekamp P.Pathways to Developing Digital Capabilities within Entrepreneurial Initiatives in Pre–Digital Organizations A Single Case Study[J]. Business & Information Systems Engineering, 2022, 64 (1): 33–46.

［107］ Khan A, Tao M.Knowledge Absorption Capacity's Efficacy to Enhance Innovation Performance through Big Data Analytics and Digital Platform Capability[J]. Journal of Innovation & Knowledge, 2022, 7 (3): 100201.

［108］ Khin S, Ho T C F.Digital Technology, Digital Capability and Organizational Performance[J]. International Journal of Innovation Science, 2020, 11 (2): 177–195.

［109］ Kim D W, Trimi S, Hong S G, et al.Effects of Co–creation on Organizational Performance of Small and Medium Manufacturers[J]. Journal of Business Research, 2020 (109): 574–584.

［110］ Kindermann B, Beutel S, De Lomana G G, et al.Digital Orientation: Conceptualization and Operationalization of A New Strategic Orientation[J]. European Management Journal, 2021, 39 (5): 645–657.

［111］ Kohli R, Grover V. Business Value of IT: An Essay on Expanding Research Directions to Keep up with the Times[J]. Journal of the Association for Information Systems, 2008, 9 (1):23–39.

［112］ Kotter J. Leading change: Why Transformation Efforts fail[J]. Harvard Management Review, 1995, 73 (2):59–67.

［113］ Lahteenmaki I, Natti S, Saraniemi S.Digitalization–enabled Evolution of Customer Value Creation: An Executive View in Financial Services[J]. Journal of Business Research, 2022 (146): 504–517.

［114］ Le Dain M A, Calvi R, Cheriti S.Developing an Approach for Design–or–buy–design Decision–making[J]. Journal of Purchasing and Supply Management, 2010, 16 (2): 77–87.

［115］ Lenka S, Parida V, Wincent J.Digitalization Capabilities as Enablers of Value Co-Creation in Servitizing Firms[J]. Psychology & Marketing, 2017, 34 (1): 92-100.

［116］ Leo W W C, Laud G, Chou C Y.Digital Transformation for Crisis Preparedness: Service Employees' Perspective[J]. Journal of Services Marketing, 2022, 37 (3):351-370.

［117］ Leone D, Schiavone F, Appio F P, et al.How Does Artificial Intelligence Enable and Enhance Value Co-creation in Industrial Markets? An Exploratory Case Study in the Healthcare Ecosystem[J]. Journal of Business Research, 2021 (129): 849-859.

［118］ Levallet N, Chan Y E.Role of Digital Capabilities in Unleashing the Power of Managerial Improvisation[J]. Mis Quarterly Executive, 2018, 17 (1): 1-21.

［119］ Lewin K.Frontiers in Group Dynamics: Concept, Method and Reality in Social Science; Social Equilibria and Social Change[J]. Human Relations, 1947, 1 (1): 5-41.

［120］ Li A Q, Found P.Towards Sustainability: PSS, Digital Technology and Value Co-creation[J]. Procedia CIRP, 2017 (64): 79-84.

［121］ Li J, Zhou J, Cheng Y.Conceptual Method and Empirical Practice of Building Digital Capability of Industrial Enterprises in the Digital Age[J]. Ieee Transactions on Engineering Management, 2022, 69 (5): 1902-1916.

［122］ Li L, Su F, Zhang W, et al.Digital Transformation by SME Entrepreneurs: A Capability Perspective[J]. Information Systems Journal, 2018, 28 (6): 1129-1157.

［123］ Li L X, Tong Y, Wei L, et al.Digital Technology-enabled Dynamic Capabilities and Their Impacts on Firm Performance: Evidence from the COVID-19 Pandemic[J]. Information & Management, 2022, 59 (8):103689.

［124］ Li L, Zhu W, Wei L, et al.How Can Digital Collaboration Capability Boost Service Innovation? Evidence from the Information Technology Industry[J]. Technological Forecasting and Social Change, 2022 (182): 121830.

［125］ Li S H, Ragu-Nathan B, Ragu-Nathan T S, et al.The Impact of Supply Chain Management Practices on Competitive Advantage and Organizational Performance[J]. Omega-International Journal of Management Science, 2006, 34 (2): 107-124.

［126］ Li S, Peng G, Xing F, et al.Value Co-creation in Industrial AI: The Interactive Role of B2B Supplier, Customer and Technology Provider[J]. Industrial Marketing Management, 2021 (98): 105-114.

［127］ Lin T C, Sheng M L, Jeng W K.Dynamic Capabilities for Smart Manufacturing Transformation by Manufacturing Enterprises[J]. Asian Journal of Technology Innovation, 2020, 28 (3):403-426.

［128］ Lin X, Germain R.Antecedents to Customer Involvement in Product Development: Comparing US and Chinese Firms[J]. European Management Journal, 2004, 22 (2): 244-255.

［129］ Liu L J, Long J, Fan Q, et al.Examining the Functionality of Digital Platform Capability in Driving B2B Firm Performance: Evidence from Emerging Market[J]. Journal of Business & Industrial Marketing, 2023, 38 (9): 1941-1957.

［130］ Lozada N, Arias-Pérez J, Perdomo-Charry G.Big Data Analytics Capability and Co-innovation: An Empirical Study[J]. Heliyon, 2019, 5 (10): e02541.

［131］ Lyu C, Zhang F, Ji J, et al.Competitive Intensity and New Product Development Outcomes:

The Roles of Knowledge Integration and Organizational Unlearning[J]. Journal of Business Research, 2022 (139): 121–133.

[132] Maciuliene M, Skarzauskiene A.Conceptualizing Blockchain-based Value Co-creation: A Service Science Perspective[J]. Systems Research and Behavioral Science, 2021, 38 (3): 330–341.

[133] Maes G, Van Hootegem G.A Systems Model of Organizational Change[J]. Journal of Organizational Change Management, 2019, 32 (7): 725–738.

[134] Magistretti S, Pham C T A, Dell'era C.Enlightening the Dynamic Capabilities of Design Thinking in Fostering Digital Transformation[J]. Industrial Marketing Management, 2021 (97): 59–70.

[135] Mandal S.The Influence of Big Data Analytics Management Capabilities on Supply Chain Preparedness, Alertness and Agility An Empirical Investigation[J]. Information Technology & People, 2019, 32 (2): 297–318.

[136] Matarazzo M, Penco L, Profumo G, et al.Digital Transformation and Customer Value Creation in Made in Italy SMEs: A Dynamic Capabilities Perspective[J]. Journal of Business Research, 2021 (123): 642–656.

[137] Matt C, Hess T, Benlian A.Digital Transformation Strategies[J]. Business & Information Systems Engineering, 2015, 57 (5): 339–343.

[138] Melville N, Kraemer K, Gurbaxani V.Information Technology and Organizational Performance: An Integrative Model of IT Business Valu[J]. MIS Quarterly, 2004, 28 (2): 282–322.

[139] Metallo C, Agrifoglio R, Schiavone F, et al.Understanding business model in the Internet of Things Industry[J]. Technological Forecasting and Social Change, 2018 (136): 298–306.

[140] Mihardjo L, Sasmoko S, Alamsjah F, et al.Digital Transformation through Integration of Co-creation and Distinctive Operational Capability[J]. Talent Development and Excellence, 2020 (12): 393–407.

[141] Mishra A A, Shah R.In Union Lies Strength: Collaborative Competence in New Product Development and Its Performance effects[J]. Journal of Operations Management, 2009, 27 (4): 324–338.

[142] Mishra A N, Devaraj S, Vaidyanathan G.Capability Hierarchy in Electronic Procurement and Procurement Process Performance: An Empirical Analysis[J]. Journal of Operations Management, 2013, 31 (6): 376–390.

[143] Moorman C, Rust R T.The Role of Marketing[J]. Journal of Marketing, 1999, 63 (4): 180–197.

[144] Muller J, Kunisch S.Central Perspectives and Debates in Strategic Change Research[J]. International Journal of Management Reviews, 2018, 20 (2): 457–482.

[145] Muscio A, Ciffolilli A.What Drives the Capacity to Integrate Industry 4.0 Technologies? Evidence from European R&D Projects[J]. Economics of Innovation and New Technology, 2020, 29 (2): 169–183.

[146] Nakandala D, Yang R C, Lau H, et al.Industry 4.0 Technology Capabilities, Resilience and Incremental Innovation in Australian Manufacturing Firms: A Serial Mediation Model[J].

Supply Chain Management–an International Journal, 2023.

［147］Nambisan S. Designing Virtual Customer Environments for New Product Development: Toward A Theory[J]. Academy of Management Review, 2002, 27 (3):392–413.

［148］Nambisan, S., Baron, R. A Virtual Customer Environments: Testing A Model of Voluntary Participation in Value Co–creation Activities[J]. The Journal of Product Innovation Management, 2009, 26 (4):388–406.

［149］Nambisan S, Lyytinen K, Majchrzak A, et al.Digital Innovation Management: Reinventing Innovation Management Research in A Digital World[J]. Mis Quarterly, 2017, 41 (1): 223–238.

［150］Nambisan S, Wright M, Feldman M.The Digital Transformation of Innovation and Entrepreneurship: Progress, Challenges and Key Themes[J]. Research Policy, 2019, 48 (8):103773.

［151］Nasiri M, Saunila M, Ukko J, et al.Shaping Digital Innovation Via Digital–related Capabilities[J]. Information Systems Frontiers, 2020, 25 (3):1063–1080.

［152］Nasiri M, Ukko J, Saunila M, et al.Managing the Digital Supply Chain: The Role of Smart Technologies[J]. Technovation, 2020 (96–97):102121.

［153］Ndubisi N O, Dayan M, Yeniaras V, et al.The Effects of Complementarity of Knowledge and Capabilities on Joint Innovation Capabilities and Service Innovation: The Role of Competitive Intensity and Demand Uncertainty[J]. Industrial Marketing Management, 2020 (89): 196–208.

［154］Neirotti P.Work Intensification and Employee Involvement in Lean Production: New Light on A Classic Dilemma[J]. International Journal of Human Resource Management, 2020, 31 (15): 1958–1983.

［155］Newbert S L.Empirical Research on the Resource–based View of the Firm: An Assessment and Suggestions for Future Research[J]. Strategic Management Journal, 2007, 28 (2): 121–146.

［156］Ngo L V, O'cass A.Creating Value Offerings Via Operant Resource–based Capabilities[J]. Industrial Marketing Management, 2009, 38 (1): 45–59.

［157］Nwankpa J K, Roumani Y, Datta P.Process Innovation in the Digital Age of Business: the Role of Digital Business Intensity and Knowledge Management[J]. Journal of Knowledge Management, 2022, 26 (5): 1319–1341.

［158］Nwankpa J K, Roumani Y. IT Capability and Digital Transformation: A Firm Performance Perspective[C]. International Conference on Information Systems, 2016.

［159］Nwankpa J K, Roumani Y. Relationship between Digital Business Intensity and Process Innovation: An Empirical Examination Completed Research[C]. 24th Americas Conference on Information Systems (AMCIS) – Digital Disruption, 2018.

［160］Nwankpa J, Datta P.Balancing Exploration and Exploitation of IT Resources: The Influence of Digital Business Intensity on Perceived Organizational Performance [J]. European Journal of Information Systems, 2017,26 (5):469–488.

［161］Olabode O E, Boso N, Hultman M, et al.Big Data Analytics Capability and Market Performance: The Roles of Disruptive business Models and Competitive Intensity[J]. Journal of Business Research, 2022 (139): 1218–1230.

［162］Opresnik D, Taisch M.The Value of Big Data in Servitization[J]. International Journal of Production Economics, 2015 (165): 174–184.

［163］Osmundsen K, Iden J, Bygstad B. Digital Transformation: Drivers, Success Factors, and Implications[C]. The 12th Mediterranean Conference on Information Systems(MCIS), Korfu, Greece, 2018.

［164］Pagani M, Pardo C.The Impact of Digital Technology on Relationships in A Business Network[J]. Industrial Marketing Management, 2017 (67): 185–192.

［165］Pagoropoulos A, Maier A, Mcaloone T C.Assessing Transformational Change from Institutionalising Digital Capabilities on Implementation and Development of Product-Service Systems: Learnings from the Maritime Industry[J]. Journal of Cleaner Production, 2017 (166): 369–380.

［166］Palma F C, Trimi S, Hong S G.Motivation Triggers for Customer Participation in Value Co-creation[J]. Service Business, 2019, 13 (3): 557–580.

［167］Pan X, Oh K–S, Wang M.Strategic Orientation, Digital Capabilities, and New Product Development in Emerging Market Firms: The Moderating Role of Corporate Social Responsibility[J]. Sustainability, 2021, 13 (22).

［168］Pathak B, Ashok M, Tan Y L.Value Co–destruction: Exploring the Role of Actors' Opportunism in the B2B Context[J]. International Journal of Information Management, 2020 (52):102093.

［169］Payne E H M, Peltier J, Barger V A.Enhancing the Value Co–creation Process: Artificial Intelligence and Mobile Banking Service Platforms[J]. Journal of Research in Interactive Marketing, 2021, 15 (1): 68–85.

［170］Pena A I P, Jamilena D M F, Molina M a R.Value Co–creation Via Information and Communications Technology[J]. Service Industries Journal, 2014, 34 (13): 1043–1059.

［171］Peng M W, Sun S L, Pinkham B, et al.The Institution–Based View as a Third Leg for a Strategy Tripod[J]. Academy of Management Perspectives, 2009, 23 (3): 63–81.

［172］Pereira R, Liker J.Using Technology to Enhance PD Performance: A Comparative Case Study 3–D Scanning Technology Deployment[J]. Engineering Management Journal, 2021, 33 (2): 141–154.

［173］Perkins D D, Zimmerman M A.Enablement Theory, Research, and Application[J]. American Journal of Community Psychology, 1995, 23 (5): 569–579.

［174］Peter M K, Kraft C, Lindeque J.Strategic Action Fields of Digital Transformation[J]. Journal of Strategy and Management, 2020, 13 (1): 160–180.

［175］Piciocchi P, Spohrer J C, Martuscelli L, et al. T–Shape Professionals Co–working in Smart Contexts: VEGA(ST) – Venice Gateway for Science and Technology[C]. 8th International Conference on Applied Human Factors and Ergonomics and the Affiliated Conferences (AHFE) / 5th International Conference on the Human Side of Service Engineering (HSSE), 2017: 178–190.

［176］Pires G D, Dean A, Rehman M.Using Service Logic to Redefine Exchange in Terms of Customer and Supplier Participation[J]. Journal of Business Research, 2015, 68 (5): 925–932.

［177］Plé L, Chumpitaz Cáceres R.Not Always Co–creation: Introducing Interactional Co–

destruction of Value in Service–dominant Logic[J]. Journal of Services Marketing, 2010, 24 (6): 430–437.

[178] Ple L.Studying Customers' Resource Integration by Service Employees in Interactional Value Co–creation[J]. Journal of Services Marketing, 2016, 30 (2): 152–164.

[179] Plowman D A, Baker L T, Beck T E, et al.Radical Change Accidentally: The Emergence and Amplification of Small Change[J]. Academy of Management Journal, 2007, 50 (3): 515–543.

[180] Podsakoff P M, Mackenzie S B, Lee J–Y, Podsakoff N P. Common Method Biases in Behavioral Research: A Critical Review of the Literature and Recommended Remedies[J]. The Journal of Applied Psychology, 2003, 88 (5): 879–903.

[181] Prahalad C K, Ramaswamy V.Co–creating Unique Value with Customers[J]. Strategy & Leadership, 2004, 32 (3): 4–9.

[182] Prahalad C K, Ramaswamy V.Co–creation Experiences: The Next Practice in Value Creation[J]. Journal of Interactive Marketing, 2004, 18 (3): 5–14.

[183] Prajogo D I, Cooper B.The Individual and Organizational Level Effects of TQM Practices on Job Satisfaction[J]. International Journal of Manpower, 2017, 38 (2): 215–225.

[184] Pranita D . How Digital Capabilities Can Influence the Co–Creation of the Yacht–Tourism Experience: A Case Study of Indonesia's Marine Tourism Destinations[C]. 3rd International Conference on Vocational Higher Education (ICVHE 2018), 2020.

[185] Raine–Eudy R. Using Structural Equation Modeling to Test for Differential Reliability and Validity:An Empirical Demonstration[J]. Structural Equation Modeling, 2000, 7 (1):124–141.

[186] Rajagopalan N, Spreitzer G.Toward A Theory of Strategic Change: A Multi–lens Perspective and Intregrative Framework[J]. Academy of Management Review, 1997, 22 (1): 48–79.

[187] Ramaswami S N, Srivastava R K, Bhargava M.Market–based Capabilities and Financial Performance of Firms: Insights into Marketing's Contribution to Firm Value[J]. Journal of the Academy of Marketing Science, 2009, 37 (2): 97–116.

[188] Ramaswamy V.It's about Human Experiences... and Beyond, to Co–creation[J]. Industrial Marketing Management, 2011, 40 (2): 195–196.

[189] Rangus K, Drnovsek M, Di Minin A.Proclivity for Open Innovation: Construct Development and Empirical Validation[J]. Innovation–Organization & Management, 2016, 18 (2): 191–211.

[190] Rangus K, Slavec A.The Interplay of Decentralization, Employee Involvement and Absorptive Capacity on Firms' Innovation and Business Performance[J]. Technological Forecasting and Social Change, 2017 (120): 195–203.

[191] Ranjan K R, Read S.Bringing the Individual into the Co–creation of Value[J]. Journal of Services Marketing, 2019, 31 (7): 904–920.

[192] Ranjan K R, Read S.Value Co–creation: Concept and Measurement[J]. Journal of the Academy of Marketing Science, 2016, 44 (3): 290–315.

[193] Ravichandran T.Exploring the Relationships between IT Competence, Innovation Capacity and Organizational Agility[J]. Journal of Strategic Information Systems, 2018, 27 (1): 22–42.

[194] Ren S J, Hu C H, Ngai E W T, et al.An Empirical Analysis of Inter–organisational Value Co–creation in A Supply Chain: A Process Perspective[J]. Production Planning & Control, 2015, 26 (12): 969–980.

［195］ Ritter T, Pedersen C L.Digitization Capability and the Digitalization of business Models in business-to-business Firms: Past, Present, and Future[J]. Industrial Marketing Management, 2019 (86):180 – 190.

［196］ Rosenzweig E D.A Contingent View of E-collaboration and Performance in Manufacturing[J]. Journal of Operations Management, 2009, 27 (6): 462–478.

［197］ Rossini M, Cifone F D, Kassem B, et al.Being Lean: How to Shape Digital Transformation in the Manufacturing Sector[J]. Journal of Manufacturing Technology Management, 2021, 32 (9): 239–259.

［198］ Rupeika-Apoga R, Petrovska K, Bule L.The Effect of Digital Orientation and Digital Capability on Digital Transformation of SMEs during the COVID-19 Pandemic[J]. Journal of Theoretical and Applied Electronic Commerce Research, 2022, 17 (2): 669–685.

［199］ Saha V, Goyal P, Jebarajakirthy C.Value Co-creation: A Review of Literature and Future Research Agenda[J]. Journal of Business & Industrial Marketing, 2022, 37 (3): 612–628.

［200］ Sambamurthy V , Grover B V . Shaping Agility Through Digital Options: Reconceptualizing the Role of Information Technology in Contemporary Firms[J]. Mis Quarterly, 2003, 27 (2):237–263.

［201］ Saputra N, Sasanti N, Alamsjah F, et al.Strategic Role of Digital Capability on business Agility during COVID-19 era[J]. Procedia Computer Science, 2022 (197): 326–335.

［202］ Sarker S, Sarker S, Sidorova A.Understanding business Process Change Failure: An Actor-network Perspective[J]. Journal of Management Information Systems, 2006, 23 (1): 51–86.

［203］ Sashi C M.Digital Communication, Value Co-creation and Customer Engagement in business Networks: A Conceptual Matrix and Propositions[J]. European Journal of Marketing, 2021, 55 (6): 1643–1663.

［204］ Savastano M, Amendola C, Bellini F, et al.Contextual Impacts on Industrial Processes Brought by the Digital Transformation of Manufacturing: A Systematic Review[J]. Sustainability, 2019, 11 (3):891.

［205］ Schaarschmidt M, Bertram M.Digital business Intensity and Constructive Process Deviance: A Study of Reactions to Digitization-focused Process Innovation[J]. International Journal of Innovation Management, 2020, 24 (7):1–30.

［206］ Schmidt J, Drews P, Schirmer I, et al. Digitalization of the Banking Industry: A Multiple Stakeholder Analysis on Strategic Alignment[C]. 23rd Americas Conference on Information Systems (AMCIS), Boston, MA , 2017.

［207］ Schreckling E, Steiger C. Digitalize or Drown. Shaping the Digital Enterprise[M]. Cham: Springer, 2017:3–27.

［208］ Sebastian I M, Ross J W, Beath C, et al.How Big Old Companies Navigate Digital Transformation[J]. MIS Quarterly Executive, 2017, 16 (3): 197–213.

［209］ Senyo P K, Liu K C, Effah J.Digital business Ecosystem: Literature Review and A Framework for Future Research[J]. International Journal of Information Management, 2019 (47): 52–64.

［210］ Siaw C A, Sarpong D.Dynamic Exchange Capabilities for Value Co-creation in Ecosystems[J]. Journal of Business Research, 2021 (134): 493–506.

［211］ Siebel T M. Digital Transformation: Survive and Thrive in an Era of Mass Extinction[M].

RosettaBooks, 2019.

［212］Signoretti A.Overcoming the Barriers to the Implementation of More Efficient Productive Strategies in Small Enterprises[J]. Employee Relations, 2020, 42 (1): 149–165.

［213］Singh S, Sharma M, Dhir S.Modeling the Effects of Digital Transformation in Indian Manufacturing Industry[J]. Technology in Society, 2021 (67): 101763.

［214］Sjodin D, Parida V, Jovanovic M, et al.Value Creation and Value Capture Alignment in Business Model Innovation: A Process View on Outcome–Based Business Models[J]. Journal of Product Innovation Management, 2020, 37 (2): 158–183.

［215］Smit W.Insight in Cultural Change during Organizational Transformation: A Case Study[J]. Journal of Organizational Change Management, 2021, 34 (5): 1047–1062.

［216］Song L Z, Song M, Di Benedetto C A.Resources, Supplier Investment, Product Launch Advantages, and First Product Performance[J]. Journal of Operations Management, 2011, 29 (1–2): 86–104.

［217］Sousa–Zomer T T, Neely A, Martinez V.Digital Transforming Capability and Performance: A Microfoundational Perspective[J]. International Journal of Operations & Production Management, 2020, 40 (7–8): 1095–1128.

［218］Srinivasan R, Lilien G, Rangaswamy A.Technological Opportunism and Radical Technology Adoption: An Application to E–Business[J]. Journal of Marketing–J MARKETING, 2002 (66): 47–60.

［219］Srivastava S, Shainesh G.Bridging the Service Divide Through Digitally Enabled Service Innovations: Evidence from Indian Healthcare Service Providers[J]. MIS Quarterly, 2015 (39): 245–267.

［220］Steiber A, Alänge S, Ghosh S, et al.Digital Transformation of Industrial Firms: An Innovation Diffusion Perspective[J]. European Journal of Innovation Management, 2021, 24 (3): 799–819.

［221］Storbacka K, Brodie R J, Bohmann T, et al.Actor Engagement as a microfoundation for Value Co–creation[J]. Journal of Business Research, 2016, 69 (8): 3008–3017.

［222］Strobel M, Tumasjan A, Sporrle M, et al.Fostering Employees' Proactive Strategic Engagement: Individual and Contextual Antecedents[J]. Human Resource Management Journal, 2017, 27 (1): 113–132.

［223］Sugathan P, Ranjan K R, Mulky A G.Atypical Shifts Post–failure: Influence of Co–creation on Attribution and Future Motivation to Co–create[J]. Journal of Interactive Marketing, 2017, 38: 64–81.

［224］Sumukadas N.Employee Involvement: A Hierarchical Conceptualisation of Its Effect on Quality[J]. International Journal of Quality & Reliability Management, 2006, 23 (2): 143–161.

［225］Sun X B, Zhang Q Q.How Can Dynamic Capabilities Make Sense in Avoiding Value Co–creation traps?[J]. Management Decision, 2022, 60 (3): 735–757.

［226］Svahn F, Mathiassen L, Lindgren R.Embracing Digital Innovation in Incumbent Firms: How Volvo Cars Managed Competing Concerns[J]. Mis Quarterly, 2017, 41 (1): 239–253.

［227］Tams S, Grover V, Thatcher J.Modern Information Technology in An Old Workforce: Toward

A Strategic Research Agenda[J]. Journal of Strategic Information Systems, 2014, 23 (4): 284–304.

［228］Taylor S A, Hunter G L, Zadeh A H, et al.Value Propositions in A Digitally Transformed World[J]. Industrial Marketing Management, 2020 (87): 256–263.

［229］Teece D J.Profiting from Innovation in the Digital Economy: Enabling Technologies, Standards, and Licensing Models in the Wireless World[J]. Research Policy, 2018, 47 (8): 1367–1387.

［230］Teece D, Linden G.Business models, Value Capture, and the Digital Enterprise[J]. Journal of Organization Design, 2017, 6 (1): 1–14.

［231］Teng X Y, Wu Z, Yang F.Research on the Relationship between Digital Transformation and Performance of SMEs[J]. Sustainability, 2022, 14 (10):6012.

［232］Torres R, Sidorova A, Jones M C.Enabling firm Performance through business Intelligence and Analytics: A Dynamic Capabilities Perspective[J]. Information & Management, 2018, 55 (7): 822–839.

［233］Tortorella G L, Marodin G A, Fogliatto F S, et al.Learning Organisation and Human Resources Management Practices: An Exploratory Research in Medium–sized Enterprises Undergoing A Lean Implementation[J]. International Journal of Production Research, 2015, 53 (13): 3989–4000.

［234］Usai A, Fiano F, Messeni Petruzzelli A, et al.Unveiling the Impact of the Adoption of Digital Technologies on Firms' Innovation Performance[J]. Journal of Business Research, 2021 (133): 327–336.

［235］Vargo S L, Lusch R F.Service–dominant Logic: continuing the Evolution[J]. Journal of the Academy of Marketing Science, 2008, 36 (1): 1–10.

［236］Vargo S, Lusch R.Evolving to A New Dominant Logic for Marketing[J]. Journal of Marketing, 2004, 68 (1): 1–17.

［237］Vereycken Y, Ramioul M, Desiere S, et al.Human Resource Practices Accompanying Industry 4.0 in European Manufacturing Industry[J]. Journal of Manufacturing Technology Management, 2021, 32 (5):1016–1036.

［238］Verhoef P C, Broekhuizen T, Bart Y, et al.Digital Transformation: A Multidisciplinary Reflection and Research Agenda[J]. Journal of Business Research, 2021 (122): 889–901.

［239］Vial G.Understanding Digital Transformation: A Review and A Research Agenda[J]. Journal of Strategic Information Systems, 2019, 28 (2): 118–144.

［240］Wairimu J, Liao Q Y, Zhang L.Digital Investments in Organizational Learning and Entrepreneurial Agility[J]. Journal of Computer Information Systems, 2022, 62 (6): 1169–1181.

［241］Wang F, Zhao J, Chi M M, et al.Collaborative Innovation Capability in IT–enabled inter–firm Collaboration[J]. Industrial Management & Data Systems, 2017, 117 (10): 2364–2380.

［242］Wang M–C, Chen P–C, Fang S–C.A Critical View of Knowledge Networks and Innovation Performance: The Mediation Role of Firms' Knowledge Integration Capability[J]. Journal of Business Research, 2018 (88): 222–233.

［243］Wang Y, Jiang Z Z, Li X, et al.Research on Antecedent Configurations of Enterprise Digital

Transformation and Enterprise Performance from the Perspective of Dynamic Capability[J]. Finance Research Letters, 2023 (57):104170.

[244] Wang Y G, Tian Q H, Li X, et al.Different Roles, Different Strokes: How to Leverage Two Types of Digital Platform Capabilities to Fuel Service Innovation[J]. Journal of Business Research, 2022 (144): 1121–1128.

[245] Wang Y G, Wu J F, Yang Z L.Customer Participation and Project Performance: The Mediating Role of Knowledge Sharing in the Chinese Telecommunication Service Industry[J]. Journal of Business-to-Business Marketing, 2013, 20 (4): 227–244.

[246] Warner K S R, Waeger M.Building Dynamic Capabilities for Digital Transformation: An Ongoing Process of Strategic Renewal[J]. Long Range Planning, 2019, 52 (3): 326–349.

[247] Wengler S, Hildmann G, Vossebein U.Digital Transformation in Sales as An Evolving Process[J]. Journal of Business & Industrial Marketing, 2021, 36 (4): 599–614.

[248] West S, Stoll O, Meierhofer J, et al.Digital Twin Providing New Opportunities for Value Co-Creation through Supporting Decision-Making[J]. Applied Sciences-Basel, 2021, 11 (9):3750.

[249] Wielgos D M, Homburg C, Kuehnl C.Digital business Capability: Its Impact on Firm and Customer Performance[J]. Journal of the Academy of Marketing Science, 2021, 49 (4): 762–789.

[250] Wood S, Ogbonnaya C.High-Involvement Management, Economic Recession, Well-Being, and Organizational Performance[J]. Journal of Management, 2018, 44 (8): 3070–3095.

[251] Xie K, Wu Y, Xiao J, et al.Value Co-creation between Firms and Customers: The Role of Big Data-based Cooperative Assets[J]. Information & Management, 2016, 53 (8): 1034–1048.

[252] Xu H J, Tang C Y, Guo L.Exploring Service Employees' Involvement in Value Co-creation: Dimensions, Antecedents and Consequences[J]. Journal of Services Marketing, 2023, 37 (5):650–670.

[253] Xu X R, Hou G M, Wang J P.Research on Digital Transformation Based on Complex Systems: Visualization of Knowledge Maps and Construction of A Theoretical Framework[J]. Sustainability, 2022, 14 (5):2683.

[254] Xue F, Zhao X K, Tan Y Q.Digital Transformation of Manufacturing Enterprises: An Empirical Study on the Relationships between Digital Transformation, Boundary Spanning, and Sustainable Competitive Advantage[J]. Discrete Dynamics in Nature and Society, 2022 (16):

[255] Yi Y, Gong T.Customer Value Co-creation Behavior: Scale Development and Validation[J]. Journal of Business Research, 2013, 66 (9): 1279–1284.

[256] Yin, R. Case Study Research: Design and Methods[M]. Sage Publications, Thousand Oaks, CA, 2009.

[257] Yoo Y , Henfridsson O , Lyytinen K . Research Commentary – The New Organizing Logic of Digital Innovation: An Agenda for Information Systems Research[J]. Information Systems Research, 2010, 21 (4):724–735.

[258] Yoo Y, Boland R J, Lyytinen K, et al.Organizing for Innovation in the Digitized World[J]. Organization Science, 2012, 23 (5): 1398–1408.

［259］Yu J T, Moon T.Impact of Digital Strategic Orientation on Organizational Performance through Digital Competence[J]. Sustainability, 2021, 13 (17):9766.

［260］Yu J T, Wang J J, Moon T.Influence of Digital Transformation Capability on Operational Performance[J]. Sustainability, 2022, 14 (13):7909.

［261］Zaborek P, Mazur J.Enabling Value Co-creation with Consumers as A Driver of business Performance: A Dual Perspective of Polish Manufacturing and Service SMEs[J]. Journal of Business Research, 2019 (104): 541–551.

［262］Zeng H, Ran H, Zhou Q, et al.The Financial Effect of Firm Digitalization: Evidence from China[J]. Technological Forecasting and Social Change, 2022 (183): 121951.

［263］Zhang J C, Long J, Von Schaewen A M E.How Does Digital Transformation Improve Organizational Resilience?–Findings from PLS–SEM and fsQCA[J]. Sustainability, 2021, 13 (20): 22.

［264］Zhang J, Zhu M.When Can B2B Firms Improve Product Innovation Capability (PIC) through Customer Participation (CP)? The Moderating Role of Inter–organizational Relationships?[J]. Journal of Business & Industrial Marketing, 2019, 34 (1): 12–23.

［265］Zhang Y M, Ma X Y, Pang J N, et al.The Impact of Digital Transformation of Manufacturing on Corporate Performance–The Mediating Effect of business Model Innovation and the Moderating Effect of Innovation Capability[J]. Research in International Business and Finance, 2023 (64):101890.

［266］Zhao F F, Meng T, Wang W, Alam F, Zhang B C.Digital Transformation and Firm Performance: Benefit from Letting User Participate[J]. Journal of Global Information Management, 2023 31 (1) DOI:10.4018/JGIM.322104.

［267］Zhou N, Zhang S X, Chen J E, et al.The Role of Information Technologies (ITs) in Firms' Resource Orchestration Process: A Case Analysis of China's "Huangshan 168"[J]. International Journal of Information Management, 2017, 37 (6): 713–715.

［268］Zhu X M, Yu S B, Yang S.Leveraging Resources to Achieve High Competitive Advantage for Digital New Ventures: An Empirical Study in China[J]. Asia Pacific Business Review, 2022,29 (4):1079–1104.

［269］Zwass V.Co–Creation: Toward A Taxonomy and an Integrated Research Perspective[J]. International Journal of Electronic Commerce, 2010, 15 (1): 11–48.

［270］Achilles A.Armenakis, Arthur G.Bedeian, 陈福军, 吴晓巍.组织变革:20世纪90年代的理论与研究综述 [J]. 管理世界, 2010(10):158–166.

［271］安同良, 闻锐.中国企业数字化转型对创新的影响机制及实证［J］.现代经济探讨, 2022（5）：1–14.

［272］白福萍, 刘东慧, 董凯云.数字化转型如何影响企业财务绩效——基于结构方程的多重中介效应分析［J］.华东经济管理, 2022, 36（9）：75–87.

［273］蔡曙山.论数字化［J］.中国社会科学, 2001（4）：33–42+203–204.

［274］曾德麟, 蔡家玮, 欧阳桃花.数字化转型研究：整合框架与未来展望［J］.外国经济与管理, 2021, 43（5）：63–76.

［275］陈冬梅, 王俐珍, 陈安霓.数字化与战略管理理论——回顾、挑战与展望［J］.管理世界, 2020, 36（5）：220–236+20.

［276］陈国权，王婧懿，林燕玲.组织数字化转型的过程模型及企业案例研究［J］.管理评论，2021，33（11）：28-42.

［277］陈和，黄依婷.政府创新补贴对企业数字化转型的影响——基于A股上市公司的经验证据［J］.南方金融，2022（8）：19-32.

［278］陈建林."渐进式变革"还是"激进式变革"?——宗申集团与黄河集团管理模式变革的比较研究［J］.科学学与科学技术管理，2012，33（8）：144-151.

［279］陈凯华，冯泽，孙茜.创新大数据、创新治理效能和数字化转型［J］.研究与发展管理，2020，32（6）：1-12.

［280］陈楠，蔡跃洲.数字技术对中国制造业增长速度及质量的影响——基于专利应用分类与行业异质性的实证分析［J］.产业经济评论，2021（6）：46-67.

［281］陈庆江，王彦萌，万茂丰.企业数字化转型的同群效应及其影响因素研究［J］.管理学报，2021，18（5）：653-663.

［282］陈同扬，曹国年.不同先进制造技术应用阶段中人力资源管理实践影响效应研究［J］.管理世界，2009（11）：176-177.

［283］陈武，陈建安，李燕萍.工业互联网平台：内涵、演化与赋能［J］.经济管理，2022，44（5）：189-208.

［284］陈旭，江瑶，熊焰.数字化转型对企业绩效的影响机制和路径研究［J］.经济体制改革，2023，239（2）：112-120.

［285］陈衍泰，许燕飞，郭彦琳.数据驱动的动态管理能力构建机制研究——以杭州泛嘉集团为例［J］.管理评论，2022，34（1）：338-352.

［286］陈玉娇，宋铁波，黄键斌.企业数字化转型："随行就市"还是"入乡随俗"——基于制度理论和认知理论的决策过程研究［J］.科学学研究，2022，40（6）：1054-1062.

［287］池毛毛，王俊晶，王伟军.数字化转型背景下企业创新绩效的影响机制研究——基于NCA与SEM的混合方法［J］.科学学研究，2022，40（2）：319-331.

［288］池毛毛，叶丁菱，王俊晶，翟姗姗.我国中小制造企业如何提升新产品开发绩效——基于数字化赋能的视角［J］.南开管理评论，2020，23（3）：63-75.

［289］池仁勇，梅小苗，阮鸿鹏.智能制造与中小企业组织变革如何匹配？［J］.科学学研究，2020，38（7）：1244-1250+1324.

［290］池仁勇，郑瑞钰，阮鸿鹏.企业制造过程与商业模式双重数字化转型研究［J］.科学学研究，2022，40（1）：172-181.

［291］单标安，刘晓菊，赵润喆，吕兴群.组织能力、组织创新与数字化转型如何激发新产品开发绩效——基于fsQCA的组态效应研究［J］.研究与发展管理，2022，34（3）：81-93.

［292］德勤.工业4.0悖论：克服数字化转型道路上的脱节［J/OL］.2019，https：//www2.deloitte.com/cn/zh/pages/energy-and-resources/articles/the-industry-4-point-0-paradox.html.

［293］狄蓉，赵袁军，刘正凯."互联网＋"背景下服务型企业价值共创机理研究——以知识整合为中介变量［J］.首都经济贸易大学学报，2020，22（5）：102-112.

［294］杜丹丽，付益鹏，高琨.创新生态系统视角下价值共创如何影响企业创新绩效——一个有调节的中介模型［J］.科技进步与对策，2021，38（10）：105-113.

［295］杜勇，娄靖.数字化转型对企业升级的影响及溢出效应［J］.中南财经政法大学学报，

2022（5）：119–133.

［296］范合君，吴婷.新型数字基础设施、数字化能力与全要素生产率［J］.经济与管理研究，2022，43（1）：3–22.

［297］范景明，刘静，乔淑涵.企业如何通过连续价值创新实现转型升级？——基于间断平衡视角的纵向案例研究［J］.管理案例研究与评论，2021，14（4）：355–367.

［298］方聪聪，刘韬，崔淼等.各有所长：基于扎根理论的制造企业数字化能力的构成维度与类型研究［J］.管理案例研究与评论，2023，16（2）：222–238.

［299］冯军政，王海军，周丹，金姝彤.数字平台架构与整合能力的价值创造机制研究［J］.科学学研究，2022，40（7）：1244–1253.

［300］高会生，王成敏.基于动态能力理论的实体零售企业数字化转型探析［J］.商业经济研究，2020（1）：79–83.

［301］管运芳，唐震，田鸣，杜红艳.数字能力对公司创业的影响研究——竞争强度的调节效应［J］.技术经济，2022，41（6）：95–106.

［302］郭海，韩佳平.数字化情境下开放式创新对新创企业成长的影响：商业模式创新的中介作用［J］.管理评论，2019，31（6）：186–198.

［303］郭忠金.业务流程的内涵及业务流程变革模型综述［J］.现代管理科学，2010（3）：111–113.

［304］何帆，刘红霞.数字经济视角下实体企业数字化变革的业绩提升效应评估［J］.改革，2019（4）：137–148.

［305］侯翠梅，苏杭.智能化转型对企业创新绩效的影响研究——基于数字化能力的视角［J］.工程管理科技前沿，2023，42（2）：83–89.

［306］侯光文，高晨曦.数字化转型能力视角下企业网络结构对企业创新绩效的影响研究［J］.科技管理研究，2022，42（1）：106–111.

［307］侯光文，刘青青.网络权力与创新绩效：基于企业数字化能力视角［J］.科学学研究，2022，40（6）：1143–1152.

［308］胡斌，王莉丽.物联网环境下的企业组织结构变革［J］.管理世界，2020，36（8）：202–210+232+211.

［309］胡海波，卢海涛.企业商业生态系统演化中价值共创研究——数字化赋能视角［J］.经济管理，2018，40（8）：55–71.

［310］胡青，徐梦周，程杨.知识距离、协同能力与企业数字化转型绩效——基于浙江中小企业的多案例研究［J］.江西财经大学学报，2021（3）：29–42.

［311］胡青.企业数字化转型的机制与绩效［J］.浙江学刊，2020（2）：146–154.

［312］胡媛媛，陈守明，仇方君.企业数字化战略导向、市场竞争力与组织韧性［J］.中国软科学，2021（S1）：214–225.

［313］黄大禹，谢获宝，孟祥瑜，张秋艳.数字化转型与企业价值——基于文本分析方法的经验证据［J］.经济学家，2021（12）：41–51.

［314］黄大禹，谢获宝，邹梦婷等.数字化转型对企业风险承担水平的影响——作用机制与影响渠道［J］.科技进步与对策，2023，40（11）：1–10.

［315］黄丽华，朱海林，刘伟华，等.企业数字化转型和管理：研究框架与展望［J］.管理科学学报，2021，24（8）：26–35.

［316］吉峰，贾学迪，林婷婷.制造企业数字化能力的概念及其结构维度——基于扎根理论的

探索性研究［J］.中国矿业大学学报（社会科学版），2022，24（5）：151–166.

［317］吉祥熙，黄明.数字化水平与企业价值——基于资源协奏视角的实证研究［J］.现代经济探讨，2022（4）：105–113.

［318］简兆权，谭艳霞，刘念.大数据分析能力、决策质量与新服务开发绩效关系研究［J］.管理学报，2022，19（5）：740–748.

［319］江积海，李琴.平台型商业模式创新中连接属性影响价值共创的内在机理——Airbnb的案例研究［J］.管理评论，2016，28（7）：252–260.

［320］姜英兵，徐传鑫，班旭.数字化转型与企业双元创新［J］.经济体制改革，2022（3）：187–193.

［321］焦豪，杨季枫，王培暖等.数据驱动的企业动态能力作用机制研究——基于数据全生命周期管理的数字化转型过程分析［J］.中国工业经济，2021（11）：174–192.

［322］焦豪，杨季枫，应瑛.动态能力研究述评及开展中国情境化研究的建议［J］.管理世界，2021，37（5）：191–210+14+22–24.

［323］焦豪.双碳目标下国有企业数字化战略变革的模式、路径及保障机制研究［J］.北京工商大学学报（社会科学版），2022，37（3）：10–22.

［324］金永生，李吉音，李朝辉.网络导向、价值共创与新创企业绩效——制度环境与企业发展阶段的调节［J］.北京理工大学学报（社会科学版），2017，19（6）：70–78.

［325］赖晓冰，岳书敬.智慧城市试点促进了企业数字化转型吗？——基于准自然实验的实证研究［J］.外国经济与管理，2022，44（10）：117–133.

［326］赖晓烜，陈衍泰，范彦成.制造企业数据驱动动态能力的形成与演化［J］.科学学研究，2023，41（1）：113–122.

［327］李勃，和征，李随成.供应商参与新产品开发中制造商可信的形成与影响：基于期望理论［J］.研究与发展管理，2017，29（3）：53–63.

［328］李勃，徐慧，和征.如何使供应商参与绿色产品创新更有效——参与模式及治理形式适配的作用［J］.科技进步与对策，2021，38（18）：114–123.

［329］李海舰，李燕.企业组织形态演进研究——从工业经济时代到智能经济时代［J］.经济管理，2019，41（10）：22–36.

［330］李君，邱君降，成雨.工业企业数字化转型过程中的业务综合集成现状及发展对策［J］.中国科技论坛，2019（7）：113–118.

［331］李琦，刘力钢，邵剑兵.数字化转型、供应链集成与企业绩效——企业家精神的调节效应［J］.经济管理，2021，43（10）：5–23.

［332］李树文，罗瑾琏，葛元骎.大数据分析能力对产品突破性创新的影响［J］.管理科学，2021，34（2）：3–15.

［333］李小青，李秉廉.数字化创新研究热点演化分析［J］.统计与信息论坛，2022，37（5）：115–128.

［334］李晓华.制造业数字化转型与价值创造能力提升［J］.改革，2022（11）：24–36.

［335］李旭文，齐中英.认知视角下企业战略变革过程中的冲突形成研究［J］.管理评论，2019，31（4）：162–174.

［336］李雪欣，张正.品牌象征价值对消费者价值共创意愿的影响研究——被调节的中介模型［J］.软科学，2020，34（8）：116–122.

［337］李宇，王竣鹤.学习和忘却、组织韧性与企业数字化能力获取研究［J］.科研管理，

2022，43（6）：74-83.

［338］李载驰，吕铁.数字化转型：文献述评与研究展望［J］.学习与探索，2021（12）：130-138.

［339］廖民超，金佳敏，蒋玉石，高增安.数字平台能力与制造业服务创新绩效——网络能力和价值共创的链式中介作用［J］.科技进步与对策，2023，40（5）：55-63.

［340］林琳，吕文栋.数字化转型对制造业企业管理变革的影响——基于酷特智能与海尔的案例研究［J］.科学决策，2019（1）：85-98.

［341］刘飞.数字化转型如何提升制造业生产率——基于数字化转型的三重影响机制［J］.财经科学，2020（10）：93-107.

［342］刘念，简兆权，王鹏程.大数据分析能力与制造企业服务创新绩效：一个链式中介模型［J］.科技管理研究，2021，41（24）：125-135.

［343］刘启雷，张媛，雷雨嫣，陈关聚.数字化赋能企业创新的过程、逻辑及机制研究［J］.科学学研究，2022，40（1）：150-159.

［344］刘淑春，闫津臣，张思雪，林汉川.企业管理数字化变革能提升投入产出效率吗［J］.管理世界，2021，37（5）：170-190+13.

［345］刘洋，李亮.制造企业数字化转型：全球视角与中国故事［J］.研究与发展管理，2022，34（1）：1-7.

［346］刘政，姚雨秀，张国胜，匡慧姝.企业数字化、专用知识与组织授权［J］.中国工业经济，2020（9）：156-174.

［347］柳学信，杨烨青，孙忠娟.企业数字能力的构建与演化发展——基于领先数字企业的多案例探索式研究［J］.改革，2022（10）：45-64.

［348］卢宝周，尹振涛，张妍.传统企业数字化转型过程与机制探索性研究［J］.科研管理，2022，43（4）：83-93.

［349］鲁若愚，周阳，丁奕文，周冬梅，冯旭.企业创新网络：溯源、演化与研究展望［J］.管理世界，2021，37（1）：217-233+14.

［350］陆洋，王超贤.数字化转型量化评估研究的比较分析与最新进展［J］.科技进步与对策，2021，38（9）：152-160.

［351］吕潮林，彭灿，曹冬勤.双元学习、创新驱动过程与数字化转型：数字能力的调节作用［J］.系统管理学报，2023，32（2）：379-394.

［352］马鸿佳，王亚婧，苏中锋.数字化转型背景下中小制造企业如何编排资源利用数字机会？——基于资源编排理论的fsQCA研究［J/OL］.南开管理评论，2022：1-18［2023-10-01］.

［353］马永开，李仕明，潘景铭.工业互联网之价值共创模式［J］.管理世界，2020，36（8）：211-222.

［354］毛基业，陈诚.案例研究的理论构建：艾森哈特的新洞见——第十届"中国企业管理案例与质性研究论坛（2016）"会议综述［J］.管理世界，2017（2）：135-141.

［355］毛聚，李杰，张博文.CEO复合职能背景与企业数字化转型［J］.现代财经（天津财经大学学报），2022（9）：37-58.

［356］毛倩，顾颖，张洁.数字化体验环境、顾客——企业社会价值共创与顾客契合［J］.广东财经大学学报，2021，36（5）：61-74.

［357］毛素芳，余维新，牛兰兰.动态能力视角下传统制造企业数字化转型中机会开发过程研

究［J］.技术经济，2023，42（7）：126–140.

［358］孟韬，姚晨.环境突变背景下数字平台能力如何影响组织创新绩效？——基于组织即兴能力的中介作用［J］.科学学与科学技术管理，2023，44（5）：95–114.

［359］孟韬，赵非非，李佳雷，李东轩.老而弥新：耦合型开放式创新驱动的中国制造企业服务化和数字化协同共演研究［J］.产业经济评论（山东大学），2022，21（4）：66–97.

［360］孟韬，赵非非，张冰超.企业数字化转型、动态能力与商业模式调适［J］.经济与管理，2021，35（4）：24–31.

［361］倪克金，刘修岩.数字化转型与企业成长：理论逻辑与中国实践［J］.经济管理，2021，43（12）：79–97.

［362］潘善琳，崔丽丽.SPS案例研究方法［M］.北京：北京大学出版社，2016：88–128.

［363］裴璇，刘宇，王稳华.企业数字化转型：驱动因素、经济效应与策略选择［J］.改革，2023，351（5）：124–137.

［364］戚聿东，蔡呈伟.数字化对制造业企业绩效的多重影响及其机理研究［J］.学习与探索，2020（7）：108–119.

［365］戚聿东，杜博，温馨.国有企业数字化战略变革：使命嵌入与模式选择——基于3家中央企业数字化典型实践的案例研究［J］.管理世界，2021，37（11）：137–158+10.

［366］綦良群，王曦研.先进制造企业外部资源获取、协同能力与服务创新绩效研究［J］.学习与探索，2022，327（10）：113–120.

［367］钱晶晶，何筠.传统企业动态能力构建与数字化转型的机理研究［J］.中国软科学，2021（6）：135–143.

［368］任南，鲁丽军，何梦娇.大数据分析能力、协同创新能力与协同创新绩效［J］.中国科技论坛，2018（6）：59–66.

［369］尚航标，杨学磊，李卫宁.战略人力资源管理策略如何影响组织惯例更新——基于员工情感反应视角的解释［J］.管理世界，2022，38（3）：162–182.

［370］石川，任菲，李东.IT投资与企业市场价值关系的实证研究［J］.东北大学学报（社会科学版），2013，15（3）：245–250.

［371］宋立丰，宋远方，熊卓，国潇丹.高承诺人力资源管理下的组织承诺与组织文化变革机制——以中兴为例［J］.科学学与科学技术管理，2018，39（6）：149–160.

［372］苏敬勤，刘静，吕禾雨.案例研究为什么能为本土管理理论作出贡献——学理基础与构建路径［J］.财经问题研究，2023，472（3）：22–31.

［373］苏敬勤，孙悦，高昕.连续数字化转型背景下的数字化能力演化机理——基于资源编排视角［J］.科学学研究，2022，40（10）：1853–1863.

［374］孙国强，杨晶，闫绪娴.网络嵌入、知识搜索与组织韧性——数字化转型的调节作用［J］.科学决策，2021（11）：18–31.

［375］孙建鑫，马宝龙，赵莉.不同形式顾客参与对企业绿色服务创新的影响［J］.外国经济与管理，2022，44（7）：48–63.

［376］孙璐，李力，陶福平.信息交互能力、价值共创与竞争优势——小米公司案例研究［J］.研究与发展管理，2016，28（6）：101–113.

［377］孙新波，钱雨，张明超，李金柱.大数据驱动企业供应链敏捷性的实现机理研究［J］.管理世界，2019，35（9）：133–151+200.

［378］孙新波，苏钟海，钱雨等.数据赋能研究现状及未来展望［J］.研究与发展管理，

2020, 32（2）：155-166.

［379］孙新波，张媛，王永霞，孙浩博. 数字价值创造：研究框架与展望［J］. 外国经济与管理，2021，43（10）：35-49.

［380］孙元，张智明，胡峰. 基于 TOE 框架的制造业企业数字化能力提升模式探究［J］. 创新科技，2023，23（2）：67-78.

［381］谭国威，马钦海. 共创价值对顾客忠诚和员工工作绩效的影响［J］. 技术经济，2017，36（8）：55-60.

［382］谭国威，马钦海. 顾客能力对共创价值的作用路径［J］. 技术经济，2017，36（6）：66-71+119.

［383］汤萱，高星，赵天齐等. 高管团队异质性与企业数字化转型［J］. 中国软科学，2022（10）：83-98.

［384］田虹，田佳卉，张亚秋. 顾客参与价值共创、顾客知识转移与企业双元创新［J］. 科技进步与对策，2022，39（8）：121-130.

［385］田秀娟，李睿. 数字技术赋能实体经济转型发展——基于熊彼特内生增长理论的分析框架［J］. 管理世界，2022，38（5）：56-74.

［386］田震，陈寒松. 制造业企业何以构建数字化能力？——基于资源编排理论的案例研究［J］. 管理案例研究与评论，2023，16（4）：489-509.

［387］涂剑波，陈小桂. 用户与用户的互动、共创用户体验和用户共创价值的关系——以非交易类虚拟社区为例［J］. 武汉理工大学学报（社会科学版），2015，28（5）：942-948+1036.

［388］涂科，杨学成，苏欣，欧贤才. 共享经济中供应用户角色压力对持续价值共创行为的影响［J］. 南开管理评论，2020，23（6）：88-98.

［389］万文海，刘龙均. 员工与用户内外协同对平台企业创新绩效的影响：基于价值共创视角［J］. 南开管理评论，2021，24（2）：72-84.

［390］王冰，毛基业，苏芳. 从科层制组织到企业级生态系统——非预设性变革的过程研究［J］. 管理世界，2022，38（5）：173-188.

［391］王才. 数字化转型对企业创新绩效的作用机制研究［J］. 当代经济管理，2021，43（3）：34-42.

［392］王东清，罗新星. 基于企业能力理论的 IT 投资绩效贡献研究［J］. 科研管理，2010，31（2）：137-146+153.

［393］王海花，杜梅. 数字技术、员工参与与企业创新绩效［J］. 研究与发展管理，2021，33（1）：138-148.

［394］王海花，李烨，谭钦瀛. 基于 Meta 分析的数字化转型对企业绩效影响问题［J］. 系统管理学报，2022，31（1）：112-123.

［395］王浩军，卢玉舒，宋铁波. 稳中求变？高管团队稳定性与企业数字化转型［J］. 研究与发展管理，2023，35（2）：97-110.

［396］王晶晶，尤守东，杜晶晶. 价值共创视角下创业拼凑对新创企业绩效的影响机制——基于汇通达的纵向案例研究［J］. 管理案例研究与评论，2019，12（5）：521-533.

［397］王丽平，褚文倩. 领先优势状态、价值共创与用户创新绩效：心理授权的调节作用［J］. 中国科技论坛，2018（3）：19-28.

［398］王丽平，栾慧明. 组织距离、价值共创与产学研合作创新绩效［J］. 管理学报，2019，

16（5）：704–711.

［399］王琳，陈志军.价值共创如何影响创新型企业的即兴能力？——基于资源依赖理论的案例研究［J］.管理世界，2020，36（11）：96–110+131+111.

［400］王苗，张冰超.企业数字化能力对商业模式创新的影响——基于组织韧性和环境动荡性视角［J］.财经问题研究，2022（7）：120–129.

［401］王墨林，宋渊洋，阎海峰，张晓玉.数字化转型对企业国际化广度的影响研究：动态能力的中介作用［J］.外国经济与管理，2022，44（5）：33–47.

［402］王强，王超，刘玉奇.数字化能力和价值创造能力视角下零售数字化转型机制——新零售的多案例研究［J］.研究与发展管理，2020，32（6）：50–65.

［403］王小娟，万映红.客户知识管理过程对服务产品开发绩效的作用——基于协同能力视角的案例研究［J］.科学学研究，2015，33（2）：264–271.

［404］王小林，杨志红.高质量发展视角下企业数字化转型的机理［J］.求索，2022（4）：126–134.

［405］王雪冬，聂彤杰，孟佳佳.政治关联对中小企业数字化转型的影响——政策感知能力和市场感知能力的中介作用［J］.科研管理，2022，43（1）：134–142.

［406］王易，邱国栋.新工业革命背景下多元智能组织研究——以 GE 和海尔为案例［J］.经济管理，2020，42（2）：92–105.

［407］王玉，张占斌.传统企业数字化、组织韧性与市场竞争力——基于 236 家企业调查数据［J］.华东经济管理，2022，36（7）：98–106.

［408］王重鸣，李凯.企业组织变革特征、人力资源策略与变革应对行为的实验研究：组织学习的视角［J］.应用心理学，2011，17（2）：99–107.

［409］魏冉，刘春红，张悦.物流服务生态系统价值共创与数字化能力研究——基于菜鸟网络的案例研究［J］.中国软科学，2022（3）：154–163.

［410］邬雨航，刘雯雯.企业网络嵌入如何影响价值共创？——荔枝的单案例研究［J］.管理案例研究与评论，2022，15（3）：303–317.

［411］吴非，胡慧芷，林慧妍，任晓怡.企业数字化转型与资本市场表现——来自股票流动性的经验证据［J］.管理世界，2021，37（7）：130–144+10.

［412］吴江，陈婷，龚艺巍等.企业数字化转型理论框架和研究展望［J］.管理学报，2021，18（12）：1871–1880.

［413］武常岐，张昆贤，陈晓蓉.传统制造业企业数字化转型路径研究——基于结构与行动者视角的三阶段演进模型［J］.山东大学学报（哲学社会科学版），2022（4）：121–135.

［414］武常岐，张昆贤，周欣雨，周梓洵.数字化转型、竞争战略选择与企业高质量发展——基于机器学习与文本分析的证据［J］.经济管理，2022，44（4）：5–22.

［415］肖红军.不同视角下的企业战略变革［J］.北京工商大学学报（社会科学版），2006（4）：59–63.

［416］肖静华，吴小龙，谢康，吴瑶.信息技术驱动中国制造转型升级——美的智能制造跨越式战略变革纵向案例研究［J］.管理世界，2021，37（3）：161–179+225+11.

［417］肖静华.企业跨体系数字化转型与管理适应性变革［J］.改革，2020（4）：37–49.

［418］肖萌，马钦海.顾客资源对顾客价值共创行为的影响研究——感知控制和主观规范的调节作用［J］.东北大学学报（社会科学版），2019，21（2）：149–155+164.

［419］谢康，吴瑶，肖静华，廖雪华.组织变革中的战略风险控制——基于企业互联网转型的

多案例研究［J］.管理世界，2016（2）：133-148+188.

［420］谢康，吴瑶，肖静华.数据驱动的组织结构适应性创新——数字经济的创新逻辑（三）［J］.北京交通大学学报（社会科学版），2020，19（3）：6-17.

［421］谢卫红，林培望，李忠顺，郭海珍.数字化创新：内涵特征、价值创造与展望［J］.外国经济与管理，2020，42（9）：19-31.

［422］邢小强，汤新慧，王珏，张竹.数字平台履责与共享价值创造——基于字节跳动扶贫的案例研究［J］.管理世界，2021，37（12）：152-176.

［423］许冠南，孔德婧，周源.新范式下中国制造业数字化转型——理论与实践［M］.北京：北京邮电大学出版社，2019.

［424］许强，张力维，杨静.复合基础观视角下后发企业战略变革的过程——基于纳爱斯集团的案例分析［J］.外国经济与管理，2018，40（7）：19-31.

［425］严子淳，李欣，王伟楠.数字化转型研究：演化和未来展望［J］.科研管理，2021，42（4）：21-34.

［426］晏梦灵，董小英，胡燕妮.组织从低端到高端的战略更新机理：基于间断平衡与双元能力理论的案例研究［J］.管理评论，2020，32（4）：310-324.

［427］杨柏，陈银忠，李海燕.数字化转型下创新生态系统演进的驱动机制［J］.科研管理，2023，44（5）：62-69.

［428］杨大鹏，王节祥.平台赋能企业数字化转型的机制研究［J］.当代财经，2022（9）：75-86.

［429］杨杰，汪涛，王新等.信息技术赋能创业：IT能力对创业绩效的影响［J］.科学学研究，2022，40（9）：1649-1660.

［430］杨瑾.网络关系嵌入对高端装备制造业供应链协同能力和绩效的影响研究［J］.商业经济与管理，2015（8）：5-13.

［431］杨路明，张惠恒，许文东.服务主导逻辑下价值共创影响研究——平台能力的中介作用［J］.云南财经大学学报，2020，36（5）：76-91.

［432］杨水利，陈娜，李雷.数字化转型与企业创新效率——来自中国制造业上市公司的经验证据［J］.运筹与管理，2022，31（5）：169-176.

［433］杨伟，王康.供应商与客户价值共创互动过程研究综述［J］.软科学，2020，34（8）：139-144.

［434］杨学成，涂科.出行共享中的用户价值共创机理——基于优步的案例研究［J］.管理世界，2017（8）：154-169.

［435］杨雅程，雷家骕，陈浩，吴昳卓.加工制造企业数字化转型的机理——基于资源编排视角的案例研究［J］.管理案例研究与评论，2022，15（2）：198-220.

［436］杨一翁，涂剑波，李季鹏，刘培，陶晓波.互动情境下服务型企业提升品牌资产的路径研究——顾客参与价值共创的中介作用和自我效能感的调节作用［J］.中央财经大学学报，2020（9）：107-119.

［437］杨勇，马钦海，陈盼，李慢.情绪劳动对顾客价值共创行为的作用机制研究［J］.管理工程学报，2017，31（2）：29-39.

［438］杨震宁，侯一凡，李德辉，吴晨.中国企业"双循环"中开放式创新网络的平衡效应——基于数字赋能与组织柔性的考察［J］.管理世界，2021，37（11）：12+184-205.

［439］姚梅芳，邱书园，唐思思．创新型企业服务主导逻辑、动态能力与价值共创关系研究［J］．吉林大学社会科学学报，2022，62（4）：46-57+234.

［440］姚小涛，亓晖，刘琳琳，肖婷．企业数字化转型：再认识与再出发［J］．西安交通大学学报（社会科学版），2022，42（3）：1-9.

［441］叶丹，姚梅芳，葛宝山等．数字技术驱动传统非互联网企业数字创新绩效的作用机理——组织合法性的调节作用［J］．科技进步与对策，2023，40（11）：11-18.

［442］易加斌，王宇婷．组织能力、顾客价值认知与价值共创关系实证研究［J］．科研管理，2017，38（S1）：259-266.

［443］易加斌，张梓仪，杨小平等．互联网企业组织惯性、数字化能力与商业模式创新［J］．南开管理评论，2022，25（5）：29-42.

［444］易露霞，吴非，常曦．企业数字化转型进程与主业绩效——来自中国上市企业年报文本识别的经验证据［J］．现代财经（天津财经大学学报），2021，41（10）：24-38.

［445］易露霞，吴非，徐斯旸．企业数字化转型的业绩驱动效应研究［J］．证券市场导报，2021（8）：15-25+69.

［446］应瑛，张晓杭，孔小磊，胡程莉．制度视角下的制造企业数字化转型过程：一个纵向案例研究［J］．研究与发展管理，2022，34（1）：8-20+106.

［447］于洪彦，王远怀，朱翙敏．基于共创价值的互动导向前因变量与结果变量的实证分析［J］．南方经济，2015（7）：77-92.

［448］余菲菲，曹佳玉，杜红艳．数字化悖论：企业数字化对创新绩效的双刃剑效应［J］．研究与发展管理，2022，34（2）：1-12.

［449］余可发，杨慧．传统企业数字化转型的价值链重构路径与机理——数字化赋能视角的纵向单案例研究［J］．当代财经，2023（5）：79-91.

［450］余薇，胡大立．数字经济时代企业家能力对企业创新绩效的影响［J］．江西社会科学，2022，42（2）：183-195+208.

［451］俞东慧，黄丽华，石光华．BPR项目的实施：革命性变革和渐进性变革［J］．中国管理科学，2003（2）：56-61.

［452］袁淳，肖土盛，耿春晓，盛誉．数字化转型与企业分工：专业化还是纵向一体化［J］．中国工业经济，2021（9）：137-155.

［453］袁婷，齐二石．价值共创活动对顾客价值的影响研究——基于顾客体验的中介作用［J］．财经问题研究，2015（6）：100-105.

［454］张宝建，裴梦丹，陈劲，薄香芳．价值共创行为、网络嵌入与创新绩效——组织距离的调节效应［J］．经济管理，2021，43（（5）：109-124.

［455］张国胜，杜鹏飞．数字化转型对我国企业技术创新的影响：增量还是提质？［J］．经济管理，2022，44（6）：82-96.

［456］张海涛．领导风格与组织文化协同对组织创新气氛的作用——以湖北文化产业企业为例［J］．中国科技论坛，2016（7）：68-72.

［457］张洪，鲁耀斌，张凤娇．价值共创研究述评：文献计量分析及知识体系构建［J］．科研管理，2021，42（12）：88-99.

［458］张华，顾新．数字化能力、开放式创新与企业绩效——创新独占性的调节效应［J］．科学学与科学技术管理，2023，44（6）：132-149.

［459］张慧，黄群慧．海归高管能推动企业数字化转型吗［J］．科学学研究2024,42（4）：

778–796.

［460］张吉昌，龙静．数字化转型、动态能力与企业创新绩效——来自高新技术上市企业的经验证据［J］．经济与管理，2022，36（3）：74-83．

［461］张建宇，林香宇，杨莉等．意义建构对企业数字化转型的影响机制研究——组织能力的中介作用［J］．科学学与科学技术管理，2023，44（9）：47-66．

［462］张璟．基于B2B背景的价值共创研究：动因、过程与结果［D］．对外经济贸易大学博士学位论文，2016．

［463］张敬伟，崔连广，李志刚，毛彦丽．连续变革理论述评与展望［J］．研究与发展管理，2020，32（2）：144-154．

［464］张培，董珂隽．制造企业数据赋能实现机理研究：关键要素和作用机制［J］．科学学与科学技术管理，2023，44（8）：94-111．

［465］张涛，于志凌．企业持续改进式创新战略下的绩效管理研究［J］．中国人力资源开发，2010（4）：10-13．

［466］张夏恒．中小企业数字化转型障碍、驱动因素及路径依赖——基于对377家第三产业中小企业的调查［J］．中国流通经济，2020，34（12）：72-82．

［467］张雪玲，焦月霞．中国数字经济发展指数及其应用初探［J］．浙江社会科学，2017（4）：32-40+157．

［468］张一林，郁芸君，陈珠明．人工智能、中小企业融资与银行数字化转型［J］．中国工业经济，2021（12）：69-87．

［469］张佑林．企业文化及其变革的评述——基于持续竞争优势的视角［J］．经济问题，2013（1）：31-35．

［470］张媛，孙新波，钱雨．传统制造企业数字化转型中的价值创造与演化——资源编排视角的纵向单案例研究［J］．经济管理，2022，44（4）：116-133．

［471］张振刚，尚钰，陈一华．大数据能力对企业创新绩效的影响——IT-业务融合与双元环境的调节作用［J］．科技进步与对策，2021，38（14）：82-90．

［472］张振刚，张君秋，叶宝升，陈一华．企业数字化转型对商业模式创新的影响［J］．科技进步与对策，2022，39（11）：114-123．

［473］张志菲，罗瑾琏，李树文等．基于技术范式转变的后发数字企业能力建构与追赶效应研究［J/OL］．南开管理评论，2023-1-18［2023-06-20］．

［474］赵宸宇，王文春，李雪松．数字化转型如何影响企业全要素生产率［J］．财贸经济，2021，42（7）：114-129．

［475］赵宸宇．数字化转型对企业社会责任的影响研究［J］．当代经济科学，2022，44（2）：109-116．

［476］赵剑波．企业数字化转型的技术范式与关键举措［J］．北京工业大学学报（社会科学版），2022，22（1）：94-105．

［477］赵玲，黄昊．企业数字化转型、供应链协同与成本粘性［J］．当代财经，2022（5）：124-136．

［478］赵晴晴，李思琦．传统企业数字化转型中的战略与组织协同机制——基于战略一致性模型的案例研究［J］．管理学刊，2023，36（2）：61-79．

［479］赵婷婷，杨国亮．数字化转型与制造企业创新决策［J］．哈尔滨商业大学学报（社会科学版），2020（5）：21-37．

［480］赵婷婷，张琼，李俊，王拓．数字化转型助力企业外循环：影响机理和实现路径［J］．技术经济，2021，40（9）：159-171.

［481］赵兴峰．数字蝶变：企业数字化转型之道［M］．北京：电子工业出版社，2019.

［482］赵岩．企业创新生态系统下双元创新对价值共创的影响研究［J］．当代财经，2020（5）：87-99.

［483］周琦玮，刘鑫，李东红．企业数字化转型的多重作用与开放性研究框架［J］．西安交通大学学报（社会科学版），2022，42（3）：10-19.

［484］周文辉．知识服务、价值共创与创新绩效——基于扎根理论的多案例研究［J］．科学学研究，2015，33（4）：567-573+626.

［485］周文辉，王鹏程，杨苗．数字化赋能促进大规模定制技术创新［J］．科学学研究，2018，36（8）：1516-1523.

［486］周文辉，杨苗，王鹏程等．赋能、价值共创与战略创业：基于韩都与芬尼的纵向案例研究［J］．管理评论，2017，29（7）：258-272.

［487］周英，贾甫，王飞，姜燕．引导供应商早期参与新产品开发的平台型采购组织——基于海尔采购组织的单案例研究［J］．管理学报，2019，16（9）：1290-1300.

［488］朱勤，孙元，周立勇．平台赋能、价值共创与企业绩效的关系研究［J］．科学学研究，2019，37（11）：2026-2033+2043.

［489］朱新球．大数据分析能力如何影响供应链绩效——基于供应链弹性视域的分析［J］．中国流通经济，2021，35（6）：84-93.

［490］朱秀梅，林晓明，王天东．企业数字化转型战略与能力对产品服务系统的影响研究［J］．外国经济与管理，2022，44（4）：137-152.

［491］朱秀梅，刘月．企业数智转型能力形成机理——基于海尔集团"知行合一"的单案例研究［J］．经济管理，2021，43（12）：98-114.

［492］庄旭东，王仁曾．市场化进程、数字化转型与区域创新能力——理论分析与经验证据［J］．科技进步与对策，2022，39（7）：44-52.

附 录

调查问卷

尊敬的女生 / 先生：您好！

衷心感谢您参与本次调查问卷的填写工作。本调查问卷旨在调查中国制造企业数字化转型中的数字化能力与价值共创作用机制等相关问题，所收集的数据仅用于学术研究，您提供的信息将做严格保密处理。本调查问卷的答案无对错之分，请您根据贵企业真实情况进行作答即可。

请您在所选的数字对应空格处标记"○"，数字"1~7"代表题项描述与贵企业实际情况的符合程度，其中"1"代表完全不符合，"7"代表完全符合。

近年来，贵企业是否正在进行数字化转型战略实践？如果回答"是"，请您继续填写以下问卷，如果回答"否"，请您终止填写，再次谢谢您的配合！

1. 贵企业所属制造业的类型

①基础化工　②机械　③医药　④电力设备及新能源　⑤计算机　⑥其他

2. 贵企业的年龄

① 1~5 年　② 6~10 年　③ 11~15 年　④ 16~20 年　⑤ 20 年以上

3. 贵企业的规模

①大型企业　②中型企业　③小型企业

请选择您对下列表述与贵企业的符合程度（1="完全不符合"；2="较符合"；3="有些不符合"；4="一般"；5="有些符合"；6="较符合"；7="完全符合"）

序号	题项	1	2	3	4	5	6	7
DT1	企业的目标是数字化一切可以数字化的东西							
DT2	企业从不同的来源收集大量的数据							
DT3	企业利用数字技术在不同的业务流程之间建立更强大的网络							

序号	题项	1	2	3	4	5	6	7
DT4	企业通过整合数字技术推动企业变革							
DT5	企业运营正在转向利用数字技术							
GZ1	企业能够洞察并识别出具有商业价值的数据源							
GZ2	企业能够及时了解外界技术研发或产品生产的最新信息							
GZ3	企业能够基于大数据发现市场竞争环境的变化							
GZ4	企业能够较为准确地判断自身的数字化水平							
GZ5	企业能够基于自身管理能力高低配置数字优化方案							
YY1	企业能够抽象分析数字信息以精准进行市场定位							
YY2	企业能够利用数字化手段来优化业务流程或资源配置							
YY3	企业能够为市场分析和客户体验提供数字化的营销管理策略							
YY4	企业能够开展服务和资源的实时动态分析进行柔性调节							
YY5	企业通过数字工具和组件提高了商业智能决策的效率							
XT1	企业业务系统之间具备统一的信息交互接口							
XT2	企业能够按照创新需求聚合内外部数字资源							
XT3	企业能够按合作需求共享组织拥有的内外部信息							
XT4	企业与利益相关方之间能够开展良好的交互活动或多样化协作							
XT5	企业能够协同优化关键流程与重要节点							
CP1	我们的主要客户经常对我们的产品提出改进建议							
CP2	在开发新产品时，我们经常听到关键客户对产品原型的意见							
CP3	我们让关键客户参与产品设计和开发阶段							
CP5	我们的主要客户对新产品的设计有重大影响							
CP6	我们公司有一个强烈的共识，即产品设计/开发需要客户的参与							
CP7	我们有包括关键客户在内的持续改进计划							
SI1	我们让关键供应商参与产品设计和开发阶段							
SI2	我们的主要供应商对新产品的设计有重大影响							
SI4	我们公司有一个强烈的共识，即产品设计/开发需要供应商的参与							
SI5	我们有包括关键供应商在内的持续改进计划							
EI1	在开发新想法时，我们通常会考虑研发过程中未包括的员工的建议							
EI2	我们积极鼓励公司内不相关员工群体之间的沟通							

序号	题项	1	2	3	4	5	6	7
EI3	员工在不同的任务之间轮换是我们公司的常见做法							
EI4	我们的员工包括想法寻求者，他们在公司外寻找潜在有用的知识 / 技术							
EI5	我们知晓员工创新对我们业务的重要性							
EI6	如果我们的员工能够带来外部专有技术 / 技术来改进我们的产品 / 服务，我们将额外奖励他们							
JX1	与竞争对手相比，公司的利润率较高							
JX2	与竞争对手相比，公司的现金流水平较高							
JX3	与竞争对手相比，公司的销售增长率较高							
JX4	与竞争对手相比，公司的用户满意度较高							
JX5	与竞争对手相比，公司的用户保留率较高							
JX6	与竞争对手相比，公司对新用户的吸引力较高							
DBI1	我们在业务交易中使用数字技术（如分析、大数据、云、社交媒体、移动）							
DBI2	我们在公司运营中使用数字技术（如分析、大数据、云、社交媒体、移动）							
DBI3	我们的业务运营利用数字技术（如分析、大数据、云、社交媒体、移动）							
DBI4	我们在内部运营中不断投资于数字技术支持的举措（如分析、大数据、云、社交媒体、移动）							
CI1	我们行业的竞争非常激烈							
CI2	一家公司采取的任何行动，其他人都可以迅速做出反应							
CI3	价格竞争是我们行业的标志							
CI4	人们几乎每天都听到新的竞争举措							
CI5	我们的竞争对手相对强大							

后 记

写这篇后记的时候，我听着拉赫玛尼诺夫 C 小调第 2 号钢协第二乐章，仿佛又重新回到了那个大雪纷飞独自去旅顺博物馆的下午，那是我求学生涯最后的一段时光。

感谢我的导师孟韬教授。孟老师谦和的为人之道、敏锐的学术嗅觉、扎实的学术功底、严谨的治学态度一直是我为人为学的榜样。是导师手把手将我带入了学术海洋、使我真正体悟到深度思考带来的无穷快乐与满足。可以说，学术成长道路上的每个脚印，都离不开导师的教导与勉励。

感谢一直帮助我、支持我的朋友们。他们是我的师门同窗董政博士、何畅博士、王维博士、李佳雷博士、关钰桥博士、姚晨博士、李琦博士……特别感谢何畅、王维、李佳雷，有时你们的一句话能让我豁然开朗，有时则令我无法作答，我总是将后者作为继续深度思考的起点，每每获益良多。感谢好友张冰超博士、韩志鹏博士、何卫平博士、杨榛博士、王爱民博士……是你们令我的读博岁月更加丰富多彩。

感谢山东青年政治学院第十三届学术专著出版基金对本书的资助。

感谢本书的编辑团队。在本书的出版过程中得到了经济管理出版社编校人员的大力支持与帮助。特别致谢本书责任编辑任爱清女士。当我每次收到厚厚一摞红笔圈点的校对稿时，心中肃然起敬。您专业、细致的精神给我留下了深刻的印象。

最后，衷心感谢我的家人。本书的写作过程离不开父母的鼎力支持、爱人的理解与赵欧梵小朋友的陪伴。

一路走来，我收获了满满的善意与温暖，这些善意与温暖是我最宝贵的财富。另外，我不能确定本书能否真正在理论与实践上彻底解构了中国制造企业数字化转型这一宏大命题，我只是尽力而为，尽我所能为其追加一个潜在的注解。而本书的出版也将成为我继续探索该命题的起点。

当肖斯塔科维奇的牛虻组曲 Introduction 响起，我知道这场风雪之旅永远没有终点……

赵非非

2024 年 12 月